古代歷史文化研究輯刊

十 編

王 明 蓀 主編

第 12 冊

《世說新語》與佛教

戴麗琴 著

國家圖書館出版品預行編目資料

《世說新語》與佛教／戴麗琴 著 — 初版 — 新北市：花木蘭文
化出版社，2013〔民 102〕

目 2+256 面：19×26 公分

（古代歷史文化研究輯刊 十編；第 12 冊）

ISBN：978-986-322-340-5（精裝）

1. 世說新語 2. 研究考訂 3. 佛教

618   102014403

ISBN-978-986-322-340-5

9 789863 223405

古代歷史文化研究輯刊
十 編 第十二冊   ISBN：978-986-322-340-5

《世說新語》與佛教

作　　者	戴麗琴
主　　編	王明蓀
總 編 輯	杜潔祥
出　　版	花木蘭文化出版社
發 行 所	花木蘭文化出版社
發 行 人	高小娟
聯絡地址	235 新北市中和區中安街七二號十三樓
	電話：02-2923-1455／傳真：02-2923-1452
網　　址	http://www.huamulan.tw 信箱 sut81518@gmail.com
印　　刷	普羅文化出版廣告事業
初　　版	2013 年 8 月
定　　價	十編 35 冊（精裝）新台幣 62,000 元

《世說新語》與佛教

戴麗琴　著

作者簡介

戴麗琴（1973.9～2011.10），女，湖北麻城人，中國古典文獻學博士，圖書館學博士後。1992年9月～1996年6月，就讀湖北大學文學院，獲文學學士學位；2004年9月～2005年6月於華中師範大學文學院攻讀教育碩士，獲教育碩士學位；2005年9月～2010年6月，華中師範大學文學院碩博連讀，獲文學博士學位；2010年10月～2011年10月，在南開大學信息資源管理系從事博士後研究。2011年10月，於南開大學去世。主要從事中國古典文獻學和圖書館學研究。在《文獻》、《中國文化研究》、《史學史研究》、《南京師範大學文學院學報》等刊物發表學術論文10餘篇。攻讀碩士前，曾在武漢市第五中學、第七十五中學任教，為中學一級教師。

提　　要

本書屬佛教文化視野下的《世說新語》文獻學研究。佛教對《世說新語》的影響是多方面、多層次的，本書考察該書的編撰者劉義慶的佛教傾向，並分析其對書中的佛教書寫的影響；考證《世說新語》所載佛教徒事跡，力求對書中佛教徒的人數及其事跡有更可信的結論；考證《世說新語》所載名士近佛事跡，全面爬梳書中的名士事跡與佛教的關聯；考證《世說新語》所載佛教經論典籍，對書中所涉及的四部經論的產生背景、作品內容、版本流傳和社會影響等作了全面考察；追溯《世說新語》的詞彙、故事與佛教文化的淵源，以探討東晉佛教文化對中土文化的滲透、影響。《世說新語》對佛教中國化、中國佛教化之研究皆有獨特的價值。

目

次

緒　論

　　《世說新語》題爲南朝宋劉義慶撰，這部小說面世之後備受文人學士的喜愛，乃至推崇。在 20 世紀，因其豐富而獨特的文獻價值成爲學術研究的熱點之一，甚至有學者稱《世說新語》之研究爲「世說學」〔註1〕。

　　本書屬佛教文化視野下的《世說新語》文獻學研究，是《世說新語》研究的一部分。

　　關於《世說新語》的研究，已有王能憲和劉強的綜述。王能憲《〈世說新語〉研究之回顧》對古人包括近人以考證、箋疏、校勘、評論和資料整理之研究作了一粗略的回顧和總結〔註2〕，劉強《二十世紀〈世說新語〉研究綜述》〔註3〕則對《世說新語》的現代研究作了相當系統而客觀的梳理。惜二文沒有顯示出對「《世說新語》與佛教」研究的關注。另項裕榮《20 世紀「佛教與中國小說」研究論要——以著作類研究爲主的學術簡史》〔註4〕也幾乎沒有關於」《世說新語》與佛教」的相關論述。因此，有必要對「《世說新語》與佛教」這一專題的研究情況加以綜述。

　　下面分爲兩大領域來介紹「《世說新語》與佛教」的研究情況。

　　一是自古至今的《世說新語》箋注、批點以及序跋與佛教相關者。爲《世說新語》作注，現知最早者爲史敬胤（參看汪藻《世說敘錄‧考異》），之後有劉孝標；另有不能確知的「一本注」（唯《文學》〔註5〕「魏朝封晉文王爲

〔註 1〕 劉強：《「世說學」論綱》，載《學術月刊》，2003 年第 11 期。
〔註 2〕 王能憲：《世說新語研究》，南京：江蘇古籍出版社，1992 年。
〔註 3〕 劉強：《二十世紀〈世說新語〉研究綜述》，載《文史知識》2000 年第 4 期。
〔註 4〕 項裕榮：《20 世紀「佛教與中國小說」研究論要——以著作類研究爲主的學術簡史》，載《華南農業大學學報（社會科學版）》2007 年第 2 期。
〔註 5〕 按：本書引用《世說新語》的某一具體內容，只列出其篇目。

公」條見其端）。與佛教相關者，今僅可見於劉注。《世說新語》中涉及佛教術語和事物的條目現存 80 多條，劉注約 60 多條。唐代劉知己《史通》將《世說新語》與《搜神記》、《幽明錄》等「釋氏輔教之書」相提並論。宋代相關成果主要有汪藻《世說敘錄》和劉辰翁批註（今見於凌濛初刻四色套印本）。汪藻《世說敘錄》列僧氏 19 人（佚），劉辰翁批註與佛教相關者約 20 條。另吳曾《能改齋漫錄》、劉應登批註和王應麟《困學紀聞》等略有涉及。明代相關成果主要有王世懋的評點（今見於凌濛初刻四色套印本）、李贄《初潭集》、曹臣《舌華錄》等。王世懋的評點大約 12 條與佛教相關。李贄撰《初潭集》之時身爲僧人，曹臣《舌華錄》書名直接源於佛教，二人將《世說新語》納入佛教視野之下，大大拓展了《世說新語》與佛教的聯繫。另郎瑛《七修類稿》、周嬰《卮林》稍有涉及。明袁褧序，有「析梵言，則道林、法深領其乘」之句，這也是現存《世說新語》序跋之中唯一涉及佛教者。清末相關成果，葉德輝《世說新語注引用書目》中專列釋家書目，加上志怪書目，凡 35 種；《世說新語佚文》與佛教相關者約 30 條，約占全部佚文的 40%。李慈銘的《越縵堂讀書簡端記》（王利器輯），其中採《世說新語》中與佛教相關者 10 條，按語中與佛教相關者 17 條。王先謙《世說新語校勘小識》及《補》涉及佛教者約 7 條。近現代《世說新語》研究，主要有劉盼遂《世說新語校箋》（1928年）、李審言《世說箋釋》（1939 年）、沈劍知《世說新語校箋》（1944 年）、程炎震《世說新語箋證》（1942、1943 年）、王利器《世說新語校勘記》（1956年）、王叔岷《世說新語補正》（1975 年）、余嘉錫《世說新語箋疏》（1983 年初版、2007 年第 2 版）、徐震堮《世說新語校箋》（1984 年）、楊勇《世說新語校箋》（1960 年初版、2006 年第 2 版），其他如趙西陸、賀昌群、周一良、陳直、周紀彬、郭在貽、鄭學弢、唐鴻學、吳金華、方一新、張永言等人的研究成果中也有涉及佛教者。其中，余嘉錫《世說新語箋疏》和楊勇《世說新語校箋》是兩部集大成之作。在裒輯和整理前人成果的基礎上，余、楊二書還新挖掘了原文中與佛教相關的內容，此其一。其二，更多地對《世說新語》的內容有一種佛教視野下的觀照。其三，新增了許多與佛教相關的內容，廣涉佛教文獻、寺名、僧（尼）名、術語等諸多方面，而其中佛教文獻的增加最爲顯著，余著在劉注的基礎上增加約 40 種，楊著在余著之外又添加近 30種。新近相關成果，著作有朱鑄禹《世說新語彙校集注》〔註6〕、李天華《世

〔註6〕 朱鑄禹：《世說新語彙校集注》，上海：上海古籍出版社，2002 年。

說新語新校》〔註7〕和劉強《世說新語會評》〔註8〕，論文主要有張永言《「海鷗鳥」解》〔註9〕、董志翹《〈世說新語〉疑難詞語考索》及其（二）〔註10〕等。

　　二是「《世說新語》與佛教」的現代研究。目前沒有相關專著成果，專題研究也比較晚，亦較少，而更多的則是爲其他研究成果所涉及。

　　《世說新語》研究專著設置了章節專論《世說新語》與佛教的主要有三書。求學臺灣的韓國學生朴美齡所撰《世說新語中所反映的思想》（1990 年）〔註11〕，其「第三章《世說新語》中所反映的佛教思想」略要地對《世說新語》中與佛教有關的資料進行了梳理。這似是港臺方面最早的相關成果。〔註12〕唐翼明《魏晉清談》（1992 年）第六章「清談的重振與衰落」之「（四）名僧之加入談坐和佛理之進入清談」特將出現於《世說新語》而類似於支遁的清談名僧，凡六位，略加陳述，分別是：竺法深、支愍度、康僧淵、康法暢、竺法汰、于法開，還提及「僧意、法岡、提婆、惠遠、竺道壹及高坐道人等」（「不重要」）。〔註13〕蕭艾《世說探幽》（1992 年）「中篇」第三節爲「《世說》作者對宗教、神仙、棲逸的看法」，其中探討了劉義慶與佛教的關係。〔註14〕同書「下篇」專設「《世說新語》中的支遁與《高僧傳》中的支遁」一節，陳列了相關史料，時有論析。寧稼雨的博士畢業論文《士族之魂：〈世說新語〉中的士人人格精神》（2000 年）第六章《〈世說新語〉與士族佛學》將文獻考證的方法用於思想史的研究，在其師孫昌武先生的《中國文學中的維摩詰與觀世音》（1993 年）〔註15〕的研究基礎上向前推進了一步。以此論文爲基礎的

〔註 7〕李天華：《世說新語新校》，長沙：嶽麓書社，2004 年。

〔註 8〕劉強：《世說新語會評》，南京：鳳凰出版社，2007 年。

〔註 9〕張永言：《「海鷗鳥」解》，載《古漢語研究》，1994 年第 2 期。

〔註 10〕董志翹：《〈世說新語〉疑難詞語考索》，載《古漢語研究》，2007 年第 2 期；《〈世說新語〉疑難詞語考索（二）》，載《四川大學學報（哲學社會科學版）》，2008 年第 1 期。

〔註 11〕（韓）朴美齡：《世說新語中所反映的思想》，臺北：文津出版社版，1990 年。

〔註 12〕按：上所引張曼濤主編《現代佛教學術叢刊》第十九冊《佛教與中國文學》中除周一良《論佛典與翻譯文學》之外的其他諸篇和釋永祥《佛教文學對中國小說的影響》（高雄：佛光出版社，1990 年）皆沒有論及《世說新語》。

〔註 13〕唐翼明：《魏晉清談》，臺北：東大圖書股份有限公司，1992 年。

〔註 14〕蕭艾：《世說探幽》，長沙：湖南出版社，1992 年。

〔註 15〕孫昌武：《中國文學中的維摩詰與觀世音》，載《社會科學戰線》1993 年第 1 期。後收入同名專著，北京：高等教育出版社，1996 年。

著作名爲《魏晉士人人格精神——〈世說新語〉的士人精神史研究》，2003 年由南開大學出版社出版。

　　「《世說新語》與佛教」研究的單篇論文主要有以下幾篇。朱慶之《「將無」考》（1991 年）認爲「將無（不）」（《世說新語》中凡 6 見）是外來詞，源於梵文的否定副詞 mā，是一個由佛經翻譯而產生的意譯詞。〔註16〕皇甫風平《佛僧的名士化與名士的佛僧化——從〈世說新語〉看魏晉時期佛學與玄學的合流》〔註17〕（1996 年）探討玄佛合流。張躍生《佛教文化與世說新語》（1996 年）〔註18〕粗線條地從被引用佛典的書目、名士帝王崇佛、僧人佚聞趣事三個方面作了梳理。此文並無新意，但卻是第一篇綜合簡介《世說新語》中佛教內容的專文，是「《世說新語》與佛教」研究這一專題研究興起的信號。2003 年香港浸會大學召開「漢魏六朝文學與宗教學術研討會」，劉強《〈世說新語〉與〈高僧傳〉》在陳垣先生的相關研究的基礎上有所補充，並且進一步探討了《世說新語》對《高僧傳》的篇目分類思想的影響，較之十餘年前蕭艾的相關研究成果有所推進。此次會議論文後編爲《漢魏六朝文學與宗教》一書，2005 年上海古籍出版社出版。張蕊青《從〈世說新語〉看宗教與文學的互動和影響》（2006 年）〔註19〕，實際只論述《世說新語》與佛教的關係。張二平以《世說新語》中支遁清談爲文，先後兩篇，《從〈世說新語〉看支遁清談》（2007 年）和《論支遁清談——以〈世說新語〉爲中心》（2008 年）〔註20〕，稍有差異。普慧《〈世說新語〉與佛教》（2008 年）〔註21〕，在其專著《南朝佛教與文學》中相關內容的基礎上有所豐富。

　　從上可知，「《世說新語》與佛教」專題研究成果的出現在上世紀 90 年

〔註16〕朱慶之：《「將無」考》，載李錚、蔣忠新主編《季羨林教授八十華誕紀念論文集》，南昌：江西人民出版社，1991 年。又見於傅傑編《二十世紀中國文史考據文錄》，昆明：雲南人民出版社，2001 年。

〔註17〕皇甫風平：《佛僧的名士化與名士的佛僧化——從〈世說新語〉看魏晉時期佛學與玄學的合流》，載《周口師範學院學報》1996 年第 1 期。

〔註18〕張躍生：《佛教文化與世說新語》，載《華中理工大學學報》1996 年第 2 期。

〔註19〕張蕊青：《從〈世說新語〉看宗教與文學的互動和影響》，載《蘇州大學學報（哲學社會科學版）》2006 年第 5 期。

〔註20〕張二平：《從〈世說新語〉看支遁清談》，載《湖北廣播電視大學學報》2007 年第 1 期；《論支遁清談——以〈世說新語〉爲中心》，載《內江師範學院學報》2008 年第 1 期。

〔註21〕普慧：《〈世說新語〉與佛教》，載《西北大學學報（哲學社會科學版）》2008 年第 1 期。

代，迄今 20 餘年。這些研究成果的內容主要在三個方面：一是對《世說新語》中的佛教內容的概括和分析，二是對《世說新語》編纂者劉義慶的佛教思想的研究，三是《世說新語》與《高僧傳》的比較研究。這些研究基本上都是宏觀視野，在細緻、深入方面還不夠。今後的研究還需要更加細緻，更加深入。

　　還有一些相關的研究成果存在於非《世說新語》專題研究領域中，包括如下內容：

　　佛教對《世說新語》語言的影響。「《世說新語》與佛教」研究的相關成果似乎只見於周乙良（即周一良）《論佛典與翻譯文學》（1942 年）〔註22〕，文中指出《惑溺》之「嗚」字源於佛典。方一新《〈世說新語〉詞語拾詁》（1994 年）〔註23〕認為《賢媛》「婦送新衣與」之「與」後省略賓語與佛典慣用四字一頓的句式相關。另外 1996 年方一新《東漢語料與詞彙史研究芻議》〔註24〕認為「喜踊」即「歡喜踊躍」的縮寫，並指出這種縮略源於佛典慣用四字一頓的句式。另薛克翹《讀〈幽明錄〉雜談》（1993 年）指出「歡踊」（《幽》書卷一《賣胡粉女》條）即「歡喜踊躍」的縮寫，出自佛家語。〔註25〕二文皆未提及《世說新語》，然「喜踊」一詞可見於《惑溺》。

　　《世說新語》在內容（或說結構）設置上與佛教相關。張中行《佛教與中國文學》（1984 年）〔註26〕，這是大陸「佛教與文學」研究的第一部專著，簡略提到《世說新語》等以玄談、山林、隱逸為內容，是受佛教影響的作品，是佛道融合的結果。寧稼雨博士《士族之魂：〈世說新語〉中的士人人格精神》（2000 年）第三章第一節《〈世說新語〉中士族的經濟地位與精神歸宿》，提出《世說新語》開設《汰侈》一門與佛教有關，而且與劉義慶的佛教信仰與視閾有關，在蕭艾的相關論述的基礎上有所推進。

〔註22〕載張曼濤主編《現代佛教學術叢刊》第十九冊《佛教與中國文學》（臺北：大乘文化出版社，1981 年），原載《大陸雜誌》1942 年第 4 期。

〔註23〕方一新：《〈世說新語〉詞語拾詁》，載《杭州大學學報（哲學社會科學版）》1994 年第 1 期。

〔註24〕方一新：《東漢語料與詞彙史研究芻議》，載《中國語文》1996 年第 2 期。

〔註25〕薛克翹：《讀〈幽明錄〉雜談》，載《南亞研究》1993 年第 2 期，又見其著作《中印文學比較研究》之《漢魏六朝篇第一》之《四》《讀〈幽明錄〉雜談》，略有添加。（薛克翹：《中印文學比較研究》，北京：崑崙出版社，2003 年，第 36 頁。）

〔註26〕張中行：《佛教與中國文學》，合肥：安徽教育出版社，1984 年。

　　《世說新語》故事與佛教文化的淵源的研究。陳洪《中印寓言故事因緣例說》（1992 年）〔註27〕指出《假譎》曹操假譎甘梅止渴和《排調》顧長康啖甘蔗「漸至佳境」之語與佛經可能有淵源。王立指出《惑溺》中「嗚」與印度性欲文化相關。〔註28〕王青指出《雅量》中王戎識苦李、《賢媛》中陶母截髮待賓、《排調》中郝隆曬書之語的佛教文化淵源。〔註29〕陳洪《佛教與中古小說》保留了 1992 年論文《中印寓言故事因緣例說》中《假譎》中曹操假譎甘梅止渴的相關論述，刪去其《排調》中顧愷之食甘蔗之語的相關論述，另新探《巧藝》中鍾會與荀勖互相誆騙的佛教淵源。〔註30〕

　　《世說新語》中某種文學藝術與佛教相關。蔣述卓《支遁與山水文學的興起》（1988 年）〔註31〕和《玄佛並用與山水詩的興起》（1989 年）〔註32〕認爲《巧藝》所載顧愷之「傳神寫照說」的形成受佛教的影響。高華平《佛教文獻與中國古代文學的關係》（2007 年）〔註33〕明確指出顧愷之「傳神寫照說」超越本土思想，是受佛教之影響而形成的。張松輝《簡論東晉南朝時期佛教對文學的影響》（1994 年）提出《言語》中道壹道人信口道出的山林雪景之句是山水文學的濫觴的觀點。〔註34〕

　　提出「世說體」受到佛教影響的觀點，如楊義《中國古典小說史論》（1995 年）〔註35〕，惜未有申述；王秀紅《〈世說新語〉敘事對時間的模糊處理》〔註36〕（2005 年）認爲其深層原因是僧肇的《物不遷論》的時空觀。

〔註27〕陳洪：《中印寓言故事因緣例說》，載《徐州師範大學學報（哲學社會科學版）》，1992 年第 3 期。

〔註28〕王立：《〈姑妄言〉與古代女性復仇描寫的一個文獻源流》，載《中華文化論壇》2003 年第 3 期；又見於王立《佛經文學與古代小說母題比較研究》，北京：崑崙出版社，2006 年。

〔註29〕王青：《魏晉至隋唐時期幾個佛教故事的歷史化》，載《南京師範大學文學院學報》2006 年第 2 期；又見於其專著《西域文化影響下的中古小說》，北京：中國社會科學出版社，2006 年。

〔註30〕陳洪：《佛教與中古小說》，北京：學林出版社，2007 年。

〔註31〕蔣述卓：《支遁與山水文學的興起》，載《學術月刊》1988 年第 6 期。

〔註32〕蔣述卓：《玄佛並用與山水詩的興起》，載《廣東民族學院學報（社會科學版）》1989 年第 1 期。

〔註33〕高華平：《佛教文獻與中國古代文學的關係》，載《江漢論壇》2007 年第 8 期。

〔註34〕張松輝：《簡論東晉南朝時期佛教對文學的影響》，載《南都學壇》1994 年第 5 期。

〔註35〕楊義：《中國古典小說史論》，北京：中國社會科學出版社，1995 年。

〔註36〕王秀紅：《〈世說新語〉敘事對時間的模糊處理》，載《太原師範學院學報（社會科學版）》2005 年第 4 期。

　　由上可知，在其他研究領域中所涉及的相關研究成果，不論在研究領域和方法，還是研究成果上，並不亞於專題章節或論文。因此，以這些研究領域爲基礎進行專題研究，使論述更充實或深入，是必然的趨勢。但是，這些研究中存在一個突出的問題，那就是有些結論的科學實證性不足；或者語焉不詳，只有結論而無論證；或者對文獻缺乏必要或充分的辯證，有的甚至對文獻的訛誤渾然不覺。

　　國外《世說新語》研究主要在日本，與佛教相關的似只有一篇論文。日本學者井波律子在《〈世說新語〉在日本的流傳及研究》〔註37〕一文中提及「進入近代後……出現了從《世說新語》的……宗教……的研究論文和書籍」，但只具體提到「1979 年在講談社《加賀博士退官紀念中國文史哲學論集》上刊登了福進文雅的《〈世說新語〉成立的宗教背景》一文」，又朴美齡《世說新語中所反映的思想》也只提到這一篇日本研究成果，可知日本至遲在上個世紀 70 年代末已經有從佛教角度來研究《世說新語》的論文了，然而直到 20世紀末成果仍然稀少。

　　綜上所述，開拓新的研究領域並運用新的研究方法是 21 世紀「《世說新語》與佛教」研究的趨勢。這一領域方興未艾。

　　本書將以史論結合爲主要研究方法，以期有利於「《世說新語》與佛教」研究的科學實證性的提高，並在前人已經開拓的研究領域中有所推進。史論結合以考證文獻眞僞和事件時間、地點爲主，在考證的基礎上或略加論析。在考證的過程中，廣泛地結合歷史文獻，使研究結論盡可能具體，但亦須注意分寸，有多少文獻說多少話。

　　本書將充分借鑒「《世說新語》與佛教」的現代研究的成果，同時參照古今注釋、箋疏之類的相關成果以及治佛教史者的相關成果〔註 38〕。在此

〔註37〕（日本）井波律子：《中國人的機智——以〈世說新語〉爲中心》，李慶、張榮湄譯，上海：學林出版社，1998 年。

〔註38〕主要有陳寅恪《支敏度學說考》（1933 年）和《逍遙遊向郭義及支遁義探源》（1937 年）、陳垣《中國佛教史籍概論》（北京：科學出版社，1955 年）、湯用彤《漢魏兩晉南北朝佛教史》和其校注的《高僧傳》、荷蘭許理和《佛教征服中國》（1959 年初版，1972 年再版）以及 20 世紀 80 年代方立天、蔣維喬、任繼愈等人的相關著述與 90 年代許抗生、劉德春、賈占新、王曉毅、徐正英、熊開發等人的相關論文和 21 世紀以來彭自強、劉坤生、李瑞卿等人的相關論文。另可關注者有劉振東、吳海勇《從悔過觀看佛教文化對宋明理學的影響》（《孔子研究》1999 年第 4 期）和余永勝《論禪宗修行解脫觀的邏輯形成與發

基礎上，或有所補充，或有所獻疑，或略有所開創。全文分爲五章。

第一章對《世說新語》編纂者劉義慶與佛教的關係及其對《世說新語》的影響加以考察。前人雖然注意到劉義慶的佛教傾向，但是不夠全面、深入，更沒有將其佛教傾向與《世說新語》的書寫相聯繫。因此，本章在對劉義慶的生平事跡和近佛事跡進行考察的基礎上，分析劉義慶的佛教思想的二重性及其對《世說新語》的影響，也總結出佛教文化視野下的《世說新語》研究的意義和注意事項。

第二章是對《世說新語》所載佛教徒事跡的考證。佛教徒事跡是《世說新語》中篇幅較大且分量較重的內容。首先，對佛教徒人數的重新整理，須先檢視前人研究結論的充分與否，也涉及到對《世說新語》的重新審視：是否有爲前人所遺漏者，是否有眞僞須再辯者。其次，對事件的時間、地點加以考證。這將牽涉到對近現代學者研究成果的大量借鑒或質疑，更有一些新的人物事件的考證要做。再者，必須將之與事件的其他記載作文獻比勘或者事件意義加以揭示。因爲支遁事跡在《世說新語》中比例超過其他僧人事跡的總和，且歷時較長、牽涉較廣，因此第一節系統考證《世說新語》中所記載的支遁的事跡。對其他佛教徒事跡的考證在第二節。

第三章是對《世說新語》所載東晉名士與佛教相關事跡的考證。這一內容前人研究成果頗豐，然利用史論結合方法加以系統研究似未有。本章將全面搜索《世說新語》中與名士近佛相關的事件，將之繫年，並對所涉與佛教相關的名士的家族和人數加以統計，另外對近佛名士的近佛事跡也將全面加以考查。本章共三節，依據《世說新語》所載名士近佛事跡的特點和東晉政治和文化的變化情勢，分爲東晉永和七年前、永和七年至哀帝繼位前、哀帝時期至桓玄執政三大時段來進行考證。因此章所涉條目與上一章重複頗多，因此考證重點也略有異，對於未涉及佛教徒的條目先證明其與佛教的聯繫再考證其時間、地點或進行文獻比勘。

展》（《宗教學研究》2004 年第 1 期）。另李建華《〈晉書〉材料源於〈世說新語〉研究》（河南大學 2005 年碩士論文）有專節探討二書對東晉僧人記載的差異及歸因分析可供參考。臺灣主要有林傳芳《支遁傳考略》（見張曼濤主編《中國佛教史論集》（四），臺北：大乘文化出版社，1977 年）、劉貴傑《支道林思想之研究：魏晉時代玄學與佛學之交融》（臺北：商務印書館，1982 年）、陳燕玲《慧皎〈高僧傳〉及其分科研究》（臺北：花木蘭出版社，2006 年）等等。

　　第四章是對《世說新語》所涉佛教經論的考證。對《世說新語》所載佛經（《小品》和《維摩詰經》）和論（《毗曇心論》和《即色論》）進行考證。關於《小品》、《維摩詰經》、《阿毗曇心論》這三部印度原典的研究，對其產生背景、作品內容、流傳情形或社會影響進行考證，然結合各自時代語境而各有所側重。中土僧人支遁的《即色論》，前人對其內涵與社會價值論述頗多，本論文則重在分析其文獻來源及原貌。

　　第五章是對《世說新語》與佛教文化的關係的探討。第一節是考察《世說新語》中詞彙與佛教文化的關係，是從詞語來源和語義演變的視角，以便展現東晉中印文化交融的歷史動態。第二節是對《世說新語》故事進行佛教文化的溯源，對於前人成果可借鑒者注重文獻補充，另外挖掘新的事件，挖掘出與佛教相關的每一個新事件，也注意佛教對諸多事件的影響。

　　最後的「結語」部分，是對前文的總結，並略有深入，使人能簡要地瞭解本書的研究範疇、方法、結構、結論、意義和局限。

　　本書以中華書局影印宋紹興八年（1138）廣川董弅刻本《世說新語》為底本。此本原書為日本前田氏所藏，日本有珂羅版影印本。此本是現可見到的唯一宋本。

第一章　劉義慶的佛教傾向與 《世說新語》的佛教書寫

　　《世說新語》題爲劉義慶撰，劉義慶的思想對《世說新語》的編撰有直接的指導作用。劉義慶的佛教傾向是《世說新語》佛教色彩的直接因素，因此本章將結合前人的相關研究成果，對劉義慶與佛教的關係及其對於《世說新語》的影響，作進一步的考察。

一、劉義慶生平簡介

　　劉義慶，《宋書》卷五一和《南史》卷一三有傳。據史書本傳及相關史料，劉義慶生平主要事跡如下：

　　東晉安帝元興二年（403），劉義慶年一歲。彭城縣（今江蘇徐州）綏里人。生父爲劉道憐，劉裕中弟，時年三十六。道憐六子，義慶爲第二子，兄義欣，弟義融、義宗、義賓、義綦。

　　義熙八年（412），年十歲。劉裕少弟劉道規薨於京師，謚曰烈武公。養子義隆（即文帝，劉裕第三子，時六歲）還本，而定義慶爲後。

　　義熙十一年（415），年十三。義慶襲封南郡公，除給事，不拜。

　　義熙十二年（416），年十四。義慶從劉裕伐長安，還拜輔國將軍、北青州刺史，未之任。

　　義熙十四年（418），年十六。正月，劉義慶爲豫州刺史。〔註1〕

〔註1〕 此據《資治通鑒》卷118。另《宋書》卷51《劉義慶傳》：「義熙十二年（417），
　　　　從伐長安，還拜輔國將軍、北青州刺史，未之任，徙督豫州諸軍、豫州刺史，

　　南朝宋永初元年（420），年十八。六月，劉裕即皇帝位，即武帝，以司空道憐爲太尉，封長沙王；追封司徒道規爲臨川王。劉義慶襲臨川王，徵爲侍中。

　　永初三年（422），年二十。五月，武帝崩，少帝即位。武帝七男：少帝義符，廬陵孝獻王義眞，文帝義隆，彭城王義康，江夏文獻王義恭，南郡王義宣，衡陽文王義季。六月，太尉長沙王道憐薨。

　　元嘉元年（424），年二十二。八月，文帝義隆即位改元，年十八。義慶轉散騎常侍，秘書監，徙度支尚書，遷丹陽尹，加輔國將軍，常侍並如故。

　　元嘉六年（429），年二十九。四月，丹陽尹臨川王義慶爲尚書左僕射。

　　元嘉八年（431），年三十。八月，義慶固求解左僕射，上乃許之，加中書令，進號前將軍，常侍、丹陽尹如故。約於此年由文帝保媒嫁女於琅瑘王僧達，太保王弘少子。〔註2〕

　　元嘉九年（432），年三十一。六月，在京尹九年的前將軍臨川王義慶出爲使持節、都督雍荊益寧梁南北秦七州諸軍事、平西將軍、荊州刺史。

　　元嘉十年（433）二月至十四年（435）六月，劉義慶年三十二至三十六，平趙廣、程道養亂。《宋書》卷六一《武三王傳》曰：「義慶在任，值巴蜀亂擾，師旅應接，府庫空虛。」

　　元嘉十六年（439），年三十八。荊州刺史義慶在州八年，爲西土所安，四月，改授散騎常侍、都督江州、豫州之西陽晉熙新蔡三郡諸軍事、衛將軍、江州刺史，持節如故。

復督淮北諸軍事，豫州刺史、將軍並如故。」《南齊書》卷14《志第六·州郡上》：「（義熙）十二年，劉義慶鎮壽春，後常爲州治。撫接遐荒，扞禦疆場。」另《宋書》卷36《志第二十六·州郡二》：「十三年，刺史劉義慶鎮壽陽。」然《宋書》卷2《宋武帝紀》載義熙十二年正月以世子（即劉義符）爲豫州刺史，且直至十三年十月，（「詔曰」）劉裕「相國、揚州牧、領征西將軍，司豫、北、徐、雍四州刺史如故」，十四年正月劉裕還彭城，「解司州，領徐、冀二州刺史」。故以《資治通鑒》爲宜。范子燁《臨川王劉義慶年譜》於此未有辯證。（見范子燁《〈世說新語〉研究》，哈爾濱：黑龍江教育出版社1998年，又見曹道衡、劉躍進主編《六朝作家年譜輯要》（上），哈爾濱：黑龍江教育出版社，1998年。）又可參考劉賽《范子燁〈臨川王劉義慶年譜〉補正二則》，載《黃岡師範學院學報》2005年第4期。

〔註2〕　王僧達，《宋書》卷75和《南史》卷21有傳。據《宋書》卷6《孝武帝紀》和卷75本傳，王僧達死於大明二年（458）八月，年三十六，則其生於景平元年（423）。本傳載：「太祖聞僧達早慧，召見於德陽殿，問其書學及家事，應對閑敏，上甚知之，妻以臨川王義慶女。」「早慧」，或許在10歲左右，元嘉八年（431）。

元嘉十七年（440），年三十九。十月，劉義慶即本號都督南兗州、徐、兗、青、冀、幽六州諸軍事、南兗州刺史，治廣陵。〔註3〕因彭城王義康（劉裕第四子，時三十二歲）徙於豫章，與義慶相見而哭，義慶作《烏夜啼》，爲文帝所怪，徵還宅，大懼。〔註4〕

元嘉十八年（441），年四十。五月，義慶加開府儀同三司。

元嘉二十年（443），年四十一。歲末，義慶解州，以本號還朝。

元嘉二十一年（444），年四十二。正月，衛將軍臨川王義慶薨於都下。追贈司空，諡曰康王。子曄嗣。義慶五子：曄、衍、鏡、穎、倩，一女，嫁琅琊王僧達。妻室無傳。

從史書的記載可知，劉義慶的主要生命歷程是在其伯父劉裕（宋武帝）身邊以及宋文帝時期度過的。他與這兩個人的關係都非同尋常。劉義慶是宋武帝的侄子。他早年即受宋武帝寵愛，跟隨其左右。在道規逝世後立爲後嗣，十三歲襲封南郡公，十八歲襲封臨川王。而道規生前的養子義隆是宋武帝的第三子，也就是後來的宋文帝。劉裕以義慶爲劉道規之嗣，而劉義慶養父劉道規比其生父劉道憐更受宋武帝劉裕器重〔註5〕，由此又可見劉裕對義慶的器重。

二、劉義慶的佛教事跡

劉義慶，《宋書》載其「性簡素，寡嗜欲，愛好文義，文辭雖不多，足爲

〔註3〕《宋書》卷35《州郡志》：「南兗州刺史，中原亂，北州流民多南渡。晉成帝立南兗州，寄治京口。時又立南青州及并州，武帝永初元年，省並併南兗。文帝元嘉八年（431），始割江淮間爲境，治廣陵。」

〔註4〕《舊唐書》卷29《音樂志二》：「《烏夜啼》，宋臨川王義慶作也。元嘉十七年（440），徙彭城王義康於豫章。義慶時爲江州，至鎮，相見而哭，爲帝所怪，徵還宅，大懼。妓妾夜聞烏啼聲，扣齋閣云：『明日應有赦。』其年更爲南兗州刺史，作此歌。故其和云：『籠窗窗不開，烏夜啼，夜夜望郎來。』今所傳歌似非義慶本旨。辭曰：『歌舞諸少年，娉婷無種跡。菖蒲花可憐，聞名不相識。』」

〔註5〕《宋書》卷51《劉道規傳》載其「少倜儻有大意，高祖奇之，與謀桓玄」，「善於爲治，刑政明理，士民莫不畏而愛之」。而《劉道憐傳》則載：「道憐素無才能，言音甚楚，舉止施爲，多諸鄙拙。高祖雖遣將軍佐輔之，而貪縱過甚，畜聚財貨，常若不足，去鎮之日，府庫爲之空虛」；「永初二年，……盧陵王義眞爲揚州刺史，太后謂上曰：『道憐汝布衣兄弟，故宜爲揚州。』上曰：『揚州根本所寄，事務至多，非道憐所了。』太后曰：『道憐年出五十，豈當不如汝十歲兒邪？』上曰：『車士雖爲刺史，事無大小，悉由寄奴。道憐年長，不親其事，於聽望不足。』太后乃無言。」

宗室之表。歷任無浮淫之過，唯晚節奉沙門頗致費損。」〔註6〕《宋書》本傳明確記載劉義慶在生命的最後幾年崇信釋教彌篤。釋法琳《辨正論》卷三《十代奉佛上篇》載：「宋世諸王，並懷文藻，大習佛經。每月六齋，自持八戒。篤好文雅，義慶最優。炙輠不窮，霞明日朗。懸河無竭，雨散煙飛。合內夫娘，並令修戒。麾下將士，咸使誦經。著《宣驗記》，讚述三寶。」〔註7〕《法苑珠林》載：「宋衛軍臨川康王在荊州城內，築堂三間，供養經像。堂壁上多畫菩薩圖相。及衡陽文王代鎮，廢為寢室，悉加泥治，乾輒褫脫，畫狀鮮淨。再塗猶爾。王不信向，亦謂偶爾。又使濃塗，而畫像徹現，炳然可列。王復令毀故壁，悉更繕改。不久抱疾，閉眼輒見諸像，森然滿目。於是廢而不居，頗事齋講。」〔註8〕可見，臨川王劉義慶崇佛也可謂「足為宗室之表」〔註9〕。

　　劉義慶的崇佛主要表現在兩方面，一是結交和奉養僧人，一是著述。

　　臨川王劉義慶交遊和奉養的僧人大抵有哪些呢？有明文記載的，亦有間接可推知的。文獻明確記載的，有釋慧觀、僧伽達多、釋曇囧、釋道冏、釋道儒、釋曇暉〔註10〕等。釋慧觀隨師在晉末即居於京師道場寺〔註11〕，至文帝之時備受器重。劉義慶曾經請釋慧觀考察文帝賜婚的準女婿王僧達。《宋書》卷七五《王僧達傳》載文帝很欣賞僧達，「妻以臨川王義慶女」，義慶「令周旋沙門慧觀造而觀之，僧達陳書滿席，與論文義，慧觀酬答不暇，深相稱美」。《高僧傳》卷三《畺良耶舍傳附僧伽達多傳》載：「元嘉十八年（441）夏，（僧伽達多）受臨川康王請，於廣陵結居，後終於建業。」劉義慶終於建業，因

〔註6〕　《宋書》卷51《劉義慶傳》。

〔註7〕　（唐）釋法琳：《辨正論》，《大正藏》第52卷，第504頁中第16～20行。

〔註8〕　（唐）釋道世著，周叔迦、蘇晉仁校注：《法苑珠林校注》，北京：中華書局，2003年，第473頁。

〔註9〕　按：據《高僧傳》、《宋書》、《比丘尼傳》、《弘明集》，武帝二子廬陵孝獻王義真曾因釋僧導之力獲全，後劉裕令「子侄內外師焉」，義真當在首；又與名僧釋慧琳善。第四子彭城王義康師事求那跋陀羅，與釋曇遷遊狎，廣設齋供僧伽跋摩並崇其戒範，虔禮釋慧睿；被賜死時自謂「佛法自殺不復得人身」，遂不肯自戕（《宋書》卷68本傳）。第五子江夏文獻王義恭重釋弘充，與釋慧益、釋曇穎善，敬比丘尼釋慧濬。第六子南郡王義宣，南譙王劉義宣師事求那跋陀羅、為釋僧徹造墳塘、為釋慧璩設會。《弘明集》卷12載有譙王《論孔釋書》，言因果之理。還有僧人法略、尼法淨出入門庭，參與政謀。「尼媼數百」（《宋書》卷68本傳）。第七子衡陽文王義季知重釋法恭、釋曇光。

〔註10〕　按：湯用彤《漢魏兩晉南北朝佛教史》作「釋景暉」，非。（北京：崑崙出版社，2006年，第399頁。）

〔註11〕　《高僧傳》卷2《佛馱跋陀羅（覺賢）傳》。

此僧伽達多很可能隨之回都,也就是說,自元嘉十八年(441)夏至二十一年(444)正月,劉義慶最後三年的歲月中,僧伽達多一直爲其奉養。同書卷七《釋曇無成傳附釋曇囧傳》載:「時(淮南)中寺復有曇囧者,與成同學齊名,爲宋臨川王義慶所重。」又卷十二《釋道囧傳》載:「宋元嘉二十年(443),臨川康王義慶攜往廣陵,終於彼矣。」又卷十三《釋道儒傳》載:「宋臨川王義慶鎮南兗……爲啓度出家。」《比丘尼傳》卷四《釋曇暉傳》載:「宋元嘉十九年(442),臨川王臨南兗延之至鎮,時年二十一。」〔註12〕這五位皆是劉義慶爲南兗州刺史之時所交遊和奉養的僧、尼。

釋道照,疑是劉義慶所奉門師。《高僧傳》卷十三《釋道照傳》載:「宋武帝嘗於內殿齋,照初夜略敘。……臨川王道規從受五戒,奉爲門師。宋元嘉三十年(453)卒。年六十六。」則釋道照生於東晉太元十三年(388)。又《大正藏》云三本、宮本元嘉十年(433)卒〔註13〕,則釋道照生於東晉太和三年(368)。據《宋書》卷二《武帝紀》和卷五一本傳,劉道規義熙八年(412)薨,年四十三,則劉道規生於東晉太和五年(370)。其年齡差距來看,或者釋道照晚劉道規18年,且道規逝世之時釋道照方二十五歲;或者釋道照僅僅長劉道規兩歲,皆不大合常理。莫非是臨川王劉義慶?義慶生於東晉元興二年(403),晚釋道照15年。較之道規,義慶爲道照門徒似更宜。此其一。其二,釋道照爲宋武帝宣講佛法於內殿,時間必在劉裕登位以後,其時臨川王正是劉義慶。且烈武王劉道規乃逝世多年後追封爲臨川王繼而爲義慶所襲,史書中除《高僧傳》此處不見「臨川王(劉)道規」之類的記載。

劉義慶或許與釋僧導、竺道生、釋慧基、求那跋摩等高僧交遊。《高僧傳》卷七《釋僧導傳》載:「義眞後爲西虜勃勃赫連所逼,……卒以獲免,蓋由導之力也。高祖感之,因令子姪內外師焉。」如此,劉義慶當也在其中,師僧導。卷三《求那跋摩傳》載求那跋摩於「元嘉八年正月達於建鄴,文帝引見,勞問殷勤」,「敕住祇洹寺,供給隆厚,公王英彥,莫不宗奉」。元嘉八年(432),義慶爲丹陽尹,因此當也曾宗奉求那跋摩。卷七《竺道生傳》載:「宋太祖文皇深加歎重。後太祖設會,帝親同衆御於地筵,下食良久。衆咸疑日晚,帝曰:『始可中耳。』生曰:『白日麗天,天言始中,何得非中?』遂取鉢便食,

〔註12〕 (梁)釋寶唱:《比丘尼傳》,《大正藏》第50卷,第946頁上第20行。
〔註13〕 (梁)釋慧皎:《高僧傳》,《大正藏》第50卷,第415頁下第22行,同頁下校注第35行。

於是一衆從之，莫不歎其樞機得衷。王弘、范泰、顏延之並挹敬風猷，從之問道。」按范泰卒於元嘉五年（427）八月、王弘薨於元嘉九年（432）五月，因此竺道生在京師受到文帝器重是在元嘉之初，時劉義慶在都，則其與竺道生或許有交遊。又卷八《釋慧基傳》載，元嘉三年（426），釋慧基十五歲時，文帝「爲設會出家。輿駕親幸，公卿必集」，時劉義慶在都，極可能與釋慧基交遊。

此外，在劉義慶爲京尹之時（元嘉前九年），還有僧人畺良耶舍、釋慧璩、釋慧琳、釋寶賢、釋業首等等，也爲文皇帝所重，故而劉義慶也極可能與他們有交遊。

而義慶不在京師任職之時，也常回京師，交遊新的僧、尼，包括當時文帝所新寵之僧、尼，也極有可能。如在元嘉二十年被義慶攜往廣陵的釋道冏原本居京師南澗寺，這就說明義慶在外任職期間回京還十分關注佛門，不忘結交高僧。

劉義慶是六朝時期以小說作爲佛教因果之談的輔助手段的始作俑者。史載劉義慶撰有《幽明錄》、《宣驗記》二書，六朝至唐代僧人往往視其爲釋氏之書。《隋志》載劉義慶撰「《幽明錄》二十卷」（《唐書・經籍志》云《幽明錄》三十卷），「《宣驗記》十三卷」。《法苑珠林》卷十六《發願部第五》載：「晉世有譙國戴逵字安道者，……思所以影響法相。咫尺應身，乃作無量壽挾侍菩薩。……宋臨川康王撰《宣驗記》，亦載其顯瑞。」《宣驗記》有遺文可考，「大抵記經像之顯效，明應驗之實有，以震聳世俗，使生敬信之心」〔註14〕。《幽明錄》其書今雖不存，而他書徵引甚多，今人有輯錄，與《宣驗記》類。

劉義慶的下屬也多極崇信佛教，交遊僧人，且多「家世事佛」。如義慶平西府主簿何偃。《高僧傳》卷七《釋慧嚴傳》載其父何尚之勸文帝崇佛。何尚之曾祖爲何準。據《世說新語・排調》，何準與其兄東晉何充「奉佛，皆以財賄」，劉注引《中興書》曰：「何充性好佛道，……充弟準，亦精勤，只讀佛

〔註14〕魯迅《中國小說史略》云：「釋氏輔教之書，《隋志》著錄九家，在子部及史部，今惟顏之推《冤魂志》存，引經史以證報應，已開混合儒釋之端矣，而餘則俱佚。遺文之可考見者，有宋劉義慶《宣驗記》，齊王琰《冥祥記》，隋顏之推《集靈記》，侯白《旌異記》四種，大抵記經像之顯效，明應驗之實有，以震聳世俗，使生敬信之心，顧後世則或視爲小說。」（魯迅：《中國小說史略》，上海：上海古籍出版社，1998年，第32頁。）

經、營治寺廟而已矣。」《梁書》卷三七《何敬榮傳》載：「何氏自晉司空充、宋司空尙之，世奉佛法，並建立塔寺。」可見何偃「家世奉佛」。又如義慶平西長史蕭思話，「家素事佛」，其子蕭惠開爲其「造四寺：南岸南岡下，名曰禪岡寺；曲阿舊鄕宅，名曰禪鄕寺；京口墓亭，名曰禪亭寺；所封封陽縣，名曰禪封寺。」〔註15〕《高僧傳》載其敬奉釋智嚴、釋僧徹、釋曇智。〔註16〕又如衛軍諮議參軍袁淑。袁淑父袁豹，伯父袁湛。袁豹爲高僧佛馱跋陀羅（覺賢）感化。〔註17〕又其家族在袁淑祖輩即與陳郡謝氏聯姻，娶謝安侄女；袁湛又娶謝玄之女，袁湛妹又嫁謝安從孫謝重。又與琅琊王氏聯姻。〔註18〕王、謝皆奉佛世家，則袁淑亦當「家世奉佛」。又如義慶衛軍從事中郎張暢，《高僧傳》載其崇敬釋僧詮、釋曇穎。〔註19〕《廣弘明集》載其爲若耶山敬法師作《誄》。張暢家族乃江南望族，亦奉佛大族。張暢伯父張裕元嘉元年任益州刺史時曾請長樂寺釋道汪爲戒師，叔父張邵曾爲僧業在姑蘇造閒居寺。〔註20〕前所引譙王《論孔釋書》，張裕子鏡有答。劉義慶的這些「家世事佛」的下屬們，必常隨其左右，訪名僧，論佛理，乃至坐談、書寫僧人之事，作「釋氏輔教之書」。

　　劉義慶的女婿王僧達出自琅琊王氏。琅琊王氏，亦一事佛世家，自東晉開國元勳王導便親近僧人，又劉宋開國元勳王謐亦扶持佛教，且因其家族的政治地位而爲東晉、劉宋時期士族近佛的中堅力量。王僧達父王弘，於竺道生「挹敬風猷，從之問道」，「聞（釋僧）苞論議，歎其才思，請與交言」。〔註21〕王僧達本人，與釋慧觀「清言致款，結賞塵外」，又「藉（釋僧）遠風素，延止衆造寺」。〔註22〕

〔註15〕　《宋書》卷87《蕭惠開傳》。
〔註16〕　《高僧傳》卷3《釋智嚴傳》、卷7《釋僧徹傳》和卷13《釋曇智傳》。
〔註17〕　《高僧傳》卷2《佛馱跋陀羅（覺賢）傳》。
〔註18〕　《宋書》卷52《袁湛傳》：「湛少爲從外祖謝安所知，以其兄子玄之女妻之。」則袁湛祖輩娶謝安侄女，袁湛娶謝玄之女。《晉書》卷79《謝朗傳》載朗子「絢，字宣映，曾於公坐戲調，無禮於其舅袁湛」，則袁湛妹嫁謝朗之子謝重。《宋書》卷70袁淑本傳載其「至十餘歲，爲姑夫王弘所賞」，則袁淑姑姑嫁給了琅琊王弘。
〔註19〕　《高僧傳》卷7《釋僧詮傳》和卷13《釋曇穎傳》。
〔註20〕　《高僧傳》卷7《釋道汪傳附釋道閒傳》和卷11《釋僧業傳》。
〔註21〕　《高僧傳》卷7《竺道生傳》和《釋僧苞傳》。
〔註22〕　《高僧傳》卷7《釋慧觀傳》和卷8《釋僧遠傳》。

另劉義慶部下羅順、程德度似亦近佛。〔註23〕

三、劉義慶的佛教傾向與《世說新語》的佛教書寫

劉宋武帝劉裕、文帝劉義隆對佛教既大力扶持又加以控制〔註24〕，劉義慶的佛教傾向當也具二重性的，既近佛彌篤，又不喜其干涉政治。這一點是研究《世說新語》與佛教所不能忽視的。《世說新語》，一方面對東晉佛教有大量的記載，與劉義慶崇佛有莫大關係；另一方面東晉，尤其是東晉後期，一些重要的僧人或佛教事件在《世說新語》中都沒有絲毫的反映（儘管《世說新語》有重點記錄「清談」的傾向），這應與劉義慶反對佛教干涉政治有關。

《世說新語》中與佛教相關的內容頗多，其中最顯著的是對僧人的記載，當時活躍於皇室和名士場的高僧大都在書中可見，如佛圖澄、高坐道人（帛尸黎密）、竺道潛、康僧淵、康法暢、支愍度、支遁、于法開、釋道安、釋慧遠、竺法汰、竺道壹、僧伽提婆等。般若學六家七宗之代表人，除緣會宗之于道邃〔註25〕，其餘均可見。尤其支遁（道林）之記載共四五十條，成爲研究支遁的重要文獻。陳垣先生指出：「支道林在當時最負高名，《世說》中凡四五十見，應入《晉書・隱逸傳》，然《晉書》遺之」，「《世說新語》爲說部最通行之書，其中關涉晉僧幾二十人，此二十人中，見於《晉書・藝術傳》

〔註23〕《法苑珠林》卷 14：「宋元嘉十五年，羅順爲平西府將，戍在上明。十二月放鷹野澤，同輩見鷹雉俱落。於時火燒野平，惟有三丈許叢草不然。遂披而覓焉，乃得金菩薩坐像，通趺高一尺，工製殊巧。時定襄令謂盜者所藏，乃符界內，無失像者，遂收而供之。」（第 472～473 頁）同書卷 28：「宋程德度，武昌人。……度爲衛軍臨川王行參軍。時在尋陽，屋有燕窠，夜見屋裏忽然自明。有一小兒，從窠而出，長可尺餘，潔淨分明。至度床前曰：『君卻後二年，當得長生之道。』儵然而滅。德度甚秘異之。元嘉十七年，隨王鎮廣陵，遇禪師釋道恭，因就學禪，甚有解分。到十九年春，其家武昌空齋，忽有殊香，芬馥達於衢路。闔境往觀，三日乃歇。（右出《冥祥記》）」（第 870 頁。）

〔註24〕可參閱湯用彤《漢魏兩晉南北朝佛教史》第十三章《佛教之南統》之《宋初諸帝與佛法》，北京：崑崙出版社，2006 年，第 366～368 頁。按：所引《建康實錄》元嘉寺廟「園上」當爲竹園（第 367 頁）；另劉裕亦曾控制佛教勢力發展，《出三藏記集》卷 12 陸澄《法論目錄》中有《宋武爲相時沙汰道人教》。

〔註25〕參見湯用彤《魏晉南北朝佛教史》第九章《釋道安時代之般若學》，即本無宗之釋道安，本無異宗之竺道潛，即色宗之支遁，識含宗之于法開，幻化宗之道壹，心無宗之支敏度，緣會宗之于道邃。（第 246 頁）

者僅佛圖澄一人，然十之九皆見《高僧傳》。」〔註26〕的確，《世說新語》的這種佛教傾向與《晉書》相比就更加清晰了。〔註27〕修於李唐初期的《晉書》崇道，東晉著名道士，在《晉書》中有郭璞、葛洪、鮑靚、許邁等，且郭、葛、鮑、許皆有傳記。《世說新語》之中能知姓名的道士僅郭璞與孫登，且與道教相關的記載亦極少。下面將《世說新語》和《晉書》中關於東晉時期重要道教徒和佛教徒的記載情況以表格出列（見下表），更可了然。

《世說新語》與《晉書》關於東晉重要佛、道教徒的記載對比表

教類	教　徒	《世說新語》	《晉書》
道教	郭璞	4 條（《文學》76〔註28〕、《術解》5、6、8）	卷七二《郭璞傳》。另見 16 卷 21 處。〔註29〕（此不便詳列。可參考《晉書人名索引》）
	葛洪	無	卷七二《葛洪傳》。另見卷一一志天文上、卷五四《陸機傳》、卷七六《張闓傳》。

〔註26〕陳垣：《中國佛教史籍概論》，上海：世紀出版集團、上海書店出版社 2001年，第 21 頁。

〔註27〕在東晉時期，作為本土宗教的道教十分盛行，而佛教在這一時期也十分活躍。道教在東晉時期，在中下層社會人士中擁有為數眾多的信徒，並滲入到上層知識分子群，在上層門閥士族中迅速擴展。任繼愈主編的《中國道教史》第一編第四章《東晉南朝道教的變革與發展》說：「陳寅恪先生《天師道與濱海地域的關係》一文首先指出：東晉南北朝的許多門閥士族，都是信奉五斗米道的世家。據我們初步統計，當時北方的大士族如清河崔氏、范陽盧氏、馮翊寇氏、京兆韋氏、天水尹氏，南方僑姓大士族琅邪王氏、高平郗氏、潁川庾氏、陳郡殷氏、陽夏謝氏、泰山羊氏、譙國桓氏、汝南周氏、晉王室司馬氏，次等士族如琅邪孫氏、長樂馮氏，吳姓士族丹陽葛氏、許氏、陶氏、吳興沈氏、晉陵華氏、會稽孔氏、錢唐杜氏、吳郡顧氏、陸氏、張氏、孫氏（孫吳後裔）等等，這些家族中都有人信奉道教。實際可能還不止於此。這樣多的門閥士族信道，表明五斗米道在東晉以後向上層傳播取得了很大成功。」（北京：中國社會科學出版社，2001 年，第 119 頁。）佛教的昌盛，始於西晉初至東晉初名僧與名士的交流，而壯盛於東晉中葉，至劉宋以下而勢凌儒、道。（參見蕭登福《道家道教與中土佛教初期經義發展》，上海：上海古籍出版社，2003 年，第 205 頁。）上述這些奉道的門閥士族之中，絕大部分都於東晉時期開始奉佛，在東晉中、後期有不少士族已經成為奉佛世家。《世說新語》與《晉書》二書同樣記錄東晉的歷史，卻展現了完全不同的宗教面貌。

〔註28〕此序號參照余嘉錫《世說新語箋疏》。

〔註29〕張忱石：《晉書人名索引》，北京：中華書局，1977 年，第 30 頁。

教類	教　徒	《世說新語》	《晉書》
道教	鮑靚	無	卷九五《鮑靚傳》。另見卷八○《許邁傳》。
	許邁	無	卷八○《許邁傳》。另見卷三二《孝武文李太后傳》、卷八○《王羲之傳》。
佛教	佛圖澄	1 條（《言語》45）	卷九五《佛圖澄傳》。另見於卷一○五與卷一○六之《石勒傳》、卷二九志第一九《五行下》。
	釋道安（本無宗）	1 條（《雅量》32）	無傳。凡 13 見。見卷八二《習鑿齒傳》、卷九五《王嘉傳》、卷一一四《苻堅傳》
	竺道潛（本無異宗）	6 條（《德行》30、《言語》48、《文學》30、《方正》45、《排調》28、《輕詆》3）	無
	支遁（即色宗）	49 條〔註30〕	無傳。凡 6 見。見卷九《簡文帝紀》、卷八○《王羲之傳》、卷六七《郗超傳》、卷七九《謝安傳》、《謝朗傳》、卷五六《孫綽傳》。
	于法開（識含宗）	2 條（《文學》45、《術解》10）	無
	竺道壹（幻化宗）	1 條（《言語》93）	無
	支敏度（心無宗）	1 條（《假譎》11）	無
	于道邃（緣會宗）	無	無

　　再來看看俗世之中崇教名流的情況，請以皇室簡文帝和名士王羲之、許詢、郗愔爲例。

　　簡文帝。從《世說新語》可知其研思佛理，親近僧人支遁。《文學》載：「支道林、殷淵源俱在相王許。相王謂二人：『可試一交言。而才性殆是淵源崤、函之固，君其慎焉！』支初作，改轍遠之，數四交，不覺入其玄中。相王撫肩笑曰：『此自是其勝場，安可爭鋒！』」又載：「佛經以爲袪練神明，則聖人可致。釋氏《經》曰：『一切眾生，皆有佛性。但能修智慧，斷煩惱，萬行具足，便成佛也。』簡文云：『不知便可登峰造極不？然陶練之功，尚不可

〔註30〕此不便詳列，請參見本論文第二章第一節。

誣。』」而《晉書》載其崇信道士許邁。《晉書》卷三二《孝武文李太后傳》載：「始簡文帝爲會稽王，有三子，俱夭。自道生廢黜，獻王早世，其後諸姬絕孕將十年。帝令卜者扈謙筮之，曰：『後房中有一女，當育二貴男，其一終盛晉室。』時徐貴人生新安公主，以德美見寵。帝常冀之有娠，而彌年無子。會有道士許邁者，朝臣時望多稱其得道。帝從容問焉，答曰：『邁是好山水人，本無道術，斯事豈所能判！但殿下德厚慶深，宜隆弈世之緒，當從扈謙之言，以存廣接之道。』帝然之，更加採納。」〔註31〕

　　王羲之。從《世說新語》僅可知與當時名僧支遁交好。《文學》載：「王逸少作會稽，初至，支道林在焉。孫興公謂王曰：『支道林拔新領異，胸懷所及乃自佳，卿欲見不？』王本自有一往雋氣。殊自輕之。後孫與支共載往王許，王都領域，不與交言。須臾支退，後正值王當行，車已在門。支語王曰：『君未可去，貧道與君小語。』因論《莊子‧逍遙遊》。支作數千言，才藻新奇，花爛映發。王遂披襟解帶，留連不能已。」《晉書》則載其從道士許邁遊。《晉書》卷八十《王羲之傳》：「初渡浙江，便有終焉之志。會稽有佳山水，名士多居之，謝安未仕時亦居焉。孫綽、李充、許詢、支遁等皆以文義冠世，並築室東土與羲之同好」，又「羲之既去官，與東土人士盡山水之遊，弋釣爲娛。又與道士許邁共修服食，採藥石不遠千里，遍遊東中諸郡，窮諸名山，泛滄海，歎曰：『我卒當以樂死。』」〔註32〕《晉書》卷八十《許邁傳》：「羲之造之，未嘗不彌日忘歸，相與爲世外之交。玄遺羲之書云：『自山陰南至臨安，多有金堂玉室，仙人芝草，左元放之徒，漢末諸得道者皆在焉。』羲之自爲之傳，述靈異之跡甚多，不可詳記。」〔註33〕

　　許詢。從《世說新語》僅可知他崇信佛教，追隨名僧支遁，稱「弟子」。《文學》載：「許掾年少時，人以比王苟子，許大不平。時諸人士及於法師並在會稽西寺講，王亦在焉。許意甚忿，便往西寺與王論理，共決優劣。苦相折挫，王遂大屈。許復執王理，王執許理，更相覆疏；王復屈。許謂支法師曰：『弟子向語何似？』支從容曰：『君語佳則佳矣，何至相苦邪？豈是求理中之談哉！』」又同篇載：「支道林、許掾諸人共在會稽王齋頭。支爲法師，許爲都講。支通一義，四坐莫不厭心。許送一難，衆人莫不抃舞。但共嗟詠二家之美，不

─────────────────────

〔註31〕《晉書》卷 32《后妃傳》。
〔註32〕《晉書》卷 80《王羲之傳》。
〔註33〕《晉書》卷 80《許邁傳》。

辯其理之所在。」而依《晉書》可知其好道家之術。《晉書》卷六七《郗愔傳》載：郗愔「轉為臨海太守。會弟曇卒，益無處世意。在郡優遊，頗稱簡默，與姊夫王羲之、高士許恂，並有邁世之風，俱棲心絕谷，修黃老之術。」〔註34〕

郗愔。《術解》載：「郗愔信道甚精勤，常患腹內惡，諸醫不可療。聞于法開有名，往迎之。既來，便脈云：『君侯所患，正是精進太過所致耳。』合一劑湯與之。一服，即大下，去數段許紙，如拳大；剖看，乃先所服符也。」此記郗愔修術之事，然主要是為了記載僧人于法開的醫術高明，更顯道術之無能。此事《晉書》之《郗愔傳》則不見記載，而曰：「（郗愔）轉為臨海太守。會弟曇卒，益無處世意。在郡優遊，頗稱簡默，與姊夫王羲之、高士許恂，並有邁世之風，俱棲心絕谷，修黃老之術」。

由於《晉書》對東晉（江左）佛教史書寫的缺漏甚多，而《世說新語》正可與其相互補充。因此，《世說新語》對於東晉佛教的研究是非常重要的文獻。

然而，《世說新語》對於東晉佛教的書寫也受到劉義慶佛教思想傾向的制約。《世說新語》對於東晉佛教面貌的反映有不少遺漏。如東晉著名的兩次僧人是否應該禮王之爭，《世說新語》沒有留下絲毫的痕跡。又如東晉簡文、孝武時代聲名顯著的比丘尼支妙音，《世說新語》沒有載其言行。這種遺漏，最可能的原因是佛教影響到政權的關係。東晉僧人是否應禮敬王者之爭皆以佛教不禮敬王者而結束，而支妙音「權傾一朝，威行內外」，「干預朝政，竊弄威權」，這些都是結束了「王與馬，共天下」的門閥政治而欲重建皇權專制的劉宋政治所不能容忍的，當然也是劉義慶所不喜的。即使考慮到《世說新語》的近乎離散性和注重言談的文本特點，也仍然難以否定或者輕視劉義慶的政治立場和佛教傾向對《世說新語》的影響。

《世說新語》，近人錢穆將它列入《中國史學名著》，說它「都是些真確而具體的佳事佳話，不像後來的小說，都是無中生有」，「是一部對當時歷史極有關係、有價值的書。重要是在能表現當時的時代特性」〔註35〕。由此看來，這個結論並不完整。《世說新語》只是從一定程度上反映了時代特性，而有一部分則因為劉義慶的宗教傾向被遮蔽了。所以，《世說新語》，準確地說，是其所承載的時代風貌與其撰寫者的思想傾向的結合體。這也是本章開篇論劉義慶生平的原因所在，所謂「知人論世」也。

〔註34〕《晉書》卷67《郗愔傳》。
〔註35〕錢穆：《中國史學名著》，北京：三聯書店，2000年，第122、120頁。

第二章 《世說新語》所載佛教徒事跡考

　　《世說新語》之中與佛教直接相關的內容有佛教徒、佛經、寺廟以及近佛名士等，其中最豐富的內容是僧人的事跡。《世說新語》中僧人有竺道潛、帛尸黎密（高坐道人）、胡僧、支遁、佛圖澄、康法暢、康僧淵、支愍度、僧道人、于法開及弟子、東陽道人、北來道人、支法虔、竺法汰、竺道壹、法岡道人、濟尼、豫章小沙彌、僧伽提婆、僧意、釋道安、釋慧遠二十三位，還有傳語支敏度之僧人和道曜二位疑是〔註1〕，另還有三個僧團：豫章小沙彌同寺眾僧、釋慧遠廬山弟子和支遁弟子。

　　《世說新語》所載僧人篇目凡 19，條目凡 75。篇目有《德行》、《言語》、《政事》、《文學》、《方正》、《雅量》、《賞譽》、《品藻》、《規箴》、《容止》、《傷逝》、《棲逸》、《賢媛》、《術解》、《巧藝》、《簡傲》、《排調》、《輕詆》、《假譎》等。條目可以分為兩類，包括記載僧人親自參與的活動的 65 條和記載僧人被名士評論的 10 條。僧人親自參與的活動為本章考證的對象，僧人被名士評論的記載置於下一章考證。

〔註 1〕 楊勇《世說新語校箋》第四冊《〈世說新語〉汪藻〈人名譜〉校箋》云：「1 于法開 2 支愍度 3 支遁 4 佛圖澄 5 竺道壹 6 竺道潛 7 竺法汰 8 竺僧愆 9 法岡道人 10 帛尸黎密 11 高麗道人 12 康法暢 13 康僧淵 14 道標道人 15 僧伽提婆 16 僧意 17 釋道安 18 釋慧遠 19 釋曇翼，上十九人，今傳宋本汪藻《人名譜》佚，今依《世說》補。並見前。另有道曜者，只出現一次，見《排調篇》63。若合此僧，則為二十矣。或為汪藻所漏載。」（楊勇《世說新語校箋》，第四冊，北京：中華書局，2006 年，第 229～230 頁。）如此，此 20 人皆楊勇之統計。其統計有三點可注意者：一，將《世說新語》劉孝標注（按：以下簡稱「劉注」。）中僧人也計算在內。二，主要是法號可知的僧人。三，道曜亦被認為是僧人，但未說明依據。

一、支遁事跡考

《世說新語》中活動最頻繁、面孔最鮮明的僧人是支遁,又稱支公、林公、林道人。據《高僧傳》卷四本傳,支遁字道林,生於西晉建興二年(314),咸康四年(338)二十五歲出家,卒於東晉太和元年(366)閏四月四日,春秋五十有三。〔註2〕

因為《世說新語》中關於支遁的條目最多,跨時較長,其中所牽涉的其他僧人和近佛名士也最多,故而單列一節先加以考證。《世說新語》中涉及支遁的篇目有11,依次是《言語》、《政事》、《文學》、《雅量》、《賞譽》、《品藻》、《容止》、《傷逝》、《巧藝》、《排調》、《輕詆》,條目凡 49 條,其中支遁的活動 39 條,其中《文學》15 條,《賞譽》6 條,《言語》4 條,《容止》、《排調》、《輕詆》皆各 3 條,《品藻》2 條,《政事》、《雅量》、《傷逝》、《巧藝》皆各 1 條;其他 10 條是名士品評支遁,其中《賞譽》2 條、《品藻》5 條、《容止》1 條,《輕詆》1 條、《傷逝》1 條。

此節只就《世說新語》中記載支遁活動的 39 條加以考證,且歸納為三十八個事件,其中事件的年代可以推測得比較具體的列於前;反之,列於後,以俟通博。

(一)支遁與馮懷論《莊子・逍遙篇》

《莊子・逍遙篇》,舊是難處,諸名賢所可鑽味,而不能拔理於郭、向之外。支道林在白馬寺中,將馮太常共語,因及《逍遙》。支卓然標新理於二家之表,立異義於眾賢之外,皆是諸名賢尋味之所不得。後遂用支理。(《文學》)

按:事在咸康四年(338)支遁出家後,永和四年(348)前。

此處白馬寺,有云在餘杭,如余嘉錫《世說新語箋疏》(按:以下正文和註釋皆簡稱余《疏》)引程炎震云:「據《高僧傳・遁傳》敘次,則此白馬寺在餘杭。」〔註3〕有云在建康,如湯用彤《漢魏兩晉南北朝佛教史》則云在建

〔註 2〕關於支遁之卒,《高僧傳》載「晉太和元年閏四月四日終於所住(餘姚塢山中)……或云終剡,未詳。」《傷逝》劉注引《支遁傳》云支遁「太和元年終於剡之石城山」。然《言語》劉注引《高逸沙門傳》曰:「支遁字道林……年五十三終於洛陽」,「終於洛陽」當誤。參考高華平《魏晉玄學人格美研究》第四章之二《「即色遊玄」的佛徒——支遁》,成都:巴蜀書社,2000 年,第231 頁。

〔註 3〕余嘉錫:《世說新語箋疏》,北京:中華書局,2007 年 10 月第 2 版,第 261

康，〔註4〕未知孰是。〔註5〕

支遁發表《逍遙》新義之事又見於《高僧傳》卷四《支遁傳》。《高僧傳》載支遁在白馬寺與劉系之辯論在其出家之後。其載:「(遁)年二十五出家。……遁嘗在白馬寺，與劉系之等談《莊子・逍遙篇》，云:『各適性以爲逍遙。』遁曰:『不然。夫桀跖以殘害爲性，若適性爲得者，彼亦逍遙矣。』於是退而注《逍遙篇》，群儒舊學莫不歎服。」」〔註6〕又云:支遁「以晉太和元年（366年）閏四月四日終於所住，春秋五十有三」〔註7〕，可知支遁注《莊子・逍遙篇》及發表新義在支遁二十五歲即咸康四年（338）出家後。

馮太常，名馮懷。劉注引《馮氏譜》曰:「馮懷字祖思，長樂人。歷太常、護軍將軍。」〔註8〕咸康四年時馮懷正爲太常。《晉書》卷一九《禮志上》載有司奏言有「咸康中，太常馮懷」之語。《宋書》卷一四《禮志一》載咸康三年（337）太常馮懷上疏之事。《資治通鑒》卷九六《晉顯宗成皇帝紀》載:咸康四年「十月，光祿勳顏含以老遜位。論者以『王導帝之師傅，名位隆重，百僚宜爲降禮。』太常馮懷以問含」。之後馮懷不再任太常。〔註9〕又馮懷卒

頁。按:以下皆簡稱余《疏》。

〔註4〕湯用彤《漢魏兩晉南北朝佛教史》第七章《兩晉際名僧與名士》之《支遁》云:「遁在京師曾注《逍遙遊》」，第160頁。

〔註5〕建康白馬寺，《法苑珠林》卷52載:「晉白馬寺在建康中黃里。太興二年（319），晉中宗元皇帝起造。」餘杭白馬寺，《江南通志》載爲支遁開山而建。《江南通志》卷44載:「白馬寺在香山之麓。相傳蕭梁時因伐樹祀白馬之神故名。晉支道林開山。宋景德四年重建。萬曆間，殿堂盡圮，地屬居民。崇禎十七年，聖恩寺剖石壁禪僧恢復基址。」然其中年代前後順序顛倒，頗不可信。

〔註6〕（梁）釋慧皎撰，湯用彤校注:《高僧傳》，中華書局，1992年，第159、160頁。其校注（八）:「彼」原作「從」，據弘教本、金陵本改。（第164頁）按:兩種文獻雖皆云「白馬寺」，而支遁所論對象不同，所以存在諸多疑問:支遁的兩位談論對象劉系之和馮懷是皆是還是一是一非的關係?兩「白馬寺」是否同一處寺廟?在沒有否定的依據時，姑且認爲兩則文獻皆無誤。

〔註7〕（梁）釋慧皎撰，湯用彤校注:《高僧傳》，第161頁。

〔註8〕余《疏》，第260頁。

〔註9〕史載咸康五年（339）四月太常是蔡謨。據《晉書》卷7《成帝紀》、卷73《庾亮傳》、卷67《郗鑒傳》、卷77《蔡謨傳》和《資治通鑒》卷96，咸康五年四月庾亮上疏移鎮石城，「太尉（郗）鑒」和「太常蔡謨」駁之，後「詔亮不聽移鎮」。馮懷離任太常後，任散騎常侍、尚書、護軍將軍，卒，追贈金紫光祿階。《眞誥》卷16載:「近取馮懷爲司馬，侍帝晨，如今世侍中。」注云:「馮懷，字祖思，長樂人。晉成帝時爲太常，散騎常侍，卒追贈金紫光祿階也。」（吉川忠夫、麥谷邦夫編，朱越利譯《眞誥校注》，北京:中國社會科學出版社，2006年，第503、504、506頁。）馮懷在成帝時曾拜散騎常侍，此事約

年疑在永和四年。〔註 10〕劉系之是與支遁發表新義有關的另一人物。史書不見其傳記,且相關記載甚少。關於劉系之的記載,似僅見於《隋志》與《通典》。《隋志》「晉揚州刺史《殷浩集》四卷」下注:「宣城內史《劉系之集》五卷,錄一卷。亡。」又杜佑《通典》卷九五《妻已亡爲妻父母服議》載晉穆帝永和中劉系之問荀訥事。〔註 11〕可知劉系之曾爲宣稱內史,且永和中尚在。

綜上所述,支遁注《莊子·逍遙篇》及論《逍遙》新義在咸康四年至永和四年(348)間,然很可能就在咸康四年(338)出家後不久。如前所述,太常並非馮懷最終職位,故其與支遁論時很可能就是太常,此其一。其二,咸康四年馮懷正任太常且後不再爲太常。郭象永嘉末(313 年)病卒〔註 12〕,一年後支遁出生。支遁出家之時,向、郭之義已風行約三十年,而東晉至第三代帝王,門閥格局已成。

《逍遙論》其文有存。《文學》劉注引支遁《逍遙論》:「夫逍遙者,明至人之心也。莊生建言大道,而寄指鵬、鷃。鵬以營生之路曠,故失適於體外;鷃以在近而笑遠,有矜伐於心內。至人乘天正而高興,遊無窮於放浪;物物而不物於物,則遙然不我得;玄感不爲,不疾而速,則逍然靡不適。此所以爲逍遙也。若夫有欲當其所足;足於所足,快然有似天眞。猶饑者一飽,渴

在咸康五年。在咸康六年(340)時馮懷已爲尚書。《弘明集》卷 12《尚書令何充奏沙門不應盡敬》載:「晉咸康六年……尚書令何充及僕射褚翌、諸葛恢,尚書馮懷、謝廣等奏沙門不應盡敬。」(《弘明集》卷 12 第 11 頁 a。《四部叢刊》本。)咸康七年時馮懷始爲護軍將軍,至少至永和二年。據《晉書》卷 7《成帝紀》和卷 77《褚翌傳》,褚翌咸康五年七月代何充爲護軍將軍直至咸康七年卒;卷 31《武悼楊皇后傳》載「至成帝咸康七年……護軍將軍馮懷……等咸從(虞)潭議,由是太后配食武帝」;卷 19《禮志上》載「永和二年七月……護軍將軍馮懷」。

〔註 10〕因爲馮懷官至護軍將軍,疑其卒於此任,而其繼任王羲之爲護軍在永和四年八月。關於王羲之任護軍將軍的具體時間,唯《資治通鑒》卷 98《晉孝宗穆皇帝紀》繫於永和四年八月。可從。又《晉書》卷 80《王羲之傳》載其上任之前曾推遷不拜,即護軍將軍馮懷離任後有些時日才到永和四年八月,故約在永和四年春或夏。

〔註 11〕杜佑《通典》卷 95《妻已亡爲妻父母服議》載:「晉穆帝永和中……劉系之問荀訥曰:『《禮》云:「母黨不二服,親無二統故也。」以例準,則妻黨不二服明矣。然母有親繼之別,又有出有卒,故服外氏有降殺之禮。今妻義一也,無繼出之殊。今服其黨,孰先孰後耶?』」

〔註 12〕《晉書》卷 50《郭象傳》。

者一盈，豈忘忝嘗於糗糧，絕觴爵於醪醴哉？苟非至足，豈所以逍遙乎？」
陳寅恪先生《逍遙遊向郭義及支遁義探源》云：「郭象《莊子注》今存，支遁
《逍遙論》今得見者僅《世說》此條劉孝標注所徵引之一節而已。」〔註13〕
高華平先生認爲「遙然不我得」之「不」前當脫「無」字，依下文「逍然靡
不適」一句可知。〔註14〕是。然還有一種可能，那就是「得」爲「待」之形
誤。唐代成玄英《莊子序》曰：「支道林云：『物物而不物於物，故逍然不我
待；玄感不疾而速，故遙然靡所不爲。以斯而遊天下，故曰《逍遙遊》。』」〔註
15〕對照劉注相關部分，有四處不同。一是「逍然」與「遙然」的順序相反。
二是「待」與「得」相異。三是「不爲」的位置不一，且劉注多「不適」二
字。四是成玄英《莊子序》以篇名結尾，而劉注以「逍遙」結尾。這其中有
著根本不同的是「待」與「得」相異。若爲「待」，文義則通；若以「得」，
文義則不通。又支遁《阿彌陀佛像贊序》云：「佛經紀西方有國，國名安養，
迥遼迥邈，路踰恒沙。非無待者不能遊其疆，非不疾者焉能致其速。」〔註16〕
支遁明確指出，安養國無限遼遠，只有「無待者」和「不疾者」才能抵達。
若以劉注參照，那麼「無待者」無以依存。若以成疏序爲參照，那麼二者正
合。「待」與「得」字形相近，發生抄傳致誤的幾率相當大，不由得產生這樣
的推想：《世說新語》劉注引支遁《逍遙論》中「得」爲「待」之形誤。

　　劉注所引《逍遙論》當是《高僧傳》所載《莊子・逍遙篇注》的一部分。
據《高僧傳》，支遁「注」《莊子・逍遙遊篇》是因爲他不認同郭、向之論，
則其「注」的宗旨在於「論」。誠如余《疏》所言：「《釋文・逍遙遊篇音義》
引支遁……皆篇中之注，與《高僧傳》『退而注逍遙篇』之說合。然則支並詳
釋名物訓詁，如注經之體。不獨作論標新立異而已。或者此論即在注中，如
上引逍遙義，亦正是向、郭之注耳。」〔註17〕《經典釋文》所載支遁之《莊
子・逍遙篇注》七條。未知唐時此文是否猶存。字句訓詁雖不多，然魏晉時
代本多闡述義理少闡釋字句，如王弼《老子注》全文字句訓詁亦僅數條，則
推想《經典釋文》中支遁之訓詁抑或即其原貌或近似原貌。

〔註13〕陳寅恪：《陳寅恪先生文史論集》（上卷），香港：文文出版社，1972 年，第
　　　　195 頁。
〔註14〕高華平：《魏晉玄學人格美研究》，成都：巴蜀書社 2000 年版，第 24 頁。
〔註15〕成玄英：《莊子序》，載於郭慶藩輯《莊子集釋》，北京：中華書局，1961 年。
〔註16〕載釋道宣《廣弘明集》卷十五第五頁 a。《四部叢刊》本。
〔註17〕余《疏》，第 261～262 頁。

陳寅恪先生《〈逍遙遊〉向、郭義及支遁義探源》，認爲支遁《逍遙論》所據乃其研讀之《道行》，又云：「向、郭舊義疑元出於『人倫鑒識』之才行論，故以『事稱其能』及『極大小之致，以明性分之適』爲言，林公窺見其隱，乃舉桀跖性惡之例，以破大小適性之說。然則其人才藻新奇，神悟機發，（《世說新語·品藻篇》『郗嘉賓問謝太傅』條注引《支遁傳》）實超絕同時之流輩，此所以白黑欽崇，推爲宗匠，而逍遙新義特受一世之重名乎？」〔註18〕湯用彤先生認爲支遁此論與向、郭崇有義多有牽合之處，在歷史上卻被忽視，而其差異反被誇大。因爲向、郭之逍遙義分有待與無待。有待自足，芸芸衆生是也；無待者至足，神人聖人是也。而支遁之新義，以爲至足乃能逍遙。此論實際上是取向、郭二家之說，去其有待而存其無待。支遁獨許聖人以逍遙，不過是佛學理論之重視凡聖差異的表現。〔註19〕因創新不易，故而時人常重其新。湯用彤先生重其漸變，乃後來人之清醒。若從政治來看，支遁之聖人逍遙說，重凡聖差異，正是與名士自西晉的人臣地位變爲東晉的門閥貴族地位的歷史變化相契合的。

（二）支遁與王濛、劉恢聽何充論政事

> 王、劉與林公共看何驃騎，驃騎看文書不顧之。王謂何曰：「我今故與林公來相看，望卿擺撥常務，應對玄言，那得方低頭看此邪？」
>
> 何曰：「我不看此，卿等何以得存？」諸人以爲佳。（《政事》）

按：此事大約在建元元年（343），支遁三十歲。據《晉書》卷七《成帝紀》和《康帝紀》，何充爲驃騎將軍在咸康八年（342）七月至康帝建元元年（343）十月。

余《疏》引程炎震云：「康帝初，充以驃騎輔政，時支遁未嘗至都。此林公字必是深公之誤。《高僧傳》四云『竺道潛字法深，司空何次道尊以師資之敬』，是其證也。淺人見林公，罕見深公，故輒改耳。」〔註20〕楊勇《世說新語校箋》亦然。〔註21〕然支遁《八關齋會詩序》：「間與何驃騎期，當爲合八

〔註18〕陳寅恪：《〈逍遙遊〉向、郭義及支遁義探源》，《陳寅恪先生文史論集》，香港：文文出版社，1972～1973 年，第 195～200 頁。
〔註19〕湯一介《〈魏晉玄學論稿〉導讀》，湯用彤《魏晉玄學論稿》，上海：上海古籍出版社，2001 年，第 15 頁。
〔註20〕余《疏》，第 216 頁。
〔註21〕楊勇云「其說是」，並據此將「林公」改爲「深公」，《世說新語校箋》（第一冊），北京：中華書局 2006 年，第 162 頁。

關齋，以十月二十二日集同意者在吳縣土山墓下。」則支遁與何充交往密切。至於程炎震以為支遁其時尚未至都，乃誤讀《高僧傳》以為支遁下都在哀帝時所致。更何況，何充生於元康二年（292），而王濛生於永嘉三年（309），支遁生於建興二年（314），劉惔大約生於建興元年（313）〔註22〕，而被何充「遵以師資之敬」的竺道潛（據《高僧傳》生於西晉太康七年，即 286 年）當時名望已顯，且春秋畢竟高於何充，故而何充雖是戲說卻含譏諷，仍有失禮之嫌！

（三）王濛聽支遁講，先言「凶物」後比「王何」

> 王、劉聽林公講，王語劉曰：「向高坐者，故是凶物。」復更聽，王
> 又曰：「自是缽釪後〔註23〕王、何人也。」（《賞譽》）

按：此事約在永和二年前。文中「王、劉」指王濛、劉惔，其言支遁相貌醜異，而善於清言。據文意知是王、支二人初相遇之事，但未能確定其時支遁是否已經出家。支遁《述懷詩》云：「弱冠弄雙玄」，事在咸和八年（333），其時支遁未出家。然王濛永和三年（347）逝世，且《世說新語》多條載其與支遁交遊，則交遊有些時日，故此事當不晚於永和二年（346）。地點不能確定是在京師還是會稽。

《賞譽》劉注引《高逸沙門傳》曰：「王濛恒尋遁，遇祇洹寺中講，正在高坐上，每舉麈尾，常領數百言，而情理俱暢。預坐百餘人，皆結舌注耳。濛云聽講眾僧：『向高坐者，是缽釪後王、何人也。』」此與《世說新語》所異有二，一是不載王濛云支遁是「凶物」，二是載王濛贊支遁如王弼事在祇洹寺，三是王濛所言對象不是劉惔，而是「聽講眾僧」。此「祇洹寺」在京師建康還是會稽，亦不可知。然《賞譽》載：「王長史歎林公：『尋微之功，不減輔嗣。』」亦王濛贊支遁如王弼之事，劉注繫之於京師，其引《支遁別傳》曰：「遁神心警悟，清識玄遠，嘗至京師，王仲祖稱其造微之功，不異王弼。」未知究竟如何。

「復更聽」，一作「復東聽」，如陸游刻本的重印本明嘉趣堂本、清紛欣閣本等。

〔註22〕此從曹道衡之說，載其著作《中古文學史論文集》之《晉代作家六考》之一《干寶》，北京：中華書局，2002 年，第 309 頁。

〔註23〕余《疏》引程炎震云「缽釪後王、何」中「後」當如《高僧傳》為「之」。其文曰：「《高僧傳》作濛歎曰：『實缽之王、何也。』……緇缽之王、何，是以王弼、何晏比遁，於文為合。《世說》此文，傳寫之誤耳。」（余《疏》，第 568 頁。）

（四）支遁主持許詢與王修的論理

> 許掾年少時，人以比王苟子，許大不平。時諸人士及林法師並在會
> 稽西寺講，王亦在焉。許意甚忿，便往西寺與王論理，共決優劣。
> 苦相折挫，王遂大屈。許復執王理，王執許理，更相覆疏；王復屈。
> 許謂支法師〔註24〕曰：「弟子向語何似？」支從容曰：「君語佳則佳
> 矣，何至相苦邪？豈是求理中之談哉！」（《文學》）

按：此事約在永和二年（346）前後，升平二年前（357）。《法書要錄》載張
懷瓘《書斷》：「王修以升平元年（357）卒，年二十四。」〔註25〕又《文學》
載王修年十二作《賢人論》，在永和二年（346）。許詢因與其齊名而「大不
平」，自是年歲長於王修，則其「年少時」與王修爭名自然在此年前後，或
稍後。

　　支遁之言反映出當時辯論場中「不求理中」而逞口舌之利的狀況，也表
現出支遁對這種狀況的不滿。而「求理中」，則必然給與佛學傳播以機遇。

　　會稽西寺，除《世說新語》外，史籍無載。魏晉南北朝時期，僧俗對寺
院的稱謂，經常以其在某地的相對方向而簡稱東寺、西寺。李慈銘以爲乃光
相寺，似非。余《疏》引李慈銘云：「西寺即光相寺，在西郭西光坊下岸光相
橋之北，去予家僅數十武。光相寺者，僅是晉義熙中寺發瑞光，安帝因賜此
額。西光坊本名西光相坊，其東曰東光相坊，坊與橋皆因寺得名者。」〔註26〕
《嘉泰會稽志》卷七《寺院・山陰》：「光相寺在府西北三里三百七步，後漢
太守沈勳公宅，東晉義熙二年（406）宅有瑞光，遂捨爲寺，安帝賜光相額。」
〔註27〕然義熙二年（406）許詢、王修諸人皆已逝世。

（五）支遁與謝安、許詢、王濛論《漁夫》

> 支道林、許、謝盛德，共集王家。謝顧謂諸人：「今日可謂彥會，時
> 既不可留，此集固亦難常，當共言詠，以寫其懷。」許便問主人有
> 《莊子》不？正得《漁父》一篇。謝看題，便各使四坐通。支道林
> 先通，作七百許語，敘致精麗，才藻奇拔，眾咸稱善。於是四坐各

〔註24〕支法師，明本作「於」，非。張萬起、劉尚慈《世說新語譯注》曰：「蓋『支』
　　　　誤爲『于』，又繁化爲『於』。」（北京：中華書局，1998 年，第 197 頁。）
〔註25〕（唐）張彥遠：《法書要錄》，上海：上海書畫出版社，1986 年，第 233 頁。
〔註26〕余《疏》，第 268 頁。
〔註27〕（宋）施宿：《嘉泰會稽志》，影印文淵閣《四庫全書》本，臺北：臺灣商務
　　　　印書館，1983 年，第 486 卷，第 133 頁下。

言懷畢。謝問曰：「卿等盡不？」皆曰：「今日之言，少不自竭。」謝後粗難，因自敘其意，作萬餘語，才峰秀逸。既自難干，加意氣擬託，蕭然自得，四坐莫不厭心。支謂謝曰：「君一往奔詣，故復自佳耳。」（《文學》）

按：此事件地點在王濛家，然未知在會稽還是建康。此不知具體時間。永和三年（347）王濛病逝。〔註28〕

此次話題是《莊子》之《漁夫》，支遁才思敏捷，最先作，「作七百許語，敘致精麗，才藻奇拔，眾咸稱善」，則支遁此論文辭精美並爲時人所賞，然不敵謝安。

（六）支遁賞譽王濛

林公道王長史：「斂衿作一來，何其軒軒韶舉！」（《容止》）

（七）支遁與王濛論劉惔

王長史謂林公：「眞長可謂金玉滿堂。」林公曰：「金玉滿堂，復何爲簡選？」王曰：「非爲簡選，直致言處自寡耳。」（《賞譽》）

按：上二事不知具體時間、地點。王濛永和三年（346）病逝。

（八）支遁探望病危的王濛

王長史嘗病，親疏不通。林公來，守門人遽啓之曰：「一異人在門，不敢不啓。」王笑曰：「此必林公。」（《容止》）

按：事在永和三年（347）王濛病逝前夕，王濛家。「親疏不通」，以行儀自驕的王濛或許因爲形容憔悴而不願人見，故而此事很可能在王濛病逝前夕。王濛逝世時年三十九，時支遁三十四歲。「親疏不通」而能通支遁，二人交情非同一般。

（九）支遁講《維摩詰經》，許詢為都講

支道林、許掾諸人共在會稽王齋頭。支爲法師，許爲都講。支通一義，四坐莫不厭心。許送一難，眾人莫不抃舞。但共嗟詠二家之美，

〔註28〕程炎震以爲此事在王濛爲長山令時。余《疏》引程炎震云：「王濛卒於永和三年……下文有『道林、許、謝共集王家』之語，蓋王濛爲長山令，嘗至東耳。」（余《疏》，第 270 頁。）按：此未知何據。謝安與王濛初見之事，《世說新語》有載。《賞譽》載：「謝太傅未冠，始出西，詣王長史，清言良久。去後，苟子問曰：『向客何如尊？』長史曰：『向客亹亹，爲來逼人。』」則謝安首次會見王濛在建康，在其弱冠之年咸康五年前。與程氏所說長山不一。

不辯其理之所在。(《文學》)

按：此事地點在會稽王齋頭。據文中「許掾」，此事在永和三年（347）後。許詢辟掾約在永和三年（347）。〔註29〕

　　劉注引《高逸沙門傳》曰：「道林時講《維摩詰經》。」這是東晉名僧與名士的典型寫照，也反映出東晉清談的新局面。清談話題是佛經——《維摩詰經》，一部以在家居士為主角的大乘經典，場所在名士府邸，主講為高僧，都講為名士，聽眾為名士，而「嗟詠二家之美，不辯其理之所在」。

　　然《高僧傳》載此事地點和時間皆不同，其云：「晚出山陰，講《維摩經》，遁為法師，許詢為都講，遁通一義，眾人咸謂詢無以厝難。詢每設一難，亦謂遁不復能通。如此至竟，兩家不竭。」程炎震云此較《世說新語》「於義為長」，又云「則非在會稽王齋頭也」。余嘉錫辨正曰：「《世說》及《高僧傳》所據之書本自不同，即其詞意，亦復小異。程氏獨以傳義為長，非也。」〔註30〕湯用彤《漢魏兩晉南北朝佛教史》亦以支遁、許詢講《維摩詰經》在山陰，並云：「疑是時簡文亦在會稽也。」〔註31〕王曉毅先生《支道林生平事跡考》則以為《文學》所載不誤，並以為地點非在山陰，而在建康司馬昱府邸。其據《高僧傳》卷七《釋慧嚴傳》所載宋文帝論釋慧嚴與顏延之為「支、許」，而以文帝自比司馬昱，故支、許論戰在司馬昱處無疑，而《世說新語》不誤。

（十）支遁問孫綽其與許詢如何

支道林問孫興公：「君何如許掾？」答曰：「高情遠致，弟子早已伏膺；然一詠一吟，許將北面矣。」(《品藻》)

〔註29〕關於許詢生平，曹道衡、沈玉成《中古文學史料叢考》有詳考，以許詢徵司徒掾在孝宗時。（北京：中華書局，2003年，第205～207頁）今從。然其所引《太平御覽》卷530引《晉中興書》事有誤，當是許邁。許邁一名許玄，與許詢字玄度頗易混淆。另永和前期司徒蔡謨徵掾，據《晉書》卷77蔡謨本傳，似在永和三年前後，可補《中古文學史料叢考》之說。其文曰：「康（按：當為穆）帝即位」，蔡謨「領司徒……初，謨沖讓不辟僚佐，詔屢敦逼之，始取掾屬」，之後，皇太后詔「遷侍中、司徒」，而蔡謨「自（永和）四年冬至五年末」至六年固讓，終「免為庶人」。同卷《殷浩傳》載殷浩在桓溫平蜀後不久丁憂去官，即永和三年三月後不久。而《晉書》卷8《穆帝紀》蔡謨領司徒在永和二年二月。換言之，蔡謨辟掾，許詢為掾在永和三年前後。

〔註30〕余《疏》，第269頁。

〔註31〕湯用彤《漢魏兩晉南北朝佛教史》第七章《兩晉際名僧與名士》之《支遁》。第160頁。

按：此事在約永和三年許詢辟掾後，升平五年前。許詢卒年不遲於王羲之卒年。〔註32〕

（十一）支遁贊佛圖澄

　　佛圖澄與諸石遊，林公曰：「澄以石虎爲海鷗鳥。」（《言語》）

按：疑支遁此語在佛圖澄生前，即永和四年（348）前。永和四年，佛圖澄圓寂。據《晉書》卷九五《佛圖澄傳》和卷八《穆帝紀》，佛圖澄於永和五年（349）四月石季龍死的前一年圓寂。又《太平御覽》和《北堂書鈔》皆引《趙書》云「於建武末」卒，〔註33〕建武末，即永和四年。

　　《晉書》繫支遁此言「在京師」。其卷九五《佛圖澄傳》：「支道林在京師，聞澄與諸公遊，乃曰：『澄公其以季龍爲海鷗鳥也。』」

　　支遁此語活用《莊子》。劉注引《莊子》曰：「海上之人好鷗者，每旦之海上，從鷗遊，鷗之至者數百而不止。其父曰：『吾聞鷗鳥從汝遊，取來玩之。』明日之海上，鷗舞而不下。」〔註34〕《莊子》的意旨在於「道」。《莊子·天地篇》云：「機心存於胸中，則純白不備；純白不備，則神生不定；神生不定者，道之所不載也。」因此，這個故事或許應這樣解讀：當海人無機心時，他是合乎「道」的，有「道」的，故而海鷗鳥圍繞他飛翔；當海人有機心時，他是不合「道」的，失「道」的，故而海鷗鳥離棄他。在支遁看來，佛圖澄是得「道」的，是弘法高僧。〔註35〕

〔註32〕可參考曹道衡、沈玉成《中古文學史料叢考》之《許詢年歲》，北京：中華書局，2003年，第205～207頁。

〔註33〕《太平御覽》卷195引田融《趙書》云：「佛圖澄建武末卒。」又《北堂書鈔》卷92「葬於鄴西」條注：「《趙書》云：『前石有佛圖澄，號曰大和尚。道法大行，終於建武末。葬於鄴西。』」

〔註34〕按：程炎震指出此文今《莊子》不見，然《宋書》卷67《謝靈運傳》載其《山居賦》曰：「撫鷗鰷而悅豫，杜機心於林池。」自注曰：「莊周云：『海人有機心，鷗鳥舞而不下。』」謝靈運所見此事亦出於《莊子》，足見劉注引《莊子》不誤。（余《疏》，第127頁。）

〔註35〕關於支遁此語的解讀，之前三說。徐震堮《世說新語校箋》曰：「劉辰翁曰：『謂玩虎於掌中耳。』案此說未允。蓋謂澄以無心應物，故物我相忘也。」（北京：中華書局，1984年，第59頁）後來張永言認爲前二說皆與史實相悖，特撰文《「海鷗鳥」解》（《古漢語研究》1994年第2期），對美國學者苗沃壽的觀點加以介紹與申論，其文曰：「苗沃壽在 Fo-tu-ceng：A Biography（載 Harvard Journal of Asiatic Studies，11／3～4（1948））一文中說：『這個故事的要點是海鷗鳥被設想爲能覺察威脅而相應改變行爲，所以支道林的意思是佛圖澄在他與石氏的關係中把他們認作具有野性和警惕性的鳥類——不是很聰明，但善能察覺他

（十二）支遁與殷浩論才性論

> 支道林、殷淵源俱在相王許。相王謂二人：「可試一交言。而才性殆
> 是淵源嶍、函之固，君其慎焉！」支初作，改轍遠之，數四交，不
> 覺入其玄中。相王撫肩笑曰：「此自是其勝場，安可爭鋒！」（《文學》）

按：此事在司馬昱府邸，時間疑在永和二、三年間（346～347）。支遁與殷浩
在司馬昱府邸高談闊論〔註36〕，最可能是殷浩任揚州刺史時。據《晉書》殷
浩本傳，殷浩任揚州刺史在永和二年（346）七月，又桓溫平蜀（永和三年三
月）後不久殷浩丁憂去官，服闋復爲揚州刺史時已經開始籌備北伐了。

支遁與殷浩論才性，乃是玄學舊題。支遁不敵殷浩。然可與殷浩相辯，
則支遁於才性論或有些心得。《高僧傳》載其言「夫桀跖以殘害爲性，若適性
爲得者，彼亦逍遙矣」，即與才性有關。

（十三）與褚裒、孫盛論南北學問

> 褚季野語孫安國云：「北人學問，淵綜廣博。」孫答曰：「南人學問，
> 清通簡要。」支道林聞之，曰：「聖賢固所忘言。自中人以還，北人
> 看書，如顯處視月；南人學問，如牖中窺日。」（《文學》）

按：此事時間、地點不能確知。褚裒永和五年（349）卒。〔註37〕

此距東晉立國三十年，支遁儼然以南人自居，亦可見南北學術之迥異，
那麼南北佛教亦有別。而佛學中心當時在北方，以佛圖澄、道安爲中心，南
方能與北方相抗，亦可見南方佛教義學的逐漸興盛。

（十四）品藻王胡之

> 林公云：「見司州警悟交至，使人不得住，亦終日忘疲。」（《賞譽》）
> 或問林公：「司州何如二謝？」林公曰：「故當攀安提萬。」（《品藻》）

按：此中「司州」若支遁原話，則在永和五年後，稱王胡之爲司州，則朝廷
任命已下。《晉書》卷七六《王胡之傳》：「石季龍死，朝廷欲綏輯河洛，以胡
之爲西中郎將、司州刺史，假節，以疾固辭，未行而卒。」然未知在王胡之

（佛圖澄）這一方的任何不忠，如同《莊子》故事中的鷗鳥那樣。』（p.372，n、
42）。」但愚意以爲美國學者苗沃壽的解讀也值得商榷。一者，苗沃壽的解讀
中「海鷗鳥」成了故事的主角，與原文意旨相悖。二者，這種解讀之中所透
露出的西方式的人與自然的對立關係也與原文的文化語境相去甚遠。

〔註36〕余《疏》引程炎震云：「道林何得與殷浩共集簡文許？前注引《高逸沙門傳》，
殆隱以駁此條也。證之《高僧傳》，其誤顯然。」（余《疏》，第278頁。）

〔註37〕《晉書》卷93《褚裒傳》。

生前還是身後，地點亦不可知。

（十五）與王羲之論《逍遙》

王逸少作會稽，初至，支道林在焉。孫興公謂王曰：「支道林拔新領異，胸懷所及，乃自佳，卿欲見不？」王本自有一往雋氣，殊自輕之。後孫與支共載往王許，王都領域，不與交言。須臾支退，後正值王當行，車已在門。支語王曰：「君未可去，貧道與君小語。」因論《莊子·逍遙遊》。支作數千言，才藻新奇，花爛映發。王遂披襟解帶，留連不能已。（《文學》）

按：事在永和七年（351）。王羲之是年拜右軍將軍、會稽內史。〔註38〕

據文意，則王羲之、支遁二人初會在王作會稽內史時，二人因孫綽得以相會，又因《逍遙論》「才藻新奇」而交好。

《高僧傳》亦載此事，頗有異。《高僧傳》曰：「王羲之時在會稽，素聞遁名，未之信。謂人曰：『一往之氣，何足言。』後遁既還剡，經由於郡，王故詣遁，觀其風力。既至，王謂遁曰：『《逍遙篇》可得聞乎？』遁乃作數千言，標揭新理，才藻驚絕。王遂披衿解帶，流連不能已。仍請住靈嘉寺，意存相近。」二書所載有三處不同。一是《世說》有孫綽與支遁交遊在先，並且孫綽引見，而《高僧傳》無。二是《世說新語》是支遁耐心、有心地獲取了王羲之肯聽其一言的機會，而《高僧傳》是王羲之親往拜訪。三是王羲之請支遁居靈嘉寺。王羲之貴為會稽內史，又先並不知賞支遁，恐不可能先親往支遁處。《高僧傳》所載前後文事理相悖，文筆粗疏。而《世說新語》前後文氣貫通，人物面目生動細緻。然二書各為門戶計，亦不宜輕易是此非彼。

（十六）譏諷王徽之兄弟作吳音

支道林入東，見王子猷兄弟。還，人問：「見諸王何如？」答曰：「見一群白頸鳥，但聞喚啞啞聲。」（《輕詆》）

按：此事或在永和七年（351）前。永和七年，支遁初會王羲之，王羲之遇之甚厚，必得與其子相見，故不晚於永和七年。

〔註38〕前會稽內史王述此年因母憂去職。《仇隙》云：「藍田於會稽丁艱，停山陽治喪。右軍代為郡。」又《晉書》卷75《王述傳》云：「母憂去職。服闋，代殷浩為揚州刺史，加征虜將軍。」《晉書》卷8《穆帝紀》載永和十年（354）二月「廢揚州刺史殷浩為庶人，以前會稽內史王述為揚州刺史。」故而王述母憂，王羲之代之為會稽內史，在永和七年（351）。

余《疏》:「道林之言,譏王氏兄弟作吳音耳。」〔註39〕

(十七) 支遁與王羲之論王濛

> 林公謂王右軍云:「長史作數百語,無非德音,如恨不苦。」王曰:
> 「長史自不欲苦物。」(《賞譽》)

按:此事當在永和七年(351)後。此中「長史」疑是王長史濛。〔註40〕此可見支遁清談非當時一流。

(十八) 支遁與謝朗清談

> 林道人詣謝公,東陽時始總角,新病起,體未堪勞。與林公講論,
> 遂至相苦。母王夫人在壁後聽之,再遣信令還,而太傅留之。王夫
> 人因自出云:「新婦少遭家難,一生所寄,唯在此兒。」因流涕抱兒
> 以歸。謝公語同坐曰:「家嫂辭情慷慨,致可傳述,恨不使朝士見。」
> (《文學》)

按:此約在永和七年(351),謝安府邸。謝東陽即謝朗,謝安次兄據之長子。謝朗「始總角」約在永和七年(351)前後。〔註41〕

永和七年,支遁三十八歲,與一個比自己小三十歲左右的「始總角」的孩子苦辯,疑《世說新語》所載謝朗年歲有誤。

(十九) 支遁主持孫綽與許詢的談論

> 孫興公、許玄度共在白樓亭,共商略先往名達。林公既非所關,聽
> 訖云:「二賢故自有才情。」(《賞譽》)

按:此條劉注引《會稽記》曰:「亭在山陰,臨流映壑也。」則事或在晉穆帝永和七年(351)至永和十一年(355)間,地點在山陰白樓亭。據《晉書》

〔註39〕余《疏》,第997頁。

〔註40〕當時孫綽為王羲之長史,然王羲之當不稱孫綽為「長史」,故此處「長史」最可能是王長史濛。又有一旁證。《賞譽》載:「謝公云:『長史語甚不多,可謂有令音。』」劉注引《王濛別傳》曰:「濛性和暢,能清言,談道貴理中,簡而有會。商略古賢,顯默之際,辭旨劭令,往往有高致。」此處「長史」王濛之言談特點與支遁、王羲之的語意正合。

〔註41〕按:謝據及子朗年歲皆不見載。謝朗年歲長於謝玄。《晉書》卷79《謝詔傳》載:「時謝氏尤彥秀者,稱封、胡、羯、末。封謂詔,胡謂朗,羯謂玄,末謂川,皆其小字也。」同卷《謝玄傳》云玄太元十三年(388)卒於官,時年四十六,謝玄生於建元元年(343)。則謝朗「始總角」約在永和七年(351)前後。

卷五六《孫綽傳》載：「會稽內史王羲之引爲右軍長史，轉永嘉太守。」孫綽在王羲之永和七年爲會稽內史時爲長史，大約於永和十一年（355）王羲之辭官後轉永嘉太守。

（二〇）與于法開弟子於法威論《小品》

> 于法開始與支公爭名，後精漸歸支，意甚不忿，遂遁跡剡下。遣弟子出都，語使過會稽。於時支公正講《小品》。開戒弟子：「道林講，比汝至，當在某品中。」因示語攻難數十番，云：「舊此中不可復通。」弟子如言詣支公。正值講，因謹述開意。往反多時，林公遂屈，厲聲曰：「君何足復受人寄載！」（《文學》）

按：事在永和七年至永和十一年（351～355）間。

據文意，于法開因與支遁論戰失利而遁居剡縣，可見時間應定在支遁還未離開山陰南下定居剡縣之前。支遁居剡縣，或不遲於在永和十一年（355），此年王羲之辭職隱居剡東金庭。

《高僧傳》載此事在《于法開傳》，所敘支遁言行無異。

當時義學僧人之間，亦恒詰難，然於公「意甚不忿」，支公「厲聲」，皆不爲弘道，而是爭名，皆我相未除。

（二十一）支遁欲向深公買剡縣山卬山

> 支道林因人就深公買山卬山〔註42〕，深公答曰：「未聞巢、由買山而隱。」（《排調》）

按：支遁自山陰移至剡縣山卬山，事在永和七年至永和十一年（351～355）間。考見前。

支遁欲隱，深公以巢、由爲譬，可見當時僧人心中佛、道無二。

《高僧傳》卷四《竺道潛傳》亦載此事，地點更具體，支遁所買爲「山卬山之側沃州小嶺」。其文曰：「支遁遣使求山卬山之側沃州小嶺，欲爲幽棲之處。潛答云：『欲來輒給，豈聞巢、由買山而隱。』」劉注引《高逸沙門傳》曰：「遁得深公之言，慚恧而已。」

《嘉泰會稽志》卷八《寺院》之《新昌縣》云：「大明寺，在縣東北二十五里。昔沙門法乾、支道林、帛道猷下築東山卬山，晉隆和元年賜號東山卬

〔註42〕金澤文庫本作「卬山」，當作「山卬山」。可參閱王利器《世說新語校勘記》。（載《世說新語》，上海：上海古籍出版社，1956年。）

寺。……大中祥符元年改賜今額。」「沃州眞覺院在縣東四十里，方新昌未爲縣時，在剡縣南三十里，居沃州之陽，天姥之陰，南對天台山之華頂、赤城，北對四明山之金庭、石鼓，而北有支遁養馬坡，放鶴峰……晉帛道猷、竺道潛、支道林……皆常居焉。會昌廢，治平三年賜今額。」〔註43〕又《剡錄》卷五引白居易《沃州山禪院記》云：「沃州山在剡縣南三十里，禪院在沃州山之陽，天姥峰之陰，南對天台而華頂赤城列焉，北對四明而金庭、石鼓介焉。西北有支遁嶺，而養馬坡、放鶴峰次焉……晉宋以來，因山洞開厥，初有羅漢僧天竺人白道猷居焉，次有高僧竺法潛、支道林居焉……凡十八僧居焉。」〔註44〕王曉毅先生《支道林生平事跡考》云：「山印山與沃州山都位今浙江省新昌縣縣城東南約 15 公里處，兩山連爲一體，相距不過 1 公里。東山印寺（大明寺）宋之後不見著錄。沃州山禪院毀於文化革命，其遺址已被長韶水庫淹沒。」〔註45〕

（二十二）支遁放鶴

> 支公好鶴，住剡東山印山。有人遺其雙鶴，少時翅長欲飛。支意惜之，乃鍛其翮。鶴軒翥不復能飛，乃反顧翅，垂頭視之，如有懊喪意。林曰：「既有凌霄之姿，何肯爲人作耳目近玩？」養令翮成，置使飛去。（《言語》）

按：此事在剡東山印山，當在其居山印山之後。支遁始居剡東山印山在永和七年至永和十一年（351～355）間。考見前。

　　《剡錄》卷五引白居易《沃州山禪院記》云：「沃州山在剡縣南三十里……西北有支遁嶺，而養馬坡、放鶴峰次焉。」

　　《高僧傳》亦載支遁放鶴事，頗異。其文曰：「既而收跡剡山，畢命林澤。……後有餉鶴者，遁謂鶴曰：『爾衝天之物，寧爲耳目之玩乎？』遂放之。」《高僧傳》「略去了剪翮這一過程，作者慧皎是個聰明和尚，其美化傳主可謂用心良苦」〔註46〕。

〔註43〕（宋）施宿：《嘉泰會稽志》，影印文淵閣《四庫全書》本，第 486 卷，第 162～163 頁。

〔註44〕（宋）高似孫：《剡錄》，影印文淵閣《四庫全書》本，第 485 卷，第 569～570頁。

〔註45〕參考王曉毅《支道林生平事跡考》，載《中華佛學學報》，1995 年 7 月。按：本節參考此文多處，以下不出注。

〔註46〕何滿子：《中古文人風采》，廣州：花城出版社，2007 年，第 205 頁。

又支遁放鶴之事，宋范成大《吳郡志》言在吳縣支硎山，與《世說新語》所載不合，未知是否支遁放鶴不止一處。其卷九云：「支遁庵在南峰，古號支硎山，晉高僧支遁嘗居此。剡山爲龕，甚寬敞。道林喜養駿馬，今有白馬澗，云飲馬處也。庵旁石上有馬足四，云是道林飛步馬跡也。」又云：「道林又嘗放鶴於此。今有亭基。」〔註47〕

支遁放鶴歸林，「以鳥養鳥」。興寧中，支遁《辭哀帝書》云：「上願陛下，特蒙放遣，歸之林薄，以鳥養鳥，所荷爲優。」

（二十三）支遁養馬「重其神駿」

支道林常養數匹馬。或言道人畜馬不韻，支曰：「貧道重其神駿。」

（《言語》）

按：事在支遁居剡後，永和七年至永和十一年（351～355）間（考見前），又升平五年（361）前。據《建康實錄》，此亦在剡東山，許詢生前，即升平五年前〔註48〕。《建康實錄》卷八引《許玄度集》曰：「遁字道林，常隱剡東山，不遊人事，好養鷹馬，而不乘放，人或譏之，遁曰：『貧道愛其神駿。』」

《高僧傳》亦載此事，小異。其文曰：「既而收跡剡山，畢命林澤。人嘗有遺遁馬者，遁愛而養之。時或有譏之者。遁曰：『愛其神駿，聊復畜耳。』」

《吳郡志》卷九云：「支遁庵……旁石上有馬足四，云是道林飛步馬跡也。」〔註49〕則支遁養馬多年。又東晉時期，馬極爲名貴。〔註50〕其馬當爲某名士贈送。

（二十四）支遁作《即色論》，反不敵王坦之

支道林造《即色論》，論成，示王中郎。中郎都無言。支曰：「默而識之乎？」王曰：「既無文殊，誰能見賞？」（《文學》）

按：此事在《即色論》初成之時，或早在永和七年，然定在升平二年前。

從現存史料來看，明確提到與支遁討論即色論的有二人。一是王坦之（文度），一是王洽（敬和）。湯用彤先生《漢魏兩晉南北朝佛教史》云：「《廣弘

〔註47〕（宋）范成大：《吳郡志》，影印文淵閣《四庫全書》本，第485冊第58頁下。
〔註48〕曹道衡、沈玉成《中古文學史料叢考》之《許詢年歲》云許詢卒於永和九年蘭亭之會前，「不然，不當不預此會。」（第206頁。）似不能定論如此。
〔註49〕（宋）范成大：《吳郡志》，影印文淵閣《四庫全書》本，，第485卷，第58頁下。
〔註50〕可參看余《疏》之《德行》35按語。第43～46頁。

明集》載王洽《與林法師書》，蓋《即色遊玄論》所附之王敬和問也。」〔註51〕王洽曾就支遁問《道行旨歸》。王洽卒於升平二年（358）。故而支遁作《即色遊玄論》定是升平二年之前。《高僧傳》載支遁作《即色遊玄論》於支遁晚移石城山立於棲光寺時。支遁到剡縣的時間，疑在永和七年至永和十一年（354）間。綜合論之，支遁《即色論》或早在永和七年，然定在升平二年前。

王坦之對支遁的反戈一擊，機智高妙，使支遁原本自得的心境突變窘迫。此番情景在《排調》有類似者。其曰：「王、劉每不重蔡公。二人嘗詣蔡，語良久，乃問蔡曰：『公自言何如夷甫？』答曰：『身不如夷甫。』王、劉相目而笑曰：『公何處不如？』答曰：『夷甫無君輩客！』」

（二十五）支遁不與殷浩辯《小品》

殷中軍讀《小品》，下二百簽，皆是精微，世之幽滯。嘗欲與支道林辯之，竟不得。今《小品》猶存。（《文學》）

按：此事約在永和十一年（354），抑或在殷浩卒年前。《文學》載：「殷中軍被廢，徙東陽，大讀佛經，皆精解。」據《晉書》卷八《穆帝紀》，永和十年二月殷浩免為庶人。殷浩卒年，《晉書》卷七七本傳和《真誥》卷一五《闡幽微第一》云永和十二年（356），《建康實錄》卷八《哀帝紀》云在隆和元年（362）七月，未知孰是。〔註52〕

名士殷浩欲辨佛理，而僧人支遁不應，可見後者在辯論水平與策略上實遜於前者。

此事亦見於劉注，更為細緻。劉注引《語林》曰：「浩於佛經有所不了，故遣人迎林公，林乃虛懷欲往。王右軍駐之曰：『淵源思致淵富，既未易為敵，且己所不解，上人未必能通。縱復服從，亦名不益高。若佻脫不合，便喪十年所保。可不須往！』林公亦以為然，遂止。」又引《高逸沙門傳》曰：「殷浩能言名理，自以有所不達，欲訪之於遁。遂邂逅不遇，深以為恨。其為名識賞重，如此之至焉。」因為殷浩善於清談，所以王羲之勸阻之。王羲之愛惜支遁如此，亦可謂支遁以王羲之為「海鷗鳥」！支遁或許因與殷浩曾辨才性而不敵，而有點「怕草蛇」的心態。

〔註51〕湯用彤：《漢魏兩晉南北朝佛教史》，第 229 頁。

〔註52〕曹道衡、沈玉成《中古文學史料叢考》之《殷浩卒年辨》云當從《建康實錄》。（第 213～214 頁。）然《真誥》乃道家之書，道教徒死前和死後皆有儀規，故其關於卒年之記載亦不可輕易視為虛妄。

（二十六）支遁為王子猷、謝萬譏諷

王子猷詣謝萬，林公先在坐，瞻矚甚高。王曰：「若林公鬚髮並全，神情當復勝此不？」謝曰：「唇齒相須，不可以偏亡。鬚髮何關於神明！」林公意甚惡，曰：「七尺之軀，今日委君二賢。」（《排調》）

按：事約在永和七年（351）至升平元年（357）間。據《晉書》卷七九本傳，謝萬升平二年八月領豫州刺史北征，後廢為庶人，其取笑支遁之事可能在其北伐之前。

余《疏》曰：「《容止篇》：『謝公云：「見林公雙眼黯黯明黑。」』孫興公見林公「稜稜露其爽。」』嘉錫案：『《容止篇》「王長史」條注言：「林公之形，信當醜異。」疑道林有齞唇歷齒之病。謝萬惡其神情高傲，故言正復有髮無關神明；但唇亡齒寒，為不可缺耳。其言謔而近虐，宜林之怫然不悅也。』〔註53〕支遁年在四十左右，受此譏諷，而敢怒不敢言，亦可見支公弘法於門閥貴族之艱難。

（二十七）與謝玄清談

謝車騎在安西艱中，林道人往就語，將夕乃退。有人道上見者，問云：「公何處來？」答云：「今日與謝孝劇談一出來。」（《文學》）

按：事在升平二年（358）至五年（361）。安西，謝奕。謝車騎，指謝玄，謝奕第三子。據《晉書》卷八《穆帝紀》，謝弈卒於升平二年（358）八月，故「謝車騎在安西艱中」，在升平二年（358）至五年（361）。王曉毅先生《支道林生平事跡考》云：「謝玄生於建元元年（343），父逝世時尚未及冠，當未仕，居剡縣山莊無疑。支遁去謝玄處清談，定在此時此處。」

（二十八）支遁在西州與王坦之論難

王文度在西州，與林法師講，韓、孫諸人並在坐。林公理每欲小屈，孫興公曰：「法師今日如著弊絮在荊棘中，觸地掛閡。」（《排調》）

按：此在興寧二年（364）前。

林法師即支遁，王文度即王坦之，韓即韓伯，孫指孫綽。《高僧傳》云：「至晉哀帝即位，頻遣兩使，徵請出都，止東安寺，講《道行波若》，白黑欽崇，朝野悅服。……遁淹留京師，涉將三載，乃還東山。」余《疏》引程炎震云：「坦之未嘗為揚州，支遁下都在哀帝時，王述方刺揚州，蓋就其父官廨

〔註53〕余《疏》，第 952 頁。

中設講耳。」〔註54〕據《晉書》卷八《穆帝紀》和《哀帝紀》，自永和十年（354）至興寧二年（364），王述任揚州刺史。

　　西州，在京城建康內，東晉時揚州刺史官衙。《資治通鑒》卷一二三《宋文皇帝紀（中之上）》胡三省注：「揚州治所在建康臺城西，故謂之西州。宋白曰：『秣陵縣，秦屬鄣郡。《丹楊圖》云：「自句容以西屬鄣郡，以東屬會稽郡。武帝元封二年，改鄣郡為丹楊郡，置揚州刺史，理秣陵，西州橋、冶城之間是其理處。劉繇為揚州刺史，始移理曲阿。孫策號此為西州。」』

（二十九）支遁在建康瓦官寺講《小品》

> 有北來道人好才理，與林公相遇於瓦官寺，講《小品》。於時竺法深、
> 孫興公悉共聽。此道人語，屢設疑難，林公辯答清晰，辭氣俱爽。
> 此道人每輒摧屈。孫問深公：「上人當是逆風家，向來何以都不言？」
> 深公笑而不答。林公曰：「白旃檀非不馥，焉能逆風？」深公得此義，
> 夷然不屑。（《文學》）

按：據《高僧傳》，此事在哀帝興寧二年（364）。建康瓦官寺。《高僧傳》云：「至晉哀帝即位，頻遣兩使，徵請出都，止東安寺，講《道行波若》，白黑欽崇，朝野悅服。」《建康實錄》卷八言建康瓦官寺建於興寧二年（364）。

　　支遁引用佛經此語說明自己的義理乃天成而不可逆，遠勝深公。余《疏》案：「道林以為雖法深亦不能抗己。」〔註55〕劉注引《成實論》曰：「波利質多天樹，其香則逆風而聞。」《翻譯名義集》卷三《眾香篇》曰：「阿難白佛，世有三種香：一曰根香，二曰枝香，三曰華香。此三品香，唯能隨風，不能逆風。」〔註56〕佛家之意：唯有天香，方可逆風，正如唯有正覺，方可金剛不壞。

　　旃檀，梵語 Candanam，即檀香樹。慧苑《一切經音義》卷二一云：「旃檀，此云與樂。謂白旃能治熱病，赤檀能去風腫，皆是除疾身安之樂，故名與樂」。〔註57〕慧琳《一切經音義》卷二九云：「旃檀，梵語香木名也，唐無正譯。即白檀香是也，微赤色者為上。」又卷四七云：「旃彈那，梵言，徒且反，或作旃檀那，此外國香木也，有赤、白、紫等諸種也。」〔註58〕

〔註54〕余《疏》，第957頁。
〔註55〕余《疏》，第259頁。
〔註56〕（宋）法云：《翻譯名義集》，《大正藏》第54卷，第1104頁上第27～29行。
〔註57〕（唐）釋慧苑：《一切經音義》，《大正藏》第54卷，第434頁下第15行。
〔註58〕（唐）釋慧琳：《一切經音義》，《大正藏》第54卷，第621頁下第3行。

此事件可謂一次南北交鋒，南方僧人勝，或可謂南方僧人長於佛學義理之辯。〔註59〕

（三〇）傷逝支法虔，後圓寂

支道林喪法虔之後，精神隕喪，風味轉墜。常謂人曰：「昔匠石廢斤於郢人，推己外求，良不虛也！冥契既逝，發言莫賞，中心蘊結，余其亡矣！」卻後一年，支遂殞。（《傷逝》）

按：事在興寧三年（365）。據《高僧傳》卷四《支遁傳》，支遁以晉太和元年（366）閏四月四日終於所住，春秋五十有三。此云法虔「卻後一年，支遂殞」，則法虔終於興寧三年（365）。劉注引《支遁傳》曰：「法虔，道林同學也。俊朗有理義，遁甚重之。」

《世說新語》此處所載與《高僧傳》稍有出入。《高僧傳》曰：「遁有同學法虔，精理入神，先遁亡。遁歎曰：『昔匠石廢斤於郢人，牙生輟弦於鍾子，推己求人，良不虛矣。寶契既潛，發言莫賞，中心蘊結，余其亡矣！』乃著《切悟章》，臨亡成之，落筆而卒。」〔註60〕不同有二。一是支遁之言的內容有四處不同。其一，《高僧傳》之「牙生輟弦於鍾子」，《世說新語》無。其二，《世說新語》之「推己外求」，《高僧傳》為「推己求人」。其三，《世說新語》之「良不虛也」，《高僧傳》為「良不虛矣」。其四，《世說新語》之「冥契既逝」，《高僧傳》為「寶契既潛」。其中第一點和第四點差異較大。第一點似《高僧傳》為宜，兩兩相對，對仗工整。第四點似《世說新語》之「冥契」為宜。《廣弘明集》卷二八載梁王筠《與雲僧正書》：「外書所謂冥契神交，內典則為善友知識。」而「寶契」，《高僧傳》之外不見用來指佛教徒。二是支遁之言的時間不同。據《世說新語》，其作於支遁逝世前一年；而據《高僧傳》，其作於支遁臨亡時。

支遁交往的名士，《世說新語》中明確記載的，有皇室司馬昱，有琅邪王氏王羲之及其子王徽之和王獻之，有陳郡謝氏謝安、謝萬兄弟及其姪兒謝玄和謝朗，有太原王氏王濛及其子王脩、王坦之及其父王述、弟王禕之，有陳郡殷浩及其外甥韓伯，有太原孫氏孫盛、孫綽，還有廬江何充，河南陽翟褚裒、沛

〔註59〕 參考王守華《〈世說新語〉發微》，上海：上海文藝出版社，1998年，第106頁。其文曰：「這只是南北僧人的一次小試鋒芒。所謂來者不善，卻以摧敗告終，南方僧人長於經義探討的事實可見一斑」。

〔註60〕 （梁）釋慧皎撰，湯用彤校注：《高僧傳》，第163～164頁；校注：〔五一〕、〔五二〕、〔五三〕，第165頁。

國劉惔、陳留考城蔡系、高陽新城許詢、譙國戴逵，凡 23 人。另據《世說新語》記載，似乎還有潁川庾氏庾亮，高平郗氏郗超。京師建康、會稽山陰與剡縣，當時名士聚集之地，風流橫溢，支遁無不往，時或舌燦蓮花，洋洋自得；時或橫遭輕詆，厲言疾色。觀支遁竟因法虔去世而痛傷，在法虔面前的支遁，想必是形態謙恭而不卑怯、言語聰慧而不銳利，心境溫和而時常微笑的！

湯用彤先生曰：「溯自兩晉佛教隆盛以後，士大夫與佛教之關係約有三事：一為玄理之契合，一為文字之因緣，一為死生之恐懼。」〔註61〕完全可以支遁之事跡證之。然可以進一步說，因為死生之恐懼，名士關郎（支遁本姓關，25 歲出家，「弱冠弄雙玄」）成為了披著袈裟的名士——支遁。

以上為《世說新語》所載支遁事跡大致可知年代者，然亦有年代難以考定者，列如下：

（一）支遁品評長山

> 林公見東陽長山曰：「何其坦迤！」（《言語》）

按：此不知在具體何時。劉注引《會稽土地志》曰：「山靡迤而長，縣因山得名。」余《疏》引程炎震云：「《晉書‧地理志》：『揚州東陽郡有長山縣。』李申耆曰：『今金華縣。』《續漢志‧會稽郡烏傷縣》注：『《越絕書》曰：「有常山，古聖所採藥，高且神。」』《英雄交爭記》曰：『初平三年分縣南鄉為長山縣。』《太平御覽》四十七引《郡國志》曰：『長山相連三百餘里，一名金華山。』又引《吳錄‧地理志》曰：『常山，仙人採藥處，謂之長山。』」〔註62〕

支遁往長山，可見其對神仙之道之嚮往。

（二）支遁於建康東安寺與王長史談

> 支道林初從東出，住東安寺中。王長史宿構精理，並撰其才藻，往
> 與支語，不大當對。王敘致作數百語，自謂是名理奇藻。支徐徐謂
> 曰：「身與君別多年，君義言了不長進。」王大慚而退。（《文學》）

按：此條因「支道林初從東出」與「王長史」所指難定，故歷來眾說紛紜，莫衷一是。

此「初從東出」，劉注云晉哀帝時，其引《高逸沙門傳》曰：「遁居會稽，

〔註61〕湯用彤：《隋唐佛教史稿》，武漢大學出版社，2008 年，第 182 頁。

〔註62〕余《疏》，第 169～170 頁。

晉哀帝欽其風味，遣中使至東迎之。遁遂辭丘壑，高步天邑。」雖未言「王長史」，然《世說新語》他處之「王長史」皆指王濛，而王濛早在永和三年已經離世，故而種下了紛爭。

《高僧傳》同劉注，並云王長史即王濛。其文曰：「至晉哀帝即位，頻遣兩使徵請出都。止東安寺，講《道行波若》，白黑欽崇，朝野悅服。太原王濛，宿構精理，撰其才詞，往詣遁，作數百語，自謂遁莫能抗。遁乃徐曰：『貧道與君別來多年，君語了不長進。』濛慚而退焉。」此忽略了史實。

程炎震先生指出了《高僧傳》的自相矛盾。余《疏》引程炎震云：「王濛卒於永和三年，支道林以哀帝時至都，濛死久矣。《高僧傳》亦同，並是傳聞之誤。下文有『道林、許、謝共集王家』之語，蓋王濛爲長山令，嘗至東耳。」〔註63〕余《疏》對此無有辨正。然其言同劉注以支遁至都始在哀帝時，且亦以「王長史」爲王濛，故仍然未能釋疑。

蕭艾先生《〈世說〉探幽》以爲訛在劉注，支遁始從東出並非哀帝時，不過亦以「王長史」爲王濛，又提出「初從東出」乃「王濛補長山令後還京爲司徒長史」之時。其文曰：「按劉孝標注此條大誤。渠但見『支道林初從東出』一語，便以爲支離開會稽乃應哀帝詔入京。殊不知哀帝即位，王濛去世已十有七年矣。支道林雖住會稽，亦不時從東出，即如與王濛、劉惔共往看何充，亦在出家之後在建康時也。此當指王濛補長山令後還京爲司徒長史時，值支道林居東安寺。」〔註64〕然據此則「初從東出」又誤。因爲其所云「與王濛、劉惔共往看何充」事約在建元元年（343），其時何充爲驃騎，而其所云「王濛補長山令後還京爲司徒長史時」，據《晉書》卷九三《王濛傳》在永和二年（346）司馬昱輔政時。既然「不時從東出」，支遁見「王長史」絕非「初從東出」。蕭先生之說亦難自圓。

王曉毅先生《支道林生平事跡考》則以爲王長史並非王濛而是王坦之。其依據有二：一是據《晉書·王坦之傳》載「出爲大司馬桓溫長史，尋以父憂去職」，推測王坦之在桓溫爲大司馬的隆和二年（363）至王述去世的太和二年（368）之間任大司馬長史，與支道林住東安寺的時間相符。二是支道林與王坦之在學術上相輕，由來已久。《世說新語》有數條記載。則王曉毅先生以劉注不誤，即支道林「初從東出」在晉哀帝時。

〔註63〕余《疏》，第270頁。
〔註64〕蕭艾：《〈世說〉探幽》，長沙：湖南出版社，1992年，第354頁。

上述爭論焦點其實在於支遁「初從東出」到底在何時？劉注和《高僧傳》、程炎震、余嘉錫、王曉毅以爲在晉哀帝時，湯用彤、蕭艾等則以爲在咸康或建元，即出家後不久。

筆者於此亦難裁度。不過有三事，前人似未提及。一是劉注自相矛盾。《賞譽》劉注引《支遁別傳》曰：「遁神心警悟，清識玄遠，嘗至京師，王仲祖稱其造微之功，不異王弼。」王仲祖即王濛。二是因劉注所引起的類似紛爭還有一例，即《雅量》「支道林還東，時賢並送於征虜亭。……謝萬石後來，坐小遠」條劉注引《高逸沙門傳》曰：「遁爲哀帝所迎，遊京邑久，心在故山，乃拂衣王都，還就巖穴。」謝萬在哀帝時已逝世。三是劉注類似之誤還有一處。《言語》載：「竺法深在簡文坐，劉尹問：『道人何以遊朱門？』答曰：『君自見其朱門，貧道如遊蓬戶。』」此條劉注引《高逸沙門傳》曰：「法師居會稽，皇帝重其風德，遣使迎焉，法師暫出應命。司徒會稽王天性虛澹，與法師結殷勤之歡。師雖升履丹墀，出入朱邸，泯然曠達，不異蓬宇也。」哀帝時劉尹已經去世。

（三）征虜亭名士別支遁

支道林還東，時賢並送於征虜亭。蔡子叔前至，坐近林公。謝萬石後來，坐小遠。蔡暫起，謝移就其處。蔡還，見謝在焉，因合褥舉謝擲地，自復坐。謝冠幘傾脫，乃徐起振衣就席，神意甚平，不覺瞋沮。坐定，謂蔡曰：「卿奇人，殆壞我面。」蔡答曰：「我本不爲卿面作計。」其後，二人俱不介意。（《雅量》）

按：此事因劉注而紛爭難斷。劉注引《高逸沙門傳》曰：「遁爲哀帝所迎，遊京邑久，心在故山，乃拂衣王都，還就巖穴。」此以《雅量》所載事跡在興寧二年。然哀帝興寧時謝萬已逝世。

後人多因劉注，對《雅量》中「謝萬」作辨正。《高僧傳》有的版本作謝萬，有的版本作謝安。湯用彤先生校注的以《大正藏》本爲底本的《高僧傳》作謝安，並云：「原本『安』作『萬』，據三本、金陵本改。」〔註65〕程炎震則以爲謝萬、謝安皆非，乃謝石。余《疏》引程炎震云：「據《高僧傳》卷四《支遁傳》：『哀帝即位，出都，止東林寺。涉將三載，乃還東山。』考哀帝以升平五年辛酉即位，謝萬召爲散騎常侍（見《初學記》十二），會卒。則支

〔註65〕（梁）釋慧皎撰，湯用彤校注，湯一玄整理：《高僧傳》，北京：中書書局，1992 年，第 163、165 頁。

遁還東時，萬已卒一、二年矣。《晉書・萬傳》敘此事，但云送客，不言支遁，殆已覺其誤也。《高僧傳》作謝安石，亦誤。安石此時當在吳興，不在建康也。謝石有謝白面之稱，以殆壞我面語推之，疑是謝石，後人罕見石奴，故於石字上或著安，或著萬耳。」余嘉錫亦以爲非謝萬，然對程炎震排除「謝安」卻不以爲是。其云：「程氏謂支遁還東時，謝萬已死。其言固有明證，謂安石此時不得在建康，已失之拘。至因謝石號謝白面，遂以殆壞我面之語推定爲石，則不免可笑。擲地壞面，豈問其色之白黑耶！」〔註66〕王曉毅先生《支道林生平事跡考》云：「謝安雖爲吳興太守，但也可能專程赴京相見。在無其他確證前，從《高僧傳》說。」其未辨《高僧傳》亦有二說。

　　筆者於此有一種新的推測，欲就正於方家。前人多以《雅量》有誤而劉注不誤，筆者以爲也可能是《雅量》不誤而劉注有誤。《世說新語》只是言其還東，並未確指是晉哀帝時。因此，不能排除另一種可能：支遁永和前期離開建康前往會稽。其一，其時謝萬在，蔡系也在。其二，其時蔡系之父蔡謨爲司徒，蔡系家族地位高於謝萬家族；又蔡系年歲似長於謝萬〔註67〕，綜此二點，蔡系之合褥舉擲，謝萬之「雅量」才合乎其時代之情理。若如此，此事件發生時間在永和中，永和七年前；且支遁「初從東出」不在哀帝之時。

　　征虜亭時賢相送之事，《高僧傳》亦載，其於敘述後添加一句「其爲時賢所慕如此」，則將《雅量》之主角與主題立馬同時都轉換了。其文曰：「一時名流並餞離於征虜，蔡子叔前至，近遁而坐。謝萬石後至，值蔡暫起，謝便移就其處。蔡還合褥舉謝擲地，謝不以介意。其爲時賢所慕如此。」

（四）支遁賞譽王修

　　　林公云：「王敬仁是超悟人。」（《賞譽》）

按：此不知具體何時。王敬仁即王修。王修生於咸和九年（334）。《法書要錄》載張懷瓘《書斷》曰：「王修以升平元年（357）卒，年二十四。」〔註68〕支遁與王修之父相交甚篤，其初見王修在何時不可考。且亦不知支遁此話在王修生前還是身後。

〔註66〕余《疏》，第 440 頁。

〔註67〕《晉書》卷77 有蔡謨傳及其少子蔡系傳。蔡系生卒年史書似不見載。蔡系乃蔡謨第二子，大興三年（320）謝萬出生時，蔡系之父蔡謨（生於西晉太康二年，281）已經四十歲，故而蔡系很可能已出生。

〔註68〕（唐）張彥遠：《法書要錄》，上海：上海書畫出版社，1986 年，第 233 頁。

（五）支遁與王坦之品圍棋

王中郎以圍棋是坐隱，支公以圍棋爲手談。（《巧藝》）

按：此條不但具體時間地點難知，亦未知支遁事確否。「以圍棋爲手談」，又見於《藝文類聚》，其卷七四引《語林》曰：「王中郎以圍棋是坐隱，支公以圍棋爲手談。」然劉注引《語林》曰：「王以圍棋爲手談，故其在哀制中，祥後客來，方幅會戲。」又《水經注》二十二《渠水注》引《語林》曰：「王中郎以圍棋爲坐隱，或亦謂之手談，又謂之爲棋聖。」不知劉注是否確鑿，更不知《水經注》所據爲何。

（六）支遁與王坦之互相攻訐

王中郎與林公絕不相得。王謂林公詭辯，林公道王云：「箸膩顏帢，榻布單衣，挾《左傳》，逐鄭康成車後，問是何物塵垢囊！」〔註69〕

（《輕詆》）

按：此不知在何時何地。

據「王中郎」，此事似在永和後期。《晉書》卷七五《王坦之傳》：「弱冠與郗超俱有重名……簡文帝爲撫軍將軍，辟爲掾，累遷參軍、從事中郎，仍爲司馬，加散騎常侍，出爲大司馬桓溫長史。」王坦之弱冠在永和五年（349）〔註70〕，其爲從事中郎似在永和後期。裴啓《語林》亦載此事，林公之言略異，然不言「王中郎」。劉注引《裴子》曰：「林公云：『文度箸膩顏，挾《左傳》，逐鄭康成，自爲高足弟子。篤而論之，不離塵垢囊也。』」

支遁譏誚王坦之不合時流，有固陋、迂腐之嫌。李慈銘《越縵堂讀書簡端記》云：「案《晉書·五行志》：『魏造白帢，橫縫其前以別後，名之曰顏帢。至永嘉之間，稍去其縫，名無顏帢。』據此，則江東時以顏帢爲舊制，故道

〔註69〕《輕詆》21 余《疏》引《北堂書鈔》卷135引《語林》云：「王□爲諸人談，有時或排擯高禿，以如意注林公云：『阿柱，汝憶搖櫓時不？』阿柱，乃林公小名。」嘉錫案：「書鈔所稱王某，蓋即王中郎。」按：余說恐非。一者他處作「王戎」。清吳兆宜注《庾開府集箋注》卷3《對酒歌》之「王戎如意舞」注曰：「尚瑗曰：《語林》：『王戎與諸人談，以如意指林公，曰：「阿柱，汝意搖櫓時否？」阿柱，林公小字。』」（影印文淵閣《四庫全書》本，第1064冊，第77頁。）當然，王戎在支遁之前就去世了。二者，當時譏諷林公的不只是王坦之一人，有很多。三者，王坦之晚支遁十六年出生，何能與支遁共憶「搖櫓時」？

〔註70〕據《晉書》卷9《孝武帝紀》和卷75本傳，王坦之寧康三年（375）卒，年四十六，則其弱冠在永和五年（349）。

林以膩顏帢誚之。」〔註71〕《賞譽》「太傅有三才」條注引《晉陽秋》曰：「太
傅將召劉輿，或曰：『輿猶膩也，近將污人。』太傅疑而御之。」也就是說，
王坦之戴著膩污的顏帢，窮酸！「楬布單衣」，亦是說王坦之窮酸。《史記正
義》卷一二九《貨殖列傳》「榻布皮革千石」下，顏師古注云：「粗厚之布也。
其價賤，故與皮革同重耳。非白疊也。荅者，厚之貌也。」袁宏《後漢紀》
卷一八《孝順皇帝紀上》永建四年（129）下載朱寵「將薨，遺其子曰」：「素
棺殯殮，疏布單衣，無設絞冕。斂畢，便以所有牛車，夜載喪還鄉里，勿告
群僚，以密靜爲務。」《晉書》卷六五《王導傳》載：「時帑藏空竭，庫中惟
有練數千端。鬻之不售，而國用不給。導患之，乃與朝賢俱制練布單衣。於
是士人翕然競服之，練遂踴貴。乃令主者出賣，端至一金。」

　　余《疏》云：「《後漢書・襄楷傳》云：『天帝遺以好女，浮屠曰：此但革
囊盛血，遂不眄之。』注云：『《四十二章經》：天神獻玉女於其佛，佛曰：此
是革囊盛衆穢耳。』『塵垢囊』即『革囊盛衆穢』之意，其鄙坦之至矣。然由
此可知坦之獨抱遺經，謹守家法，故能闢莊周之非儒道，箴謝安之好聲律。
名言正論，冠絕當時。夫奏簫韶於漆沔，襲冠裳於裸國，固宜爲衆喙之所咻，
群犬之所吠矣。若支遁者，希聞至道，徒資利口，嗔癡太重，我相未除。曾
不得爲善知識，惡足稱高逸沙門乎？」〔註72〕

（七）王坦之以支遁不得爲高士

　　《輕詆》王北中郎不爲林公所知，乃著論《沙門不得爲高士論》。大
　　略云：「高士必在於縱心調暢，沙門雖云俗外，反更束於教，非情性
　　自得之謂也。」

按：王北中郎指王坦之。《晉書》卷九《孝武帝紀》載寧康二年（374）二月
王坦之爲北中郎將，然其時支遁已逝世多年，故此亦難確知年代與地點。

　　疑上「箸論」之「論」爲衍文。

　　支遁未有答，疑被擊中，則其在修行的實踐與理論上皆未足夠超拔。

（八）支遁辯三乘

　　《文學》三乘佛家滯義，支道林分判，使三乘炳然。諸人在下坐聽，

〔註71〕王利器纂集《越縵堂讀書簡端記》之《世說新語》，天津：天津人民出版社，
　　　　1980年，第271頁。
〔註72〕余《疏》，第988～989頁。

> 皆云可通。支下坐，自共說，正當得兩，入三便亂。今義弟子雖傳，
> 猶不盡得。

按：此事時間、地點難考。

《出三藏記集》卷七載未詳作者之《首楞嚴三昧經注序第九》云：「沙門支道林者，道心冥乎上世，神悟發於天然，俊朗明澈，玄映色空，啓於往數，位敘三乘。」則支遁即色義與「三乘」緊密關聯。余《疏》曰：「釋僧祐《出三藏記集》十二，宋明帝敕中書侍郎陸澄撰《法論目錄》及釋道宣《大唐內典錄》三、釋道世《法苑珠林》一百《傳記篇》並有支道林《辯三乘論》。然則道林之分判三乘，不惟升座宣講，且已撰述成書矣。」〔註73〕

二、其他僧人事跡考

《世說新語》中所載僧人除支遁之外還提及二十四位僧人（其中兩位存疑）和三個僧團。其中僧人活動所涉篇目 16，條目 30，分別是《文學》8 條、《言語》6 條、《排調》3 條，《賞譽》2 條，《政事》、《方正》、《雅量》、《規箴》、《傷逝》、《棲逸》、《賢媛》、《術解》、《簡傲》、《輕詆》、《假譎》皆各 1 條。另《德行》載名士品評僧人 1 條。

此節考證亦只涉及僧人（支遁除外，見前）的活動。其中，事件的年代可以推測得比較具體的列於前；反之，列於後，以俟通博。

胡僧

《世說新語》中有一胡僧，不具名。其事跡《政事》見載 1 條，乃其與王導交遊之事。

> 王丞相拜揚州，賓客數百人並加沾接，人人有說色。唯有臨海一客
> 姓任及數胡人爲未洽，公因便還到過任邊云：「君出，臨海便無復人。」
> 任大喜說。因過胡人前彈指云：「蘭闍、蘭闍。」群胡同笑，四坐並
> 歡。（《政事》）

按：約在建興三年（315）。余《疏》引程炎震云：「王導拜揚州，一在建興三年（315）王敦拜江州之後；一在明帝太寧二年（324）六月丁卯。此似是初拜時。」〔註74〕

〔註73〕余《疏》，第 265～266 頁。
〔註74〕余《疏》，第 208～209 頁。

「彈指」、「蘭闍」說明此胡人或爲僧人。「彈指」是古印度的一種禮節，六朝時期亦流行於中土僧徒間。其法以手作拳，屈食指，以大拇指撚彈作聲。玄奘《大唐西域記》卷九《摩揭陀國・毗布羅山》云：「昔在佛世，有一比丘，宴坐山林，修證果實，精勤已久，不得果證。晝夜繼念，無忘靜定。如來知其根基將發也，遂往彼而成之，自竹林園至山崖下，彈指而召，佇立以待。」可知此種習俗由來已久。在佛教中，彈指是一種極爲普遍的行爲。它是一種禮儀，表示提示，如「入定之時，不能自起，要當彈指，然後得起」〔註75〕，「飯時有五事。……復有十事。一者住當彈指直入」〔註76〕，「入溫室有二十五事。……十六者，設戶已閉，當彈指」〔註77〕，「後夜竟已，耶舍比丘到房前彈指。上座開戶，即入問訊」〔註78〕，「若比丘受具足時，若羯磨不成就，應彈指語言長老汝羯磨不成就；若臨時不語者，後不得語」〔註79〕，「若聞房中語聲，當彈指、動腳作聲。若彼默然者，不得入」〔註80〕，「如取食乞出家人頃……若淨人眠時，當彈指令覺」〔註81〕。彈指又表示警示、告誡。如「教淨果餘食，衆亂時，當彈指」〔註82〕，「若僧集時，衆中上座應觀中座下座威儀坐起如法不？裸露不？若坐不如法，兼有裸露者，上座應當彈指令中下座知。若猶不覺者，應遣使語之。……中座比丘衆中坐時，應觀上座下座坐如法不？衣服自覆形體不？若不如法者，應彈指令知」〔註83〕。然若當彈指未彈，則是罪過，犯律。「有比丘先在廁中，後有比丘不繫念上廁。不彈指不欬，

〔註75〕（姚秦）鳩摩羅什譯：《禪祕要法經》，《大正藏》第 15 卷，第 245 頁中第 20～21 行。

〔註76〕（東漢）安世高譯：《大比丘三千威儀》，《大正藏》第 24 卷，第 916 頁上第 28～29 行。

〔註77〕（東漢）安世高譯：《大比丘三千威儀》，《大正藏》第 24 卷，第 919 頁上第 1～9 行。

〔註78〕（劉宋）佛陀什、竺道生譯：《五分律》，《大正藏》第 22 卷，第 193 頁下第 13～15 行。

〔註79〕（東晉）佛陀跋陀羅、法顯譯：《摩訶僧祇律》，《大正藏》第 22 卷，第 378 頁下第 18～20 行。

〔註80〕（東晉）佛陀跋陀羅、法顯譯：《摩訶僧祇律》，《大正藏》第 22 卷，第 531 頁下第 15～16 行。

〔註81〕（東晉）佛陀跋陀羅、法顯譯：《摩訶僧祇律》，《大正藏》第 22 卷，第 540 頁上第 1、3～4 行。

〔註82〕（唐）釋道宣：《四分律刪繁補闕行事鈔》，《大正藏》第 40 卷，第 146 頁上第 13 行。

〔註83〕失譯人名：《毗尼母經》，《大正藏》第 24 卷，第 834 頁下第 15～20 行。

逕入突之,先比丘羞慚恨責,後比丘悔謝。又上廁比丘雖彈指,而廁中比丘
不作聲,亦入致恨。俱以白佛,佛言:不應散亂心上廁。……若比丘上廁時,
應一心看前後左右,至廁前聲咳、彈指,令廁中人、非人知。廁中人亦應彈
指、聲咳」〔註84〕,「若欲擲棄物時當先諦視。若多人行者,當待斷乃擲。若
行人希者,當彈指乃擲。若不視、不彈指而擲者……罪。是故世尊說」〔註85〕,
「若二人共在闇地語,當彈指若謦欬驚之。若不爾者,突吉羅。若二人隱處
語,亦當彈指謦欬。若不者,突吉羅。若在道行,有二人在前共語,亦當彈
指謦欬。若不者,突吉羅。比丘尼波逸提,式叉摩那沙彌沙彌尼,突吉羅,
是謂爲犯。不犯者,若二人在闇處共語,謦欬彈指;若二人在屛處語,彈指
謦欬;在道行二人在前行共語,若後來謦欬彈指」〔註86〕。在中土,僧人亦
行此法。《出三藏記集》卷七《智嚴法師傳》曰:「(始興王恢) 遊觀山川,至
嚴精舍。見其同志三僧,各坐繩床,禪思湛然。恢至,良久不覺,於是彈指,
三人開眼。」《洛陽伽藍記》卷四《融覺寺》載:「流支讀曇謨最《大乘義章》,
每彈指讚歎,唱言微妙。」

「蘭闍」〔註 87〕,梁曼陀羅仙、僧伽婆羅譯《大乘寶雲經》卷四《陀羅

〔註84〕 (劉宋) 佛陀什、竺道生等譯:《五分律》,《大正藏》第 22 卷,第 177 頁上
第 12~16 行,第 18~19 行。

〔註85〕 (東晉) 佛陀跋陀羅、法顯譯:《摩訶僧祇律》,《大正藏》第 22 卷,第 543
頁上第 11~14 行。

〔註86〕 (劉宋) 佛陀什、竺道生等譯《四分律》,《大正藏》第 22 卷,第 688 頁上第
27~29 行。

〔註87〕 范子燁《〈世說新語〉研究》第六章帝二節之三「習俗之屬」有詳論。(哈爾
濱:黑龍江教育出版社,1998 年,第 252~253 頁。) 其相關論述如下。今人
有三說:其一,梵語動詞 rānja 之記音 (意爲高興些吧)。陳寅恪、劉盼遂、
周一良和馬瑞志諸先生持此說。如馬氏釋之曰:This is evidently a Chinese
approximation for some Central Asian or Prakrit version of the Buddhist Sanskrit
greeting,Rañjanī meaning Some thing like「Good cheer」他認爲「蘭闍」顯然
是 Rañjanī 一詞的漢語近譯,它來自中亞某些地區或古印度北部,係佛教徒之
梵文問候詞,意猶「高興,高興」。其二,梵語 Larja (請安住) 或 rajan (王
爺,轉爲尊美他人的敬稱) 的記音。如新版《辭源》釋之曰:「梵語王的意思,
轉爲尊美他人之敬稱。」其三,寂靜,無諍之意。饒宗頤、余嘉錫及楊勇持
此說。饒氏云:「前人或謂蘭闍爲阿蘭若,其說是也。梵語爲 aranya,漢譯有
阿練茹、阿蘭那等,其義爲閒靜處、空寂。……阿蘭若,漢譯亦解作無諍;
或無諍聲,與靜寂義合。王丞相對胡人使用此語,意指無嘩。殆謂其少安無
躁耶?」倘若「蘭闍」之意果是如此,那麼王導就太不客氣了,「群胡」何以
「同笑」?余氏曰:「茂宏之意,蓋讚美諸胡僧於賓客喧噪之地,而能寂靜安

尼品》云:「說咒曰:怛絰哚 陀柯第(吳音) 陀柯婆羅第 陀柯那伽腳那 呵利膩 毗梨履膩 迦蘭闍蘭那桎叉桎叉薩婆薩埵(耽音)……」〔註88〕可見「蘭闍」乃音譯。信行《翻梵語》卷三《比丘尼名第十二》:「波頭蘭那,應云波肘蘭闍那,譯曰波肘者,辨了。蘭闍那者,可樂。」〔註89〕東晉僧伽提婆譯《增一阿含經》之《比丘尼品第五》之(一)載:「我聲聞中第一比丘尼,久出家學,國王所敬,所謂大愛道瞿曇彌比丘尼是。智慧聰明,所謂識摩比丘尼是。神足第一,感致諸神,所謂優鉢華色比丘尼是。行頭陀法,十一限礙,所謂機梨舍瞿曇彌比丘尼是。天眼第一,所照無礙,所謂奢拘梨比丘尼是。坐禪入定,意不分散,所謂奢摩比丘尼是。分別義趣,廣演道教,所謂波頭蘭闍那比丘尼是。奉持律教,無所加犯,所謂波羅遮那比丘尼是。得信解脫,不復退還,所謂迦旃延比丘尼是。得四辯才,不懷怯弱,所謂最勝比丘尼是。大愛及識摩 優鉢 機曇彌 拘利 奢 蘭闍 那羅 迦旃勝。」〔註90〕最後的九個音譯詞語與前文一一對應。「蘭闍」同「波頭蘭闍那」,內涵是「分別義趣,廣演道教」。也就是說,王導稱讚胡僧「分別義趣,廣演道教」。

另外,筆者認為「蘭闍」或許可能為梵語namas的音譯。梵語namas,意謂「頂禮」。印度禮俗,見面時,說「納莫斯伽爾」(nāmaskɑːr)或「納莫斯戴」(nāmaste),即祝賀、致敬之意。它不分時間,不論男女,見面或分手時皆可用它,還禮者也說此話,但要重複兩次,以示客氣。而且,兩人見面之後,不僅使用上述用語,還有各種舉止,如合掌行禮、擁抱、吻足等。

心,如處菩提場中。然則己之未加沾接者,正恐擾其禪定耳。群胡意外得此褒譽,故皆大歡喜也。」東晉初年,佛法始暢,王導本人還談不上什麼佛學修養,故其於胡僧之解會,也不會像余氏描述的那樣。周一良先生在《中國的梵文研究》一文中指出:「隋唐以後胡梵兩字的分別漸嚴。胡專指中亞胡人,梵指天竺。六朝時胡的用途還很廣,印度也每每被稱為胡,所以這裡的胡人很可能是指印度人而言。王導為聯絡感情,行了天竺彈指之禮,還要說一個梵字。」周先生之所言頗為中肯。……當王導與賓客周旋之時,胡僧或露不滿之色,於是王導因便向他們行佛家之禮,並以「蘭闍」這個梵語詞表達其娛悅、喜樂之情,既應時見機,又風趣幽默,其大政治家的從容和瀟灑宛然如在目前,無怪乎「群胡同笑,四座並歡」了。另張永言《漢語外來詞雜談》也認同陳寅恪之說,載《語言教學與研究》1989年第2期。

〔註88〕 (梁)曼陀羅仙、僧伽婆羅譯:《大乘寶雲經》,《大正藏》第16卷,第265頁中第26~28行。

〔註89〕 (宋)信行:《翻梵語》,《大正藏》第54卷,第1001頁下第2行。

〔註90〕 (東晉)僧伽提婆譯:《增一阿含經》,《大正藏》第2卷,第558頁下至第559頁上第9行。

〔註91〕「納莫斯伽爾」（nāmaskɑ：r）或「納莫斯戴」（nāmaste），蓋因印度人見面、分手常說而爲中土人所意會，故而中土便能模仿。王導便是如此。他先彈指，後學人家問候，明顯是問候語言和舉止相結合的印度特色，因此「蘭闍」可能就是當時印度人見面常用的問候語「納莫斯伽爾」（nāmaskɑ：r）或「納莫斯戴」（nāmaste），即南無（namas）的音譯。

很可能王導的發音並不太地道，所以胡僧們在受到尊重而開心之餘開懷大笑，就好比我們今天常常爲國際友人說漢語時不標準的發音和語調而開心一笑一樣。

高坐道人

《世說新語》載高坐道人，見於《言語》、《賞譽》、《簡傲》，各 1 條，皆其與名士交往的事跡。

> 高坐道人於丞相坐，恒偃臥其側。見卞令，肅然改容，云：「彼是禮法人。」（《簡傲》）

> 時人欲題目高坐而未能。桓廷尉以問周侯，周侯曰：「可謂卓朗。」

> 桓公曰：「精神淵箸。」（《賞譽》）

按：上二事在皆在大興四年（321）前，而《簡傲》之事延續至咸和三年（328）或咸康中（約 339）。

據僧傳，上二事中《簡傲》所載事似當較早發生。據《出三藏記集》卷十三和《高僧傳》卷一本傳，似乎高坐道人過江後不久遇王導賞識而名顯，其文曰：「帛尸梨密多羅……時人呼爲高座……丞相王導一見而奇之，以爲吾之徒也。由是名顯。」又《言語》劉注引《高坐別傳》曰：「和尚胡名尸黎密，……天姿高朗，風韻遒邁。丞相王公一見奇之，以爲吾之徒也。」

又《簡傲》之「恒」字說明其與王導等交往時間較長，或許直至卞壺去世之前，卞令，即卞壺，卒於咸和三年（328）二月；或者王導逝世前；或者高坐自己圓寂前。王導薨於咸康五年（339），高坐道人逝世時間與王導相隔不久，《高僧傳》卷一《帛尸梨密傳》云其「晉咸康（335～342）中卒，春秋八十餘」。〔註92〕劉注亦載此事，頗有不同。其引《高坐傳》曰：「王公曾詣

〔註91〕王樹英：《印度》，北京：當代世界出版社，1998 年，第 93～94 頁。

〔註92〕《言語》引《塔寺記》曰：「尸黎密冢曰高坐，在石子岡。常行頭陀，卒於梅岡，即葬焉。晉元帝於冢邊立寺，因名高坐。」余《疏》：「《高僧傳》一《帛尸梨蜜傳》與注所引《高坐別傳》略同，惟云：『晉咸康中卒，春秋八十餘。

和上，和上解帶偃伏，悟言神解。見尚書令卞望之，便斂衿飾容。時歎皆得其所。」一者《世説新語》事件的地點在名士處，而劉注在和尚處。二者，《世説新語》只敘事，無點評，而劉注有時人之點評。《高僧傳》所載與劉注相近，然更詳盡，其曰：「導嘗詣密，密解帶偃伏，悟言神解。時尚書令卞望之亦與密緻善。須臾望之至，密乃斂衿飾容，端坐對之。有問其故，密曰：『王公風道期人，卞令軌度格物，故其然耳。』諸公於是歎其精神灑厲，皆得其所。」

《賞譽》云「時人欲題目高坐而未能」，說明一來當時名士皆未有這種「卓朗」風致，二來此事當發生在眾人遇高坐道人不久，然不晚於永昌元年（322）三月。周侯即周顗。據《晉書》卷六《元帝紀》，永昌元年（322）三月周顗加尚書左僕射以討王敦，四月遇害。亦可見高坐過江在元帝時，不晚於大興四年（321）〔註93〕，即上《簡傲》所載之事在大興四年前。

此條劉注引《高坐傳》亦載此事，略有不同。其文曰：「庾亮、周顗、桓彝一代名士，一見和尚，披衿致契，曾爲和尚作目，久之未得。有云：『尸利密可稱卓朗。』於是桓始咨嗟，以爲標之極似。宣武嘗云：『少見和尚，稱其精神淵箸，當年出倫。』其爲名士所歎如此。」《高僧傳》所載又有不同，其曰：「桓廷尉嘗欲爲密作目，久之未得。有云：『尸梨密可謂卓朗。』於是桓乃咨嗟絕歎，以爲標題之極。」

高坐道人不作漢語，或問此意，簡文曰：「以簡應對之煩。」（《言語》）
按：此事難以確定具體時間、地點。

簡文生於大興三年（320），此條不云簡文年歲。故難知其所言在其年幼，還是弱冠前後，還是高坐道人去世之後的某一年。然劉注所引《高坐別傳》及僧傳之相關記載皆未提及簡文之名，故《世説新語》所載簡文之語是否確鑿尚存疑。劉注引《高坐別傳》曰：「性高簡，不學晉語，諸公與之言，皆因傳譯，然神領意得，頓在言前。」《出三藏記集》和《高僧傳》亦曰：「密性高簡，不學晉語。諸公與之語言，密雖因傳譯，而神領意得，頓盡言前。莫不歎其自然天拔，悟得非常。」

蜜常在石子岡東行頭陀，既卒，因葬於此。成帝懷其風，爲樹剎冢所。後有關右沙門來遊京師，乃於冢處起寺，陳郡謝混贊成其業，追旌往事，仍曰高座寺也」，與注所引《塔寺記》大異。咸康是成帝年號，蜜既卒於咸康，則立寺者是成帝，而非元帝明矣。」（余《疏》，第119～120頁。）

〔註93〕（宋）釋志磐《佛祖統紀》卷36載：「永昌元年西竺沙門吉友至建康。」按：此說粗略。（《大正藏》第49卷，第339頁中。）

康僧淵

《世說新語》載康僧淵,見於《文學》、《棲逸》、《排調》,各1條,皆是與名士交往的事跡。

> 康僧淵初過江,未有知者,恒周旋市肆,乞索以自營。忽往殷淵源許,值盛有賓客,殷使坐,粗與寒溫,遂及義理。語言辭旨,曾無愧色。領略粗舉,一往參詣。由是知之。(《文學》)

> 康僧淵在豫章,去郭數十里,立精舍,旁連嶺,帶長川,芳林列於軒庭,清流激於堂宇,乃閒居研講,希心理味。庾公諸人,多往看之,觀其運用吐納,風流轉佳,加已處之怡然,亦有以自得,聲名乃興。後不堪,遂出。(《棲逸》)

> 康僧淵目深而鼻高,王丞相每調之。僧淵曰:「鼻者面之山,目者面之淵。山不高則不靈,淵不深則不清。」(《排調》)

按:上《文學》之事約在成帝咸康元年(335)前後,《棲逸》和《排調》之事稍後,至咸康(335～342)中王導、庾亮去世前。

陳寅恪先生云:「據《世說·排調篇》『康僧淵初過江,未有知者』之語,王導、庾亮皆當日勳貴重臣,必非未知名之傖道人所易謁見者。然則僧淵、法暢與王導、庾亮問對之時,比在其已知名之後,而非其初過江之年。且《世說新語·排調篇》有『王丞相每調之』之語,則淵公、茂弘二人必以久交屢見之故,始有每調之可能。而元規必見暢公持至佳之麈尾,不止一次,然後始能作『那得常在』之問。故取此數端,綜合推計,則僧淵、法暢、敏度三人之過江,至遲亦在成帝初年咸和之世矣。」〔註94〕此論甚確,然康僧淵知名當在過江後,故還須作進一步的推論。康僧淵過江時殷浩在武昌。殷浩出仕初在陶侃處,約在咸康八年(333)〔註95〕,而殷浩約咸康三年(337)年離開武昌。〔註96〕也就是說,康僧淵遇殷浩在咸康

〔註94〕陳寅恪:《支愍度學說考》,載《陳寅恪先生文史論集》,香港:文文出版社,1972年,第290頁。

〔註95〕《晉書》卷77殷浩本傳載其「弱冠有美名⋯⋯三府辟,皆不就。征西將軍庾亮引為記室參軍,累遷司徒左長史。」又卷66《陶侃傳》:「時武昌號為多士,殷浩、庾翼等皆為佐吏。」庾亮為征西在陶侃薨後。陶侃咸和九年(334)薨,又殷浩本傳載桓溫少時與其共騎竹馬,則二人年歲或相若。綜合論之,殷浩出仕約在咸和八年(333)。

〔註96〕《晉書》卷77殷浩本傳載其「安西庾翼復請為司馬,除侍中、安西軍司,並

元年（335）左右。

康僧淵因殷浩知重而知名，故而與庾亮、王導交遊。從其得殷浩賞識一舉成功，可知其和高坐道人一樣，善權宜，故亦頗得庾、王賞識。然與高坐不同的是，此人不僅作漢語，且通中土文化。其與殷浩所談「義理」，當是清談話題，又其應對王導之語，可見於《管輅別傳》和《相書》。上《排調》劉注引《管輅別傳》曰：「鼻者天中之山。」又引《相書》曰：「鼻之所在為天中，鼻有山象，故曰山。」

上《文學》劉注云：「僧淵氏族，所出未詳。疑是胡人。」余《疏》引李詳云：「案《高僧傳》：『康僧淵本西域人，生於長安。』又有《康僧會傳》，在淵之前，云：『其先康居人，世居天竺。』僧淵蓋亦僧會之族，義已見上，故但云西域人。《世說》所引僧淵三條，皆見傳內。」〔註97〕然其生卒年月，二書皆未見載。

康法暢

《世說新語》中康法暢事跡，僅《言語》見載 1 條，乃其與名士之交往之事。

> 庾法暢造庾太尉，握麈尾至佳，公曰：「此至佳，那得在？」法暢曰：
>
> 「廉者不求，貪者不與，故得在耳。」（《言語》）

按：事約在咸康元年（335）。

劉注云：「法暢氏族所出未詳。法暢著《人物論》，自敘其美云：『悟銳有神，才辭通辯。』」

庾當為康。余《疏》案：「庾法暢當作康法暢。《高僧傳》卷四《康僧淵傳》云：『晉成之世，與康法暢、支敏度等俱過江。暢亦有才思，善為往復，著《人物始義論》等。暢常執麈尾行。每值名賓，輒清談盡日。庾元規謂暢曰：「此麈尾何以常在？」暢曰云云。』考晉代沙門，無以庾為姓者。康為西域胡姓。然晉人出家，亦從師為姓。故孝標以為疑。後《文學篇注》於康僧淵亦云：『氏族所出未詳。』足證二人皆姓康矣。」〔註98〕

稱疾不起，遂屏居墓所幾將十年……簡文帝時在藩，……浩頻陳讓自三月至七月乃受拜焉。」據《晉書》卷8《穆帝紀》，永和二年（346）七月，殷浩被提拔為揚州刺史。「幾將十年」之前，約在咸康三年（337）。

〔註97〕余《疏》，第 274 頁。

〔註98〕余《疏》，第 132～133 頁。

康法暢與康僧淵一樣，諳熟中土文化。「廉者不求，貪者不與」，似源於《詩經》。《詩經‧邶風‧雄雉於飛》云：「百爾君子，不知德行，不忮不求，何用不臧？」《詩經》本意指「君子」處世之道，當修德行，不忮害，不貪求，全身遠害。〔註99〕康法暢活用《詩》文，且寓言於「麈尾」，既表明自己時「君子」，「知德行」，又表明自己能行自然之道，是得道之人，同時似乎也排調庾亮等「百爾君子，不知德行」。

愍度道人、傖道人（共立「心無義」者）、傖人（傳語支敏度者）（疑是）

《世說新語》中愍度道人（支愍度）、傖道人、傳語支敏度者之事跡在《假譎》，共載於1條，乃立「心無義」前後事。

> 愍度道人始欲過江，與一傖道人為侶，謀曰：「用舊義在江東，恐不辦得食。」便共立「心無義」。既而此道人不成渡，愍度果講義積年。
> 後有傖人來，先道人寄語云：「為我致意愍度，無義那可立？治此計，權救饑爾！無為遂負如來也。」（《假譎》）

按：此事自約咸和末（334）至永和（345～356）中。

「愍度」一作「敏度」，即支敏度。支敏度過江時間與康僧淵同，在咸康元年前後。《高僧傳》卷四《康僧淵傳》曰：「晉成之世，與康法暢、支敏度等俱過江。」其立「心無義」在渡江之前，即約在咸和末。則「愍度果講義積年」，「積年」在《世說新語》中似指十餘年〔註100〕，故當至永和（345

〔註99〕《韓詩外傳》卷1傳《詩》「不忮不求，何用不臧」曰：「喜名者必多怨，好與者必多辱，唯滅跡於人，能隨天地自然，為能勝理，而無愛名：名興則道不用，道行則人無位矣。夫利為害本，而福為禍先，唯不求利者為無害，不求福者為無禍。」又曰：「聰者自聞，明者自見，聰明則仁愛著而廉恥分矣。故非道而行之，雖勞不至；非其有而求之，雖強不得。故智者不為非其事，廉者不求非其有，是以害遠而名彰也。」又曰：「安命養性者，不待積委而富；名號傳乎世者，不待勢位而顯；德義暢乎中而無外求也。信哉！賢者之不以天下為名利者也。」（韓嬰撰，許維遹校釋：《韓詩外傳集釋》，北京：中華書局，1980年，第14～15頁。）

〔註100〕《世說新語》中「積年」凡四處，支敏度講義「積年」，另有三處，皆十餘年。《棲逸》：「南陽劉驎之，高率善史傳，隱於陽岐。於時苻堅臨江，荊州刺史桓沖將盡籲謨之益，徵為長史，遣人船往迎，贈貺甚厚。驎之聞命，便升舟，悉不受所餉，緣道以乞窮乏，比至上明亦盡。一見沖，因陳無用，翛然而退。居陽岐積年，衣食有無常與村人共。值己匱乏，村人亦如之。甚厚，為鄉閭所安。」則劉驎之「居陽岐積年」，當約自「桓沖自江陵移鎮上明」的太元二

～356）中。

　　傖道人，不具名。傖道人，中州道人。〔註101〕疑此道人未過江，而自言其自立之「心無義」之非，疑其是不是也和駁「心無義」的竺法汰〔註102〕一樣，曾薰染釋道安之講義。

　　「傖人」，爲兩立「心無義」者傳語，抑或亦一僧人。《世說新語》於此處若亦言傖道人，則前後文意反而雜亂。

　　「心無義」早被說成是「救饑」之計，從此條之記載來看，此事當已傳播。則在竺法汰詰難道恒之前，「心無義」就已經遭遇攻訐。那麼，是當時詰難不如竺法汰、慧遠等人精彩而使「心無義」繼續爲道恒所執？還是與敏度立「心無義」之傖道人以及傳言之傖道人之事跡有杜撰之嫌疑？如是，則二傖道人或傳言之傖道人乃杜撰耳。〔註103〕

　　「治此計，權救饑」，可知當日僧人以新義逢迎名士口味之境況。劉注云：「舊義者曰：『種智有是，而能圓照。然則萬累斯盡，謂之空無；常住不變，

年（據《通鑑》卷104）至其逝世。余《疏》考驎之蓋卒於太元間。（余《疏》，第773頁）太元凡二十一年，故劉驎之「居陽岐積年」乃十餘年。《任誕》：「周伯仁風德雅重，深達危亂。過江積年，恒大飲酒。嘗經三日不醒，時人謂之『三日僕射』。」據《晉書》卷7《元帝紀》，周顗永嘉初（307）過江，大興三年（320）爲僕射，永昌元年（322）遇害，則「（過江）積年」近十五年。《仇隙》：「王大將軍執司馬愍王，夜遣世將載王於車而殺之，當時不盡知也。雖愍王家，亦未之皆悉，而無忌兄弟皆稚。王胡之與無忌，長甚相昵……母流涕曰：『王敦昔肆酷汝父，假手世將。吾所以積年不告汝者，王氏門強，汝兄弟尚幼，不欲使此聲著，蓋以避禍耳！』」「積年（不告）」當十餘年。「稚」而不知家難，至「王胡之與無忌，長甚相昵」，當十餘年。又無忌之父遇害在永昌元年（322）初王敦謀逆時，而據《晉書》卷37本傳，無忌在咸康八年（342）褚裒爲江州刺史（據《資治通鑑》卷97）時曾欲殺王廙子，此近20年，然必在無忌母言之後。

〔註101〕《雅量》「褚公於章安令遷太尉記室參軍」條劉注引《晉陽秋》曰：「吳人以中州人爲傖。」又《排調》：「陸太尉詣王丞相，王公食以酪。陸還遂病。明日與王箋云：『昨食酪小過，通夜委頓。民雖吳人，幾爲傖鬼。』」余《疏》案：「吳人以中州人爲傖人，見《雅量篇》『褚公於章安令』條。」又案：「《類聚》七十二引《笑林》曰：『吳人至京，爲設食者有酪蘇，未知是何物也，強而食之。歸吐，遂至困頓。謂其子曰：『與傖人同死，亦無所恨，然汝故宜慎之。』」《笑林》爲魏邯鄲淳所著，在陸玩之前，疑玩即用其語，以戲王導耳。」（余《疏》，第928～929頁。）

〔註102〕見《高僧傳》卷5《竺法汰傳》。

〔註103〕湯用彤先生云：「傖道人事未必即實。」見湯用彤《漢魏兩晉南北朝佛教史》第九章《釋道安時代之般若學》第九節《支敏度學說考》。第238頁。

謂之妙有。』而無義者曰：『種智之體，豁如太虛，虛而能知，無而能應。居宗至極，其唯無乎？』」

　　與支敏度同過江之康僧淵知遇於殷浩，又曾在建康與王導遊，「心無義」當亦爲庾亮及其下屬所聞，且爲建康所聞。支遁《逍遙論》不久出。「心無義」立者姓「支」，卻不云「支理」，可見支遁《逍遙論》爲當日名士所激賞。

佛圖澄

　　《世說新語》載佛圖澄，僅《言語》1條，乃其與國主周旋而爲名僧所欽慕之事。其爲《世說新語》另一僧人釋道安之師。

　　　　佛圖澄與諸石遊，林公曰：「澄以石虎爲海鷗鳥。」（《言語》）

按：疑事在永和四年（348）前。佛圖澄曾被支遁讚賞。

　　佛圖澄，劉注、《高僧傳》和《晉書》皆載其生平。劉注引《澄別傳》曰：「道人佛圖澄，不知何許人，出於敦煌，好佛道，出家爲沙門。永嘉中，至洛陽，值京師有難，潛遁草澤間。石勒雄異好殺害，因勒大將軍郭默略見勒。以麻油塗掌，占見吉凶。數百里外聽浮圖鈴聲，逆知禍福。勒甚敬信之。虎即位，亦師澄，號大和尚。自知終日，開棺無屍，唯袈裟法服在焉。」《高僧傳》載其傳於《神異篇》，不載支遁之言。其載佛圖澄與石虎、石季龍交遊之事甚詳，茲摘要如下，文曰：「澄知勒不達深理，正可以道術爲徵，……即取應器盛水燒香咒之，須臾生青蓮花，光色曜目。勒由此信服。……勒登位已後，事澄彌篤。……有事必咨而後行，號大和上。石虎有子名斌，後勒愛之甚重。忽暴病而亡。……澄乃取楊枝咒之，須臾能起，有頃平復。由是勒諸稚子多在佛寺中養之。每至四月八日，勒躬自詣寺灌佛，爲兒發願。……虎傾心事澄，有重於勒，乃下書曰：『和上國之大寶，榮爵不加，高祿不受，榮祿匪及，何以旌德？從此已往，宜衣以綾錦，乘以雕輦。朝會之日和上升殿，常侍以下，悉助舉輿。太子諸公，扶翼而上。主者唱大和上至，衆坐皆起，以彰其尊。』又敕僞司空李農：『旦夕親問，太子諸公五日一朝，表朕敬焉。』」《晉書》有傳，在卷九五。其與石氏交遊事與《高僧傳》無異，然載支遁之言，與《世說新語》略異。其文曰：「支道林在京師，聞澄與諸公遊，乃曰：『澄公其以季龍爲海鷗鳥也。』」

竺道潛

　　竺道潛，字法深，也稱深公。《世說新語》不稱其名而稱其字，多稱「深

公」。《世說新語》涉及此公之篇目 6，條目 6，其中《言語》、《文學》、《方正》、《排調》、《輕詆》各 1 條，乃竺道潛與名士和名僧交往的言行；《德行》載名士品評深公 1 條。此節考證載深公言行的 5 條。

　　　　後來年少，多有道深公者。深公謂曰：「黃吻年少，勿爲評論宿士。
　　　　昔嘗與元明二帝、王庾二公周旋。」（《方正》）

按：此在咸康六年（340）後。據文意，在「元明二帝、王庾二公」逝世後，而其中最後去世的是庾亮，在咸康六年正月。《高僧傳》卷四本傳曰：「中宗、蕭祖昇遐，王、庾又薨，乃隱跡剡山以避當世。」

　　劉注引《高逸沙門傳》曰：「晉元、明二帝，遊心玄虛，託情道味，以賓友禮待法師。王公、庾公傾心側席，好同臭味也。」又見於《高僧傳》。

　　然此條筆者疑其僞。一者深公自謂「宿士」似乎不妥。二者，疑其與《德行》所載深公之事乃「一事而傳聞異辭」［註104］。《德行》曰：「桓常侍聞人道深公者，輒曰：『此公既有宿名，加先達知稱，又與先人至交，不宜說之。』」桓常侍即桓彝。疑此條訛誤。疑語出桓溫，桓彝之子。桓彝生於西晉咸寧二年（276），又「少孤貧」［註105］，而竺道潛生於太康七年（286），［註106］因此竺道潛不可能與桓彝「先人」有「至交」。但是《世說新語》載桓彝親近僧人，因此可謂桓彝與竺道潛「至交」。也就是說，《德行》中「桓常侍」如爲桓溫更合宜。《方正》之「後來年少」，與所謂「宿士」、「先達」、「先人」

〔註104〕《世說新語》之中存「傳疑之意」，故常「一事而傳聞異辭」。如《方正》載：「蘇峻時，孔群在橫塘爲匡術所逼。王丞相保存術，因衆坐戲語，令術勸酒，以釋橫塘之憾。群答曰：『德非孔子，厄同匡人。雖陽和布氣，鷹化爲鳩，至於識者，猶憎其眼。』」又同篇載：「孔車騎與中丞共行，在御道逢匡術，賓從甚盛，因往與車騎共語。中丞初不視，直云：『鷹化爲鳩，衆鳥猶惡其眼。』術大怒，便欲刃之。車騎下車，抱術曰：『族弟發狂，卿爲我宥之！』始得全首領。」《方正》38 余《疏》案：「此與上『孔群在橫塘』一條，即一事而傳聞異辭。觀其兩條，皆以鷹化爲鳩爲言，則當同在峻敗術降之後。而一則術勸以酒，而群猶不釋憾。一則群僅不視術，而幾被手刃。所言未嘗有異，何所遭之不同耶？《晉書》不悟《世說》傳疑之意而合兩事爲一。」（余《疏》，第 378 頁。）

〔註105〕據《晉書》卷 7《成帝紀》和卷 74 本傳，桓彝咸和三年（328）卒時年五十三。

〔註106〕《高僧傳》卷 4《竺道潛傳》曰：「以晉寧康二年（374）卒於山館，春秋八十有九。」則其生年爲太康七年。另《德行》「桓常侍聞人道深公者」條劉注云：「年七十有九，終於山中也。」則其生年爲元康六年（296）。然《高僧傳》卷四本傳云「司空何次道尊以師資之敬」，而據《晉書》本傳何充生於元康二年（292），故竺道潛生於太康七年（286）較可信。

可謂文意貫通，而桓溫與此「後來年少」正是同一輩。咸康六年（340），桓
溫（據《晉書》本傳，生於永嘉六年，312）時十九歲。

　　竺法深在簡文坐，劉尹問：「道人何以遊朱門？」答曰：「君自見其
　　朱門，貧道如遊蓬戶。」或云卞令。（《言語》）

按：此事約在永和四年（348），簡文司馬昱府邸。劉尹，即劉惔。據《建康
實錄》卷八，劉尹為丹陽尹在永和三年（347）十二月，約永和五年卒。

　　「或云卞令」，訛。卞令，即卞壼。卞壼在咸和三年（328）二月蘇峻攻
入建康之戰中戰死，時簡文帝（320 年生）年方九歲，不可能發生這樣的會談。

　　那麼竺道潛與簡文、劉尹清談的「簡文處」在何處？據《高僧傳》卷四
本傳，竺道潛出入的司馬昱府邸似乎只能在會稽，然不令人足信。其文曰：「中
宗蕭祖昇遐，王庾又薨，乃隱跡剡山以避當世……潛優遊講席，三十餘載。……
至哀帝好重佛法，頻遣兩使殷勤徵請。」庾亮卒於咸康六年（340），而哀帝
即位在升平五年（361），「三十餘載」非，可見其記述此事粗疏，未可盡信。

　　劉惔屈於竺道潛，乃名士屈於僧人，玄理屈於佛理。劉惔在永和前期為
以司馬昱為中心的清談中乃是首屈一指的。如《文學》載：「殷中軍、孫安國、
王、謝能言諸賢，悉在會稽王許。殷與孫共論《易象妙於見形》。孫語道合，
意氣干雲。一坐咸不安孫理，而辭不能屈。會稽王慨然歎曰：『使真長來，故
應有以制彼。』既迎真長，孫意已不如。真長既至，先令孫自敘本理。孫粗
說己語，亦覺殊不及向。劉便作二百許語，辭難簡切，孫理遂屈。一坐同時
拊掌而笑，稱美良久。」又同篇載：「張憑舉孝廉出都，負其才氣，謂必參時
彥。欲詣劉尹，鄉里及同舉者共笑之。」

　　《高僧傳》卷四《竺道潛傳》亦載此事。其劉惔，或作劉恢。余《疏》
曰：「劉惔與劉恢實即一人，故彼作劉恢，而此稱劉尹，說詳《賞譽篇》『庾
稚恭與桓溫書』條下。」〔註 107〕湯用彤先生校注之《高僧傳》正文為「劉
惔」，校注曰：「三本、金陵本『惔』作『恢』。……據嘉箋注惔、恢實即一
人。」〔註 108〕曹道衡、沈玉成《中古文學史料叢考》則辨劉惔與劉恢非一
人。〔註 109〕

〔註 107〕余《疏》，第 129 頁。

〔註 108〕（梁）釋慧皎撰，湯用彤校注：《高僧傳》，第 156、158 頁。

〔註 109〕曹道衡、沈玉成：《中古文學史料叢考》，北京：中華書局，2003 年，第 181
　　　　～184 頁。

支道林因人就深公買山印山，深公答曰：「未聞巢、由買山而隱。」
（《排調》）

按：此事約在永和十年（354）。考見前一節。劉注引《高逸沙門傳》曰：「遁得深公之言，慚恧而已。」

《高僧傳》卷四《竺道潛傳》載：「欲來便給，未聞巢由買山而隱。」「欲來便給」四字，破壞了竺道潛截然超然塵俗的形象，因爲「給」字說明在他心中「山印山」是屬於他的。如此，支遁買山倒是合情合理的。當時東晉士族占山爲家，名僧亦占山爲寺，竺道潛亦不能不受沾染。〔註110〕

有北來道人好才理，與林公相遇於瓦官寺，講《小品》。於時竺法深、孫興公悉共聽。此道人語，屢設疑難，林公辯答清晰，辭氣俱爽。
此道人每輒摧屈。孫問深公：「上人當是逆風家，向來何以都不言？」
深公笑而不答。林公曰：「白旃檀非不馥，焉能逆風？」深公得此義，夷然不屑。（《文學》）

按：東晉哀帝興寧二年（364）。劉注引《人物論》曰：「法深學義淵博，名聲蚤著，弘道法師也。」此事《高僧傳》不載。

深公云：「人謂庾元規名士，胸中柴棘三斗許。」（《輕詆》）

按：此語不知深公語於何時何地。

余《疏》引程炎震云：「周嬰《巵林》引此條，下有『深公即殷源也』六字。力辨其誤。今以此本無此注，故不錄入。《巵林》又曰：『《方正篇》載深公語，則元規於法深不薄，今乃發輕詆。夫倚庾之貴以拒誹，訾庾之短以鬻重，法深豈高逸沙門哉？』」〔註111〕然而此番推論亦非具足。

此事《高僧傳》不載。

于法開及其弟子

《世說新語》中于法開事跡，《文學》和《術解》各載 1 條，凡二事，一

〔註110〕可參考謝重光《中古佛教僧官制度和社會生活》，北京：商務印書館，2009年。其書中篇《寺院經濟》之《晉唐時期士族與寺院的關係》曰：「支道林欲來居住，先須向他購買，足見他已將此山占爲可以買賣轉讓的私產。山在浙東剡縣，去會稽二百里，正處在南（按：疑爲「北」之誤）來士族『行田、視地利』建立莊園、別墅的重點地區。不難想見，竺法深很可能如世俗地主一樣，將山中豐饒的資源加以綜合利用開發。」（第162頁。）

〔註111〕余《疏》，第970頁。又周嬰《巵林》卷一「辨劉」之二「深公」條，可見《叢書集成初編》本，上海：商務印書館，1936年，第11頁。）

是其與名僧爭名之事，二是其與名士療疾之事。

法開弟子與其師共《文學》1條，載其受師之託成功詰難名僧義學之事。《世說新語》中不具其名。

> 于法開始與支公爭名，後精漸歸支，意甚不忿，遂遁跡剡下。遣弟子出都，語使過會稽。於時支公正講《小品》。開戒弟子：「道林講，比汝至，當在某品中。」因示語攻難數十番，云：「舊此中不可復通。」弟子如言詣支公。正值講，因謹述開意。往反多時，林公遂屈，厲聲曰：「君何足復受人寄載！」（《文學》）

按：此事約永和七年至十年（351～354）。

劉注引《名德沙門題目》曰：「于法開才辨從橫，以數術弘教。」又引《高逸沙門傳》曰：「法開初以義學著名，後與支遁有競，故遁居剡縣，更學醫術。」

于法開弟子名於法威。《高僧傳》卷四《于法開傳》：「開有弟子法威，清悟有樞辯。……開嘗使威出都，經過山陰，支遁正講小品。開語威言：『道林講，比汝至，當至某品中。』示語攻難數十番云：『此中舊難通。』威既至郡，正值遁講，果如開言，往復多番，遁遂屈，因厲聲曰：『君何足復受人寄載來耶？』」

> 郗愔信道甚精勤，常患腹內惡，諸醫不可療。聞于法開有名，往迎之。既來，便脈云：「君侯所患，正是精進太過所致耳。」合一劑湯與之。一服，即大下，去數段許紙如拳大；剖看，乃先所服符也。（《術解》）

按：此事當在郗愔宅，然不知具體時間，至遲在太元九年（384）。據《高僧傳》，于法開卒年或在哀帝後，又「年六十卒於山寺」，然不知卒於何時。郗愔，《晉書》卷六七本傳載其太元九年（384）卒。《高僧傳》卷四《于法開傳》不載此事。

郗愔，《世說新語》載其奉道甚篤，此請僧人為其除所服道符，可見名士接近宗教的因緣之一乃關乎身體健康，關乎生死。而佛教亦必欲於此開緣。于法開深諳此理。《高僧傳》載：「或問：『法師高明剛簡，何以醫術經懷？』答曰：『明六度以除四魔之病，調九侯以療風寒之疾，自利利人，不亦可乎。』」《高僧傳》載于法開「祖述耆婆，妙通醫法。嘗乞食投主人家，值婦人在草危急，眾治不驗，舉家遑憂，開曰：『此易治耳。』主人正宰羊，欲為淫祀，開令先取少肉為羹，進竟，因氣針之，須臾羊膜裏兒而出。」另載：「晉升平

五年（361），孝宗有疾，開視脈，知不起，不肯復入。康獻後令曰：『帝小不佳，昨呼於公視脈，但到門不前，種種辭憚，宜收付廷尉。』俄而帝崩，獲免。」

《隋志》有于法開撰《議論備豫方》，一卷。

東陽道人

《世說新語》中載東陽道人事跡，《文學》1 條，乃其爲學佛名士解答疑難之事。

> 殷中軍被廢，徙東陽，大讀佛經，皆精解。唯至事數處不解。遇見一道人，問所簽，便釋然。（《文學》）

按：事約在永和十年（355）殷浩被廢爲庶人後至其死前。

雖然道人姓名不具，然爲東晉玄談名士作答，可見佛教義理的地位。而其答問殷浩一聽「便釋然」，亦可謂爲「其明義易啓人心如此」〔註112〕！

僧意

《世說新語》中載有僧意事跡，《文學》1 條，乃其談玄屈名士之事。

> 僧意在瓦官寺中，王苟子來，與共語，便使其唱理。意謂王曰：「聖人有情不？」王曰：「無。」重問曰：「聖人如柱邪？」王曰：「如籌算，雖無情，運之者有情。」僧意云：「誰運聖人邪？」苟子不得答而去。（《文學》）

按：約永和二年至升平元年（346～357）。劉注曰：「苟子，王修小字。」《文學》載王修「年十三作《賢人論》」，在永和二年（346）。此事或在其後。故繫於此。此處瓦官寺，不知在會稽還是建康。

僧意，劉注云「未詳僧意氏族所出」，他處亦不見載。

此亦僧人屈名士。劉注：「諸本無僧意最後一句，意疑其闕，廣校衆本皆然。唯一書有之，故取以成其義。然王修善言理，如此論，特不近人情，猶疑斯文爲謬也。」此亦未必。鄭學弢先生云：「性情之論，王弼、何晏已不同。（湯用彤著《王弼「聖人有情」義釋》，見《魏晉玄學論稿》）陸機《演連珠》云：『煙出於火，非火之和；情出於性，非性之適。故火壯則煙微，性充則情約。』此所謂『性』、『情』，近於宋儒之所謂『天理』、『人欲』。陸機以互爲消長釋性倩，故有『火壯煙微』之喻。王修以爲聖人無情，比之『籌算』，故

〔註112〕見《文學》劉注所引《出經敘》。

僧意之問而王脩無以爲答。」〔註113〕又王脩之敗亦在其方法。鄭基良先生云：「譬喻的局限，以譬喻類比推理，其所得的結論，只有蓋然性，而無必然性。」〔註114〕

法汰

《世說新語》中載竺法汰事跡，《文學》、《賞譽》各 1 條，凡二事，一辯佛理，一因名士見賞而知名。

> 初，法汰北來未知名，王領軍供養之。每與周旋，行來往名勝許，輒與俱。不得汰，便停車不行。因此名遂重。(《賞譽》)

按：此事約在永和十一年（355）或稍後。竺法汰「至揚土」前曾在荊州難道恒「心無義」，時間在永和十一年（355），現據此而推之。余《疏》引程炎震云：「尋敏度過江，當庾亮在江州。法汰過江，則桓溫在荊州。相去殆二十餘年也。」〔註115〕陳寅恪先生《支敏度學說考》云道恒「心無義」受竺法汰詰難在永和十一年（355）前後。〔註116〕今從之。〔註117〕

〔註113〕鄭學弢《〈世說新語‧文學〉篇》札記（三）─余嘉錫先生《世說新語箋疏》拾遺》之「十二『僧意在瓦官寺中，王苟子未與共語』條」，載《徐州師範大學學報（哲學社會科學版）》1985 年第 4 期。

〔註114〕鄭基良：《魏晉南北朝形盡神滅或形盡神不滅的思想論證》，臺北：文史哲出版社，2002 年，第 500 頁。

〔註115〕余《疏》，1010 頁。

〔註116〕按：陳寅恪先生《支敏度學說考》據《高僧傳》之《釋道安傳》和《竺法汰傳》、《世說新語》之《雅量》32 注引《安和上傳》和《賞譽》114 注引車頻《秦書》、《資治通鑒》卷九五、《晉書》、《水經注》、《宋書》等，先考竺法汰在新野與釋道安分別後因疾而停居之地「陽口」即沔水（漢江）邊之「揚口」，又考永和十年桓溫所在駐地在江陵，兩地相距不遠，因而《高僧傳》之《竺法汰傳》所載竺法汰詣桓溫在永和十年九月以後，則道恒「心無義」受竺法汰詰難在永和十一年（355）前後。(陳寅恪：《陳寅恪先生文史論集》，香港：文文出版社，1972 年，第 291～293 頁。)

〔註117〕關於竺法汰和慧遠詰難道恒「心無義」的時間，今多取湯用彤先生《漢魏兩晉南北朝佛教史》興寧三年說。湯著第八章《釋道安》之第四節《道安年曆》據《出三藏記集》卷八道安《般若抄序》推論道安到在襄陽自興寧三年至太元四年（365～379）；又第六節《道安南行分張徒衆》云道安在新野分張徒衆在興寧三年，其時慕容恪略河南，釋道安於其時率衆南奔，換言之，竺法汰在興寧三年離開釋道安南下。湯用彤先生並辯證《高僧傳》及《世說新語》注中「慕容俊（晉）」皆非，竺法汰在揚口所遇當桓豁（朗子）而非桓溫。(第 181～182，185～186 頁。又第九章《釋道安時代之般若學》第九節《支愍度心無義》明確指出法汰興寧三年頃至江陵與道恒爭心無義。第 239 頁。又第十一章《釋慧遠》第三節《慧遠早年》明確指出興寧三年慧遠遵師囑下荊問

　　王領軍，王洽。劉注引《中興書》曰：「王洽，字敬和，丞相導第三子。累遷吳郡內史，爲士民所懷。徵拜中領軍，尋加中書令，不拜。」《晉書》卷六五本傳載王洽「拜領軍，尋加中書令……令拜，苦讓，遂不受。升平二年卒於官。」

　　此可知法汰至揚土之後，當如當年康法暢在荊州一樣，先不知名，後經由名流得以聲名顯著。可知竺法汰頗合名士風尚，也可知釋道安遣竺法汰至

竺法汰疾並駁心無義。第 305 頁。）愚意以爲竺法汰在新野與道安分別當從陳寅恪先生之說較爲妥當，而湯用彤先生興寧三年道安南下荊州之說是，而於其時在新野分張徒衆之說非。理由有三。其一，釋道安在新野分張徒衆在「因石氏之亂而隱居於飛龍山」後不久。《高僧傳》卷 5《釋僧先傳》及所附《道護傳》云：「釋僧先，冀州人。……值石氏之亂隱於飛龍山。……道安後復從之，相會欣喜。……安曰：『先舊格義，於理多違。』先曰：『且當分析《逍遙》，何容是非先達。』安曰：『弘贊理教，宜令允愜。法鼓競鳴，何先何後。』先乃與汰等，南遊晉土〔按：原文爲『平』，此據湯用彤校注《高僧傳》改，第 195 頁〕，講道弘化。後還襄陽，遇疾而卒。沙門道護，亦冀州人。貞節有慧解，亦隱飛龍山。與安等相遇，乃共言曰：『居靖離俗，每欲匡正大法。豈可獨步山門，使法輪輟軫？宜各隨力所被，以報佛恩。』衆僉曰：『善。』遂各行化。」據此，則石氏之亂後釋道安與僧先、道護等人同隱居飛龍山，道護建議分張徒衆，爲衆人所認同。僧先與竺法汰同下晉土。另與法汰同時離開道安的還有釋法和。同卷《釋道安傳》和《釋法和傳》載：「頃之復渡河，依陸渾山，木食修學。俄而慕容俊逼陸渾，遂南投襄陽。行至新野。謂徒衆曰：『今遭凶年，不依國主，則法事難立。又教化之體，宜令廣布。』……乃令法汰詣揚州，曰：「彼多君子好尚風流。」法和入蜀，山水可以修閑。安與弟子慧遠等四百餘人渡河夜行。」「釋法和，滎陽人也。少與安公同學。……因石氏之亂，率徒入蜀。巴漢之士，慕德成群。聞襄陽陷沒，自蜀入關，住陽平寺。」又從僧先之言來看，其與道安不同的是，他認同以《逍遙》「格義」佛理，遂與法汰南下晉土。則可知法汰當與僧先相類。其二，道安在新野分張徒衆，並未繼續南下，而是回到洛陽。如果道安繼續南下，依湯用彤先生所言，在興寧三年和竺法汰一起到達襄陽，則沒有必要在新野就分遣法汰。又道安言：「今遭凶年，不依國主，則法事難立。」似言道安自己當依「國主」，也就是說，在分張法和西南入蜀和法汰、僧先等人東南往揚州的時候，道安返回北土依靠新「國主」。而其時，慕容氏建立的前燕政權方興未艾。其三，若法汰在荊州爲永和十一年（355），《世說新語》之載亦不誤。《賞譽》載：「初，法汰北來，未知名，王領軍供養之。」《晉書》卷 65《王洽傳》：「徵拜領軍，尋加中書令，固讓，……遂不受。升平二年卒於官，年三十六。」綜上所述，愚意以爲竺法汰在荊州駁心無義爲陳寅恪先生所考之「永和十一年前後」。也就是說，即釋道安於新野分張同學南下在慕容俊略河南之時在「因石氏之亂隱居飛龍山之後」的「永和十一年前後」，《世說新語》及劉注所言皆不誤，《高僧傳》之《竺法汰傳》和《釋道安傳》亦是，然而《釋道安傳》關於此次分張後道安的行程則疑失載。其載釋道安到達襄陽，湯用彤先生所論之「興寧三年」甚是，然抑或因慕容氏之亂再次南下？

揚土是英明的。此條劉注引車頻《秦書》曰:「釋道安爲慕容晉所掠,欲投襄陽,行至新野,集衆議曰:『今遭凶年,不依國主,則法事難舉。』乃分僧衆,使竺法汰詣揚州,曰:『彼多君子,上勝可投。』法汰遂渡江,至揚土焉。」

  汰法師云:「『六通』、『三明』同歸,正異名耳。」(《文學》)

按:竺法汰此言在穆帝永和十一年(355)前後至孝武太元十二年(387)逝世之間。竺法汰卒於太元十二年(387)。〔註118〕竺法汰此言當其在江東時。《出三藏記集》卷十二載《法論目錄》有竺法汰《問釋道安六通》。既通書信,則與道安已經分別,且此言當是書信之後。

  竺法汰認爲「六通」與「三明」含義相同,是同義詞。此言說明竺法汰對印度佛學背景並不瞭解,對「三明」理解錯誤。《世說新語》劉注解釋說:「六通指六神通;三明者,解脫在心,朗照三世者也。」亦不甚正確。「三明」的含義並非指洞明三世因果,超脫三世牽累。這裏的「明」,指古印度婆羅門教的基本典籍──《吠陀》。初期佛教時代,流傳的《吠陀》典籍主要有三部,所以稱「三明」。佛經中經常提到「三明婆羅門」,就是指修習三吠陀的婆羅門。可參見《三明經》。由於婆羅門教特別重視神通,認爲修習三吠陀可以得到神通,所以佛經中經常將「三明」與「六通」連用,如「三明六通,得八解脫」。進而認爲「三明」指羅漢應該具有的三種智慧:一,宿命明,即知自身、他身宿世之生死相;二,天眼明,知自身、他身未來世之生死相;三,漏盡明,知現在之苦相,斷一切煩惱之智也。不同的佛教派別與經典,對三明的解釋基本相似,略有不同。又如次第名爲宿住智證明、死生智證明、漏盡智證明。《佛地經論》卷二親光菩薩釋云:「云何名爲無學三明?一宿住隨念智證通明,二死生智證通明,三漏盡智證通明。無學利根,所得三通,除染、不染,三際愚故,說有三明。有義明者,以慧爲性,慧能除闇,故說爲明。有義無癡,善根爲性,翻無明故。」〔註119〕《阿毗達俱舍論》卷二七曰:「言三明者,一宿住智證明,二死生智證明,三漏盡智證明。……六中三種獨名明者,如次對治三際愚故。謂宿住智通治前際愚,死生智通治後際愚,漏盡智通治中際愚。」〔註120〕但這樣解釋三明,就容易與六通相混淆,所以

─────────────

〔註118〕金澤文庫本劉注作「法汰以十五年卒」,然王利器《世說新語校勘記》以爲當從《高僧傳》作十二年卒。今從之。

〔註119〕親光菩薩等造,玄奘譯:《佛地經論》,《大正藏》第26卷,第299頁上第27行至中第2行。

〔註120〕尊者世親造,玄奘譯:《阿毗達磨俱舍論》,《大正藏》第29卷,第143頁中

產生如何區別三明、六通這樣的問題。《大智度論》卷二云:「宿命、天眼、漏盡,名爲三明。問曰:『神通、明有何等異?』答曰:『直知過去宿命事,是名通。知過去因緣行業,是名明。直知死此生彼,是名通。知行因緣,際會不失。是名明。直盡結使,不知更生不生,是名通。若知漏盡,更不復生,是名明。是三明大阿羅漢、大辟支佛所得。』問曰:『若爾者與佛有何等異?』答曰:『彼雖得三明明,不滿足。佛悉滿足。是爲異。』」〔註 121〕《瑜伽師地論》卷六九云:六通中「前三通是通非明,後三通亦通亦明,以能對治三世愚故。〔註 122〕《阿毗達磨大毗婆沙論》卷一百二云:「問:『何故六通中三立爲明,三不立爲明耶?』答:『神境智證通,如工巧處轉。天耳智證通,唯能取聲。他心智證通,唯取自相。無勝用,故不立爲明。後之三通,皆有勝用,故立爲明。勝用者,謂皆能隨順厭舍生死,皆能引發殊勝功德,皆能趣向畢竟涅盤。』」〔註 123〕「六通」有通且明,也有通而不明。從竺法汰曾經向道安請教過「六通」來看,上述竺法汰對「三明」的解釋,很可能源自道安。道安時代,中國僧人對印度的宗教哲學背景不很清楚,所以出現上述錯誤解釋。竺法汰曾特意向道安請教過三乘,即聲聞乘、緣覺乘、菩薩乘,其背景也是當時的僧人搞不清三乘的區別。〔註 124〕

北來道人

《世說新語》中載北來道人事跡,《文學》1 條,載其辯佛理屈於名僧之事。

> 有北來道人好才理,與林公相遇於瓦官寺,講《小品》。於時竺法深、孫興公悉共聽。此道人語,屢設疑難,林公辯答清晰,辭氣俱爽。此道人每輒摧屈。孫問深公:「上人當是逆風家,向來何以都不言?」深公笑而不答。林公曰:「白旃檀非不馥,焉能逆風?」深公得此義,

第 23~28 行。

〔註 121〕龍樹菩薩造,鳩摩羅什譯:《大智度初品總說如是我聞釋論》,《大正藏》第 25 卷,第 71 頁下第 14~2 行。

〔註 122〕彌勒菩薩說,玄奘譯:《瑜伽師地論》,《大正藏》第 30 卷,第 681 頁下末行至第 682 頁上第 2 行。

〔註 123〕五百大阿羅漢等造,玄奘譯:《阿毗達磨大毗婆沙論》,《大正藏》第 27 卷,第 530 頁上第 18~23 行。

〔註 124〕參考方廣錩《道安評傳》(北京:崑崙出版社,2004 年,第 129~130 頁)和丁福寶編《佛學大辭典》(上海:上海佛學書局,1999 年,第 308~309 頁)。

夷然不屑。(《文學》)

按：事在興寧二年（364）。考見上節。此「北來道人」，事跡不可考。

法虔

《世說新語》載法虔事跡，《傷逝》1 條，乃其逝世而為僧人所深深傷悼之事。

> 支道林喪法虔之後，精神實喪，風味轉墜。常謂人曰：「昔匠石廢斤於郢人，推己外求，良不虛也！冥契既逝，發言莫賞，中心蘊結，余其亡矣！」卻後一年，支遂殞。(《傷逝》)

按：事在興寧三年（365）。此僧乃支遁同門師兄唯一具名者。劉注引《支遁傳》曰：「法虔，道林同學也。俊朗有理義，遁甚重之。」

釋道安

《世說新語》載釋道安事跡，《雅量》1 條，乃其答覆名士奉養之事。

> 郗嘉賓欽崇釋道安德問，餉米千斛，修書累紙，意寄殷勤。道安答直云：「損米愈覺有待之為煩。」(《雅量》)

按：此事當在興寧二年（364）或稍後。據湯用彤先生《漢魏兩晉南北朝佛教史》詳考，釋道安在襄陽自興寧二年（364）至太元四年（379）。〔註125〕據《資治通鑑》卷一〇四，郗超卒於太元二年（377）十二月，則郗超與釋道安往來之事在興寧二年至太元二年之間。然而以釋道安之名望與郗超奉佛之虔誠，郗超奉米道安之事最可能發生在道安初下襄陽之際，即興寧二年或稍後。

《出三藏記集》亦載此事，略異。其文曰：「高平郗超遣使餉米千石斛，修書累紙，深致殷勤。安答書云：『損米愈覺有待之為煩。』」《高僧傳》文同《出三藏記集》，唯「千石」作「千斛」。

釋道安事跡，劉注、《出三藏記集》和《高僧傳》皆載。茲引劉注，其中涉及《世說新語》中僧人佛圖澄和支遁，支遁在釋道安傳記中似僅見於此。劉注引《安和上傳》曰：「釋道安者，常山薄柳人，本姓衛。年十二，作沙門。神性聰敏而貌至陋，佛圖澄甚重之。值石氏亂，於陸渾山木食修學。為慕容俊所逼，乃住襄陽。以佛法東流，經籍錯謬，更為條章，標序篇目，為之注解。自支道林等，皆宗其理。無疾卒。」

〔註125〕湯用彤：《漢魏兩晉南北朝佛教史》，第 177 頁。

濟尼

《世說新語》載濟尼品鑒人物一事，見《賢媛》。

> 謝遏絕重其姊，張玄常稱其妹，欲以敵之。有濟尼者，並遊張、謝
> 二家。人問其優劣？答曰：「王夫人神情散朗，故有林下風氣。顧家
> 婦清心玉映，自是閨房之秀。」（《賢媛》）

按：事在晉太元十二年（387）前後。謝遏，即謝玄。此當爲二玄同郡之時，
其時張玄之名亞於謝玄，故心中常「欲以敵之」。《姑蘇志》卷四六曰：「張玄
之，字祖希，澄之孫也。少聰慧，與顧敷俱顧和中外孫。和常謂敷勝至，玄
之頗不厭。⋯⋯孝武時，封晉陵侯，歷吏部尚書，出爲冠軍將軍、吳興太守，
與會稽內史謝玄同時之郡，論者以爲南北之望，玄之名亞於玄，時亦稱南北
二玄，卒於郡。」可見張玄之自小不服名亞於人，且卒於郡。《晉書》卷七九
《謝玄傳》載：「時吳興太守晉寧侯張玄之亦以才學顯，自吏部尚書與玄同年
之郡，而玄之名亞於玄⋯⋯玄既興疾之郡，（太元）十三年（388），卒於官。
時年四十六。」據《晉書》，謝玄在之會稽郡之前已病多時，故而其上任或不
久就去世，故繫於十二年。

濟尼，他處不見載，其事不可考。此濟尼深得晉人措辭之妙。余《疏》
案：「不言其優劣，而高下自見，此晉人措詞妙處。」〔註126〕則當時一名尼無
疑！

此條亦頗令人玩味。此中爲濟尼所評論的一是謝玄之姊，又稱王夫人；
一是張玄之妹，又稱顧家婦。換言之，一是僑姓士族陳郡謝氏和琅琊王氏，
一是吳姓士族張氏和顧氏。又「林下風氣」是玄佛文化的體現，是時代新尙，
而「閨房之秀」乃體現儒家傳統。濟尼之言，實言「林下風氣」優於「閨房
之秀」，換言之，新潮勝傳統，僑姓勝吳姓。而此濟尼，其行足在僑姓與吳姓、
新潮與傳統之間，其評判可見其對玄佛的認可，亦可見當時玄佛文化的主流
地位。

道壹道人

《世說新語》載竺道壹，唯《言語》1條，乃其吟詠風景之事。

> 道壹道人好整飾音辭，從都下還東山，經吳中。已而會雪下，未甚
> 寒。諸道人問在道所經。壹公曰：「風霜固所不論，乃先集其慘澹。

〔註126〕余《疏》，第823頁。

郊邑正自飄瞥，林岫便已皓然。」（《言語》）

按：此事大約在晉太元十二年（387）冬。此年竺道壹師竺法汰逝世，竺道壹離開京師返東經過吳中。《高僧傳》卷五《竺道壹傳》曰：「竺道壹姓陸，吳人也。少出家，貞正有學業。琅玡王珣兄弟深加敬事。晉太和中，出都，止瓦官寺。從汰公受學。數年之中，思徹淵深，講傾都邑，爲時論所宗，晉簡文皇帝深所知重。及帝崩，汰死，壹乃還東，止虎邱山。郡守琅玡王薈於邑西起嘉祥寺，請居僧首。後暫往吳之虎丘山。」

《高僧傳》曰：「（竺道壹）以晉隆安（397～401）中遇疾而卒，春秋七十有一矣。」則竺道壹生於咸和四年（329），晉太元十二年（387）時五十九歲，年近花甲。一花甲之人寒冬之際如此詩興盎然，可見晉人風流！

劉注引《名德沙門題目》曰：「道壹文鋒富贍，孫綽爲之贊曰：『馳騁遊說，言固不虛。唯茲壹公，綽然有餘。譬若春圃，載芬載敷。條柯猗蔚，枝幹扶疏。』」

這是《世說新語》中關於都城建康與會稽東山之間的僧人形跡的最後的記錄。

豫章小沙彌

豫章小沙彌同寺眾僧

《世說新語》載豫章小沙彌同寺眾僧事一，共在《言語》，因面臨請佛新境況而有不同反應。

范甯作豫章，八日請佛有板。眾僧疑，或欲作答。有小沙彌在坐末
曰：「世尊默然，則爲許可。」眾從其義。（《言語》）

按：此事太元十三年至十七年正月，即范甯爲豫章太守時。〔註127〕

〔註127〕范甯始爲豫章太守在太元十三年。《晉書》卷 91《范宣傳》：「太元中，順陽范甯爲豫章太守。」《宋書》卷 93《周續之傳》載：「豫章太守范甯於郡立學，招集生徒，遠方至者甚眾。續之年十二，詣甯受業。居學數年，通五經五緯，號曰十經名冠。……景平元年（423）卒，時年四十七。」則周續之年十二歲在太元十三年（388）。范甯爲豫章太守在其時，且有「數年」。范甯上任豫章太守一段時間後遭彈劾，其子范泰其時正爲天門太守。《晉書》卷 75《范甯傳》載江州刺史王凝之上疏宜治罪范甯，而「（甯）子泰時爲天門太守，棄官稱訴。帝以甯所務惟學，事久不判。會赦，免。」范泰爲天門太守在太元十四至十七年（389～392）。范泰爲天門太守的時間與王忱爲荊州刺史的時間相當。《宋書》卷 60《范泰傳》：「荊州刺史王忱，泰外弟也，請爲天門太守……會忱病卒，召泰爲驃騎咨議參軍。」據《晉書》卷 9《孝武帝紀》載隆安十四（389）年六月「荊

佛經「世尊默然」多爲許可。〔註128〕《長阿含經》卷二載諸清信士聞佛說法，請求皈依，「爾時，世尊默然許可」。同書卷十五載婆羅門究羅檀頭請求皈依三寶，「世尊默然受之」。《中阿含經》卷四一：「梵志梵摩知世尊默然受已，稽首佛足，繞三匝而去。」《雜阿含經》長身婆羅門（卷四）、沙門瞿曇（卷五）、孤獨長者（卷一七）請求皈依並施捨，「世尊默然而許」。中土僧人亦有以「默然」爲許可。《高僧傳》卷四《竺法乘傳》載竺法乘「依竺法護爲沙彌。……護既道被關中，且資財殷富。時長安有甲族，欲奉大法，試護道德，僞往告急求錢二十萬。護未答。乘年十三，侍在師側。即語曰：『和上意已相許矣。』客退後，乘曰：『觀此人神色，非實求錢。將以觀和上道德何如耳。』護曰：『吾亦以爲然。』明日，此客率其一宗百餘口，詣護，請受戒具，謝求錢之意。於是師資名布遐邇。」又卷十一《杯度傳》云：「時湖溝有朱文殊者，謂度曰：『弟子脫捨身沒苦，願見救度。脫在好處，願爲法侶。』度不答。文殊喜曰：『佛法默然，已爲許矣。』」

此小沙彌同竺法乘一樣，「未詳何人，幼而神悟超絕，懸鑒過人」。

此「衆僧」記作是《世說新語》中第一次出現的僧團形象。是作爲「小沙彌」的背景以及對比形象而出現的。作爲對比，襯托了小沙彌的機智。作爲背景，則反映了佛教中國化過程中的一種更具有普遍意義的現象。「請佛」是佛教行爲，而「有板」則是中國傳統。〔註129〕這種士大夫的中國式禮佛行

州刺史桓石虔卒」，隆安十七年「荊州刺史王忱卒」。則王忱任荊州刺史的時間爲太元十四至十七年（389～392）。隆安十四至十七年，據《孝武帝紀》，唯「十七年春正月己巳朔，大赦。」因此范甯遇赦免官的時間在太元十七年正月。綜上所述，范甯上任豫章太守的時間大約在太元十三年至十七年正月。

〔註128〕佛經中「默然」也有表示不許可的。西晉沙門法炬譯《法海經》：「聞如是。一時佛遊瞻波國咘利池上，與大比丘衆俱。月十五日，時應說戒。佛坐集已久，而如來默然，不說戒。侍者阿難，更整衣服，跪而白佛：『初夜向竟，中夜將至，大衆集久。世尊將無疲倦，願以時說戒。』佛猶默然。衆坐既久，時有比丘，名曰阿若都盧，更整衣服，長跪白佛：『初夜中夜已過，雞將向鳴。世尊得無疲倦，衆僧集久，願佛說戒。』世尊復默然。又復白言：『明星已出，時將過矣。』佛言：『比丘，且聽衆僧之中有不淨者，故吾不得說戒耳。』」（《大正藏》第 1 卷，第 818 頁上篇首第 1～10 行。）

〔註129〕余《疏》：「八日，蓋四月八日也。《歲華紀麗》二引《荊楚歲時記》云：『荊楚以四月八日，諸寺各設會，香湯浴佛，共作龍華會，以爲彌勒下生之徵也。』又云：『荊楚人相承此日迎八字之佛於金城。設榻幢，歌鼓，以爲法華會。』《玉燭寶典》四云：『後人每二月八日巡城圍繞，四月八日行像供養。』王國維《簡牘檢署考》云：『至漢中葉，而簡策之用尚盛。至言事通問之文，則全

爲乃佛經中所沒有的，故而眾僧「疑」。這是一種在歷史中頗爲普遍的現象。
〔註130〕

遠公

遠公廬山弟子

遠公，即釋慧遠，《世說新語》不稱其名。《世說新語》中遠公事跡見載《文學》和《規箴》各一，一爲應答名士之事，一爲規箴弟子之事。

遠公廬山弟子，爲遠公所規箴之事，共在《文學》。

> 殷荊州曾問遠公：「《易》以何爲體？」答曰：「《易》以感爲體。」殷
> 曰：「銅山西崩，靈鐘東應，便是《易》耶？」遠公笑而不答。（《文學》）

按：此事當在太元十七年（392）末。殷、遠論《易》事，又見《高僧傳》卷六《釋慧遠傳》：「段仲堪之荊州，過山展敬，與遠共臨北澗論《易》體，移景不倦。」據《晉書》卷九《孝武帝紀》及卷八四《殷仲堪傳》，太元十七年十一月，殷仲堪自黃門郎擢升爲荊州刺史。於是，殷仲堪自建康往江陵，途徑廬山，拜訪慧遠。

遠公以感應說闡釋《易》理，實質是以佛入玄。晉太元十六年（391）釋慧遠作《阿毗曇心序》，曰：「發中之道，要有三焉。一謂顯法相以明本，二謂定己性於自然，三謂心法之生必俱遊而同感。俱遊必同於感，則照數會之相因。己性定於自然，則達至當之有極；法相顯於眞境，則知迷情之可反；心本明於三觀，則覩玄路之可遊。然後練神達思，水鏡六府，洗心淨慧，擬跡聖門，尋相因之數，即有以悟無。推至當之極，動而入微矣。」

此事《出三藏記集》和《高僧傳》皆不載。

> 遠公在廬山中，雖老，講論不輟。弟子中或有墮者，遠公曰：「桑榆
> 之光，理無遠照；但願朝陽之暉，與時並明耳。」執經登坐，諷誦

用版奏。雖蔡倫造紙後猶然。晉人承制拜官，則曰版授，抗章言事，則曰露版。』嘉錫案：『請佛而用板者，蓋亦露版之類。所以表至敬，猶之禮佛之文，亦稱爲疏也。』」（余《疏》，第177～178頁。）

〔註130〕按：聯想起錢媛的一個故事。楊絳先生《我們仨》中回憶錢媛：「在大會上發言，敢說自己的話。她剛做助教，因參與編《英漢小詞典》（商務出版），當了小鬼，到外地開一個極左的全國性語言學大會。有人提出凡『女』字旁的字都不能用，大群左派都相應贊成。錢媛是最小的小鬼，她說：『那麼，毛主席詞「寂寞嫦娥舒廣袖」怎麼說呢？』」（北京：三聯書店，2003年，第162～163頁。）

朗暢，詞色甚苦。高足之徒，皆肅然增敬。(《規箴》)

按：此在廬山東林寺。則在太元十一年（386）後。〔註131〕又此言「老」，而慧遠春秋八十有餘，大概在慧遠花甲之年（太元十八年，393）之後。慧遠義熙十二年（416）或十三年（417）逝世。

慧遠與其廬山弟子，是《世說新語》中出現的第二個僧團，是寺廟生活的第二張集體照。與《言語》所載豫章小沙彌和其同寺眾僧之事不同的是，這裏沒有儒士，主角與配角也不是同學關係，而是師生關係。但是，這則生活細節的描繪還是蔓延著中國儒風：嚴師出高徒。孔子當日對弟子也曾這般語重心長！慧遠的作風，近承其師釋道安。〔註132〕亦可見慧遠正如道安所言：「如公者，無復相憂。」《弘明集》卷一二載桓玄《與僚屬沙汰僧眾教》曰：「唯廬山道德所居，不在搜簡之例。」〔註133〕觀此，慧遠嚴訓之功效亦可見矣！

僧伽提婆

法岡道人

《世說新語》中僧伽提婆和法岡道人的事跡見載共1條，在《文學》，乃其與名士談佛理之事。

> 提婆初至，為東亭第講《阿毗曇》。始發講，坐裁半，僧彌便云：「都已曉。」即於坐分數四有意道人，更就餘屋自講。提婆講竟，東亭問法岡道人曰：「弟子都未解，阿彌那得已解？所得云何？」曰：「大略全是，故當小未精覈耳。」(《文學》)

〔註131〕湯用彤《魏晉南北朝佛教史》第十一章《釋慧遠》之《慧遠止於廬山》云：「桓伊於太元九年為江州刺史，曾移鎮潯陽，約至十七年（392）卒（參看《晉書》本傳，《晉略方鎮表》）。陳舜俞引《十八高賢傳》，謂寺成於太元十一年（386），或實錄也。東林寺建立之時，慧遠約五十三、四歲。」又慧遠卒年見同章之《慧遠年曆》。（第306、304頁。）

〔註132〕《高僧傳》卷5《釋法遇傳》：「釋法遇，……事安為師。……後襄陽被寇，遇乃避地東下，止江陵長沙寺，講說眾經。受業者四百餘人。時一僧飲酒，廢夕燒香。遇止罰而不遣。安公遙聞之，以竹筒盛一荊子，手自緘封，題以寄遇。遇開封見杖，即曰：『此由飲酒僧也。我訓領不勤，遠貽憂賜。』即命維那，鳴槌集眾，以杖筒置香橙上。行香畢，遇乃起出眾前，向筒致敬。於是伏地，命維那行杖三下。內杖筒中，垂淚自責。時境內道俗，莫不歡息，因之勵業者甚眾。既而與慧遠書曰：『吾人微闇短，不能率眾。和上雖隔在異域，猶遠垂憂念。吾罪深矣。』」

〔註133〕（晉）桓玄：《與僚屬沙汰僧眾教》，《弘明集》卷12第31頁b至第32頁a。《四部叢刊》本。

按：據劉注和《高僧傳》，事在隆安元年（397），京師建康，王珣精舍。劉注引《出經敘》曰：「提婆以隆安初遊京師，東亭侯王珣迎至舍講《阿毗曇》。提婆宗致既明，振發義奧，王僧彌一聽便自講，其明義易啓人心如此。未詳年卒。」《高僧傳》卷一《僧伽提婆傳》曰：「隆安元年來遊京師，時衛軍東亭侯王珣建立精舍，……仍於其舍講《阿毗曇》。」余《疏》案：「此所云東亭第，當在建康，非虎邱之宅也。《景定建康志》四十二第宅類無王珣宅，疑當仍在烏衣巷耳。」〔註 134〕

此事僧傳亦載。《出三藏記集》和《高僧傳》在事件末尾點上「其敷演之明易啓人心如此」十一字，將《世說新語》中所展現的王瑉的聰慧這一主題加以消解，轉而成讚頌僧伽提婆乃弘法高僧。

劉注引《出經敘》曰：「僧伽提婆，罽賓人，姓瞿曇氏。俊朗有深鑒，符堅至長安，出諸經。後渡江，遠法師請譯《阿毗曇》。」則《阿毗曇》實乃罽賓高僧僧伽提婆於廬山所譯《阿毗曇心論》，《出三藏記集》載慧遠所作之序。僧伽提婆，《出三藏記集》和《高僧傳》皆有傳。

法岡道人，於此知其與王珣交遊。劉注曰：「法岡，未詳氏族。」《高僧傳》做法綱。另晉宋時有竺法綱，不知是否即《世說新語》之爲法岡，或《高僧傳》之法綱。《出三藏記集》卷十二曰：「竺法綱、釋慧林問往反十一首。」又《廣弘明集》卷二三載釋慧琳《武岡法綱法師誄並序》，其序云「元嘉十一年冬十一月辛未法綱法師卒」，其文云：「少游京華，長棲幽麓。」〔註 135〕又卷一八載謝靈運《與諸道人辯宗論》載竺法綱問。〔註 136〕

道曜（存疑）

《世說新語》中道曜，疑爲僧人，事跡見載《排調》，僅 1 條，乃其與名士談玄之事。

> 桓南郡與道曜講《老子》，王侍中爲主簿在坐。桓曰：「王主簿，可顧名思義。」王未答，且大笑。桓曰：「王思道能作大家兒笑。」（《排調》）

〔註 134〕余《疏》，第 287 頁。

〔註 135〕釋慧琳：《武岡法綱法師誄並序》，《廣弘明集》卷 23 第 7 頁 b。《四部叢刊》本。

〔註 136〕（南朝宋）謝靈運：《與諸道人辯宗論》，《廣弘明集》卷 18 第 a、b。《四部叢刊》本。

按：道曜，未詳。因未見冠以俗家姓氏，疑其為釋氏子弟。此事大約在桓玄稱侍中直至逝世這段時間之內，即自元興元年三月至三年二月，即元興二年（403）前後。〔註137〕

太元十二年（387）竺法汰圓寂後，其弟子道壹從都城建康下東山，此後《世說新語》不再記錄建康城中東山僧人的活動。五年後，太元十七年（392），名士殷仲堪從建康往荊州赴任，特地上廬山問《易》，答者是遠公。又五年後，隆安元年（397），提婆唱響《毗曇》在建康，而其自遠公處來，自廬山來！那條自東山往建康的小徑逐漸悄然少僧足，這邊由廬山通建康的大道已經盎然多佛影。在四世紀最後的一個十年，「王與馬，共天下」的衰微，已如多之代秋，不能逆轉，而佛學卻在更換新鮮的血液，迎來新的春天。故而，琅琊王氏後裔和僧人在桓玄處；故而，劉裕將禮敬廬山；故而，竺道生將在建康至廬山之間。〔註138〕

支遁弟子

三乘佛家滯義，支道林分判，使三乘炳然。諸人在下坐聽，皆云可通。支下坐，自共說，正當得兩，入三便亂。今義弟子雖傳，猶不盡得。（《文學》）

按：此中「弟子」當包括支遁出家弟子。支遁弟子聽其辨三乘的具體時間、地點難考。支遁弟子在何時何地傳授其三乘之義亦不知。

弟子「不盡得」支遁三乘之義，則或者支遁本身未通，或者弟子不如師。若支遁弟子有超拔其師者，支遁的生命價值亦更重大。

〔註137〕桓玄卒於元興三年（404）二月。《晉書》卷 80《王楨之傳》云：「楨之字公幹，歷位侍中、大司馬長史。」據《晉書》卷 99《桓玄傳》，元興元年（402）三月桓玄自為侍中、丞相、錄尚書事，俄又自稱太尉、揚州牧、總百揆。據《晉書》本紀，恭帝司馬德文義熙元年（405）為大司馬。王楨之為桓玄主簿在其為侍中之前，而其為侍中當在桓玄自稱太尉之後，桓玄卒後為大司馬司馬德文長史。因此，此事大約在桓玄稱侍中直至逝世這段時間之內，即自元興元年三月至三年二月，即元興二年（403）前後。

〔註138〕按：釋慧遠和竺道生受劉宋皇帝禮敬之事見《高僧傳》。

第三章 《世說新語》所載名士近佛事跡考

　　《世說新語》載名士近佛事跡，所涉篇目17，條目73，分別是《德行》1條、《言語》6條、《政事》2條、《文學》22條、《雅量》2條、《識鑒》2條、《賞譽》9條、《品藻》8條、《尤悔》1條、《容止》3條、《傷逝》1條、《賢媛》1條、《術解》1條、《巧藝》2條、《簡傲》1條、《排調》7條、《輕詆》4條。另《文學》、《方正》各存疑1條。

　　《世說新語》載其事跡與佛教相關之名士，可知名姓者凡50人。琅琊王氏王導，導子洽、侄子羲之和胡之，洽子珉、珣，羲之子徽之和獻之，徽之子楨之（存疑），凡四代，共9人，16條，存疑1條。太原王氏王述及其子坦之和禕之，述從子王濛，濛子修，濛孫恭，凡四代，共6人，22條。陳郡謝氏謝安、謝萬兄弟及其子侄玄、朗、道韞，凡兩代，5人，15條。譙國桓氏桓彝、彝子溫（疑是）、溫子玄（疑是），凡三代，3人，3條，存疑1條。皇室司馬家族元帝及子明帝和簡文父子兩代，凡3人，5條。高平郗氏郗愔、郗超父子兩代，2人，3條。穎川庾氏庾亮、庾和父子兩代，2人，4條。陳郡長平殷氏殷融、殷浩及侄子殷仲堪，三代，3人，9條。盧江何氏何充、何準兄弟，2人，3條。太原中都孫氏孫盛、孫綽堂兄弟，2人，8條。吳郡顧氏顧和及孫顧敷，2人，1條。顧和外孫張玄之及玄之妹（顧家婦），2人，2條。上12家族，凡40人，共計51條，另存疑1條。餘者凡10人，21條。其中沛國劉惔，凡6條（包括被支遁評論的1條）；高陽新城許詢，凡4條（包括孫綽答支遁問的1條）；陳留尉氏阮裕，凡2條；譙國戴逵，凡3條；河南陽翟褚裒，凡1條；陳留考陳蔡系，凡1條；南鄉舞陽范甯，凡1條；濟陰冤

句卞壺，凡 1 條；譙國銍人桓伊，1 條；潁川韓伯，1 條。

　　本章考證名士與佛教相關之事跡，其中事件的年代可以推測得比較具體的，以東晉的政治時勢與文化中心區域的變化爲線索，分爲三個大的階段，列於前；其中事件的年代難以推測得比較具體的，列於後，以俟通博。本章與前一章不同者，對《世說新語》之外所涉名士近佛事跡亦有所考證。

一、東晉穆帝永和七年前的名士近佛事跡考

　　東晉立國，建都建康，永和七年之前，清流名士和名僧聚集的地方多在建康，或以建康爲中心，來往於建康與東山、建康與武昌之間。

（一）元帝、明帝、王導及卞壺、周顗、桓彝

　　「王與馬，共天下」，東晉皇室與王氏皆近佛，東晉伊始，佛教顯示出良好的發展趨勢。

　　元皇帝，諱睿，字景文，宣帝曾孫，琅邪恭王覲之子也。咸寧二年生於洛陽。年十五，嗣位琅邪王。永嘉初，用王導計，始鎮建鄴。建武元年三月立宗廟社稷於建康。永昌元年（325）十一月閏月，崩，時年四十七，廟號中宗。帝性簡儉沖素，容納直言，虛己待物。初鎮江東，頗以酒廢事，王導深以爲言，帝命酌，引觴覆之，於此遂絕。有司嘗奏太極殿廣室施絳帳，帝曰：「漢文集上書皂囊爲帷。」遂令多施青布，夏施青練帷帳。恭儉之德雖充，雄武之量不足。〔註1〕

　　明皇帝，諱紹，字道畿，元皇帝長子也。元帝爲晉王，立爲晉王太子。及帝即尊號，立爲皇太子。元帝崩，即皇帝位。太寧三年（325）八月，崩，年二十七，廟號肅祖。帝幼而聰哲，爲元帝所寵異。年數歲，嘗坐置膝前，屬長安使來，因問帝曰：「汝謂日與長安孰遠？」對曰：「長安近。不聞人從日邊來，居然可知也。」元帝異之。明日，宴群僚，又問之。對曰：「日近。」元帝失色，曰：「何乃異間者之言乎？」對曰：「舉目則見日，不見長安。」由是益奇之。性至孝，有文武才略，欽賢愛客，雅好文辭。嘗論聖人眞假之意，導等不能屈。又習武藝，善撫將士。於時東朝濟濟，遠近屬心焉。

〔註 1〕 本章名士小傳著重介紹其人姓名、家族、爵里、年歲及其名士風流（才藝、情性等），主要文獻來源是《世說新語》及劉注、《晉書》、《建康實錄》、《資治通鑑》等，其中名士生卒年史書未載者，若非本論文自考，多參考曹道衡、沈玉成《中古文學史料從考》（北京：中華書局，2003 年）。文中不一一出注。

王導字茂弘，琅琊人。祖覽，以德行稱。父裁，侍御史。導少知名，家世貧約，恬暢樂道，未嘗以風塵經懷。導與元帝有布衣之交，知中國將亂，勸帝渡江，求為安東司馬，政皆決之，號仲父。晉中興之功，導實居其首。導阿衡三世，經綸夷險，政務寬恕，事從簡易，故垂遺愛之譽也。咸康五年（339）七月薨。年六十四。王導尚清言。《企羨》載：「王丞相過江，自說昔在洛水邊，數與裴成公、阮千里諸賢共談道。羊曼曰：『人久以此許卿，何須復爾？』王曰：『亦不言我須此，但欲爾時不可得耳！』」《文學》載：「舊云：『王丞相過江左，止道聲無哀樂、養生、言（不）〔註2〕盡意，三理而已。』」其座上賓有何充（《賞譽》）、殷浩（《文學》）、竺道潛（《方正》）、高坐道人（《簡傲》）、康僧淵（《排調》）等，還有桓溫、王述、王濛、謝尚（並見《文學》）等。《世說新語》中載元明二帝、王導與佛教相關的事跡有：

> 後來年少，多有道深公者。深公謂曰：「黃吻年少，勿為評論宿士。昔嘗與元明二帝、王庾二公周旋。」（《方正》）

> 王丞相拜揚州，賓客數百人並加沾接，人人有說色。唯有臨海一客姓任及數胡人為未洽，公因便還到過任邊云：「君出，臨海便無復人。」任大喜說。因過胡人前彈指云：「蘭闍，蘭闍。」群胡同笑，四坐並歡。（《政事》）

> 高坐道人於丞相坐，恒偃臥其側。見卞令，肅然改容，云：「彼是禮法人。」（《簡傲》）

> 康僧淵目深而鼻高，王丞相每調之。僧淵曰：「鼻者面之山，目者面之淵。山不高則不靈，淵不深則不清。」（《排調》）

元、明二帝近佛事跡，不唯《世說新語》所載之禮敬高僧，還興建佛寺、手繪佛像，於佛教甚為扶持。《法苑珠林》卷三九載：「白馬寺，在建康中黃里。太興二年，晉中宗元皇帝起造。」又卷一百載：「晉中宗元帝江左造瓦官、龍宮二寺，度丹陽千僧。晉肅宗明帝造皇興、道場二寺，集義學百僧。」〔註3〕《辨正論》卷三同。《晉書》卷七七《蔡謨傳》載：「樂賢堂有先帝手畫佛像，

〔註2〕 《世說新語》作《言盡意論》。汪藻《考異》作言不盡意。然宋王應麟《玉海》卷36《藝文・易下》之《晉易象論》載：「嵇康作《言不盡意論》。殷融作《象不盡意論》。」可參看湯一介《讀〈世說新語〉札記》，《中國傳統文化中的儒道釋》，北京：中國和平出版社，1988年，第193～195頁。

〔註3〕 （唐）釋道世著，周叔迦、蘇晉仁校注：《法苑珠林校注》，第1245、2889頁。

經歷寇難，而此堂猶存。」《佛祖統紀》卷三六載：「太寧元年，帝手御丹青，圖釋迦佛於大內樂賢堂。又往興皇寺，集義學沙門百員，講論佛道。」〔註4〕《世說新語》所載另一皇室近佛者司馬昱乃元帝少子，明帝幼弟。

王導交遊的僧人，於此可知有胡僧、高坐道人、康僧淵、竺道潛。王導與僧人之交，顯示其為相輔國之偉略與才幹，也顯示王氏與僧人在政治上的相互需要。《世說新語》未載王導與僧人言佛理。王導近佛事跡，《高僧傳》亦載。《高僧傳》載高坐、僧淵、道潛之事，還載王導與竺法義交遊（見卷四本傳），又有釋道寶，導弟，「弱年信悟」（見卷四本傳）。《法苑珠林》卷三八引《會稽記》云：「東晉丞相王導云：『初過江時，有道人神採不凡，言從海來相造。昔與育王共遊鄮縣，下真舍利起塔鎮之。育王與諸真人捧塔飛行，虛空入海。諸弟子攀引，一時俱墮，化為烏石。石猶人形，其塔在鐵圍山也。』」又見於釋道宣《集神州三寶感通錄》卷上。另《世說新語》所載近佛名士王洽、王瑉、王珣乃其嫡系子孫，同族有從子王胡之、王羲之及其子徽之、獻之及徽之子楨之（疑是）。

當時在建康的名士，以王導為中心，亦多近佛者，如卞壼、周顗和桓彝。

卞壼，字望之，濟陰冤句人也。祖統，琅琊內史。父粹，太常卿，以清辯鑒察稱。兄弟六人並登宰府，世稱「卞氏六龍，玄仁無雙」。玄仁，粹其字也，累遷御史中丞，權門屏跡，轉領軍、尚書令，與王導等俱受顧命輔幼主。蘇峻作亂，率眾距戰，父子三人俱死王難，年四十八。壼正色立朝，百僚嚴憚，貴游子弟，莫不祇肅。成帝即位，群臣進璽，司徒王導稱疾不朝，壼正色於朝曰：「王公豈社稷之臣邪？大行在殯，嗣皇未立，寧是人臣稱疾之時？」導聞之，乃興疾而至。其近佛事跡明載者唯《簡傲》所載其與高坐道人交遊之事。

周顗，字伯仁，安東將軍濬之子也。少有重名，神彩秀徹。雖時輩親狎，莫能媟也。儀容弘偉，善於俛仰應答，精神足以蔭映數人。周伯仁風德雅重，深達危亂。過江積年，恒大飲酒，嘗經三日不醒，時人謂之「三日僕射」。永昌元年（322）四月，殉難，年五十四。

桓彝，字茂倫，譙國龍亢人，漢五更桓榮十世孫也。父穎，有高名。彝少孤，識鑒明朗，避亂渡江，累遷散騎常侍。咸和三年（328）六月，殉難，年五十三。

〔註4〕 （宋）釋志磐：《佛祖統紀》，《大正藏》第49卷，第339頁中。

　　《世說新語》記載了他們與高坐道人交往的事跡。事在東晉永昌元年（322）三月前。「卓朗」者，名士之中未有，而爲其所賞譽。

　　　　時人欲題目高坐而未能。桓廷尉以問周侯，周侯曰：「可謂卓朗。」
　　　　桓公曰：「精神淵箸。」（《識鑒》）

周顗近佛事跡似僅此一件。其所交遊僧人，當還有康僧淵、胡僧、竺道潛等王導所交遊之僧人。《晉陽秋》載：顗弟嵩「事佛，臨刑猶誦經。」則嵩崇佛甚篤。未知顗是否類其弟。

　　桓彝近佛事跡，《世說新語》載其與高坐、竺道潛交遊之事，《高僧傳》亦載。然所交遊之僧人應還有康僧淵、胡僧等。《世說新語》中近佛名士桓玄乃其嫡孫。另《世說新語》載桓彝及其先父與竺道潛深交，疑誤，或爲桓彝之子桓溫，在咸康五年至建元二年（339～344）間。《世說新語》載桓彝嫡孫玄近佛事跡（疑是）。

　　　　桓常侍聞人道深公者，輒曰：「此公既有宿名，加先達知稱，又與先
　　　　人至交，不宜說之。」（《德行》）

（二）庾亮

　　庾亮，字符規，潁川鄢陵人，明穆皇后長兄也。侍從父琛，避地會稽。累遷征西大將軍、荊州刺史。咸康六年（340）正月薨。年五十二。亮美姿容，善談論，性好《老》、《莊》，風格峻整，動由禮節，閨門之內不肅而成，時人或以爲夏侯太初、陳長文之倫也。《容止》曰：「庾太尉在武昌，秋夜氣佳景清，使吏殷浩、王胡之之徒登南樓理詠。音調始遒，聞函道中有屐聲甚厲，定是庾公。俄而率左右十許人步來，諸賢欲起避之。公徐云：『諸君少住，老子於此處興復不淺！』因便據胡床，與諸人詠謔，竟坐甚得任樂。後王逸少下，與丞相言及此事。丞相曰：『元規爾時風範，不得不小頹。』右軍答曰：『唯丘壑獨存。』」孫綽《庾亮碑文》曰：「公雅好所託，常在塵垢之外。雖柔心應世，蠖屈其跡，而方寸湛然，固以玄對山水。」

　　《世說新語》載庾亮近佛事跡有：

　　　　後來年少，多有道深公者。深公謂曰：「黃吻年少，勿爲評論宿士。
　　　　昔嘗與元明二帝、王庾二公周旋。」（《方正》）

　　　　庾公嘗入佛圖，見臥佛，曰：「此子疲於津梁。」於時以爲名言。（《言
　　　　語》）

庾法暢造庾太尉，握塵尾至佳，公曰：「此至佳，那得在？」法暢曰：
「廉者不求，貪者不與，故得在耳。」（《言語》）

庾亮所交遊的僧人，《世說新語》所明載的有康僧淵、康法暢、竺道潛，另還當有與僧淵、法暢一同過江的支敏度、王導所交遊的胡僧、高坐。庾亮與高僧交遊，同王導等名士一樣，並非深入佛法，且面對佛祖涅槃像時所言只是傳達出一種玩賞心態，毫無虔誠的宗教意味。

《高僧傳》所載同《世說新語》，另載其交遊高坐（卷一本傳），載時人以於法蘭比之（卷四本傳）。另，與庾亮有關的幽冥亦傳聞不少。《法苑珠林》卷九一引《冤魂志》曰：「晉時庾亮誅陶稱後，咸康五年冬節會，文武數十人，忽然悉起，向階拜揖。庾驚問故。並云：『陶公來。』陶公是稱父偘也。庾亦起迎。陶公扶兩人，悉是舊時傳詔。左右數十人皆操戈仗。陶公謂庾曰：『老僕舉君自代，不圖此恩，反戮其孤。故來相問。陶稱何罪，身已得訟於帝矣。』庾不得一言，遂寢疾。入年一日死。」另同卷引《冤魂志》晉羊珊事、卷三一引《述異記》吳猛事，可見庾亮之名。又卷三八載：「江州廬山，有三石梁，長數十丈，廣不及尺，下望無底。晉咸康年中，庾亮為江州，登山過梁，見老公殊偉，廈屋崇峻，玉堂眩目，奇塔崇竦，莫測是何。循繞久之，終非人宅。乃拜謝而返。」〔註5〕此事引自釋道宣《集神州三寶感通錄》卷上。另《世說新語》所載康僧淵遇殷浩之事，當在庾亮在武昌時，見本章名士近佛事跡考之殷浩部分。其幼子庾和與謝安論支遁，亦在《世說新語》。

（三）馮懷

馮懷，字祖思，長樂人，歷太常、護軍將軍，其生年難考，約卒於永和四年前後。《世說新語》載其近佛事跡有：

《莊子·逍遙篇》，舊是難處，諸名賢所可鑽味，而不能拔理於郭、向之外。支道林在白馬寺中，將馮太常共語，因及逍遙。支卓然標新理於二家之表，立異義於眾賢之外，皆是諸名賢尋味之所不得。後遂用支理。（《文學》）

馮懷為太常，又奉道，此與僧人玄談，正是東晉風貌。其與支遁交遊在白馬寺（不知具體位置），則其時當常往僧寺，且近佛漸篤。

馮懷近佛事，另有《弘明集》載其與何充等同駁庾冰令沙門盡敬王者。

〔註5〕（唐）釋道世著，周叔迦、蘇晉仁校注：《法苑珠林校注》，第 2651、969、1230頁。

另據《晉書》所散記的馮懷資料來看，馮懷早歷顯官，咸和時即任會稽太守、黃門侍郎、侍中，又禮敬王導〔註6〕，則其於東晉之初當已出仕，且與活躍於王導門庭的高僧們如高坐、竺道潛、康僧淵等，當有交遊。

（四）何充兄弟及阮裕

何充，字次道，廬江灊人，魏光祿大夫之曾孫也。祖惲，豫州刺史。父叡，安豐太守。導妻姊之子，明穆皇后之妹夫也。充思韻淹濟，有文義才情，導深器之。由是少有美譽，遂歷顯位，歷會稽內史、侍中、驃騎將軍、揚州刺史、尚書令。永和二年（346）卒，時年五十五。充飲酒能溫克。劉尹云：「見何次道飲酒，使人欲傾家釀。」充性好佛道，崇修佛寺，供給沙門以百數。久在揚州，徵役吏民，功賞萬計，是以爲遐邇所譏。

何準，字幼道，何充第五弟。年四十七卒。升平元年（357），贈光祿大夫。子惔，讓不受。有女，爲穆帝皇后。準雅好高尚，徵聘一無所就。充位居宰相，權傾人主，而準散帶衡門，不及世事。於時名德皆稱之。

《世說新語》載何充、何準兄弟近佛事跡有：

> 王、劉與林公共看何驃騎，驃騎看文書不顧之。王謂何曰：「我今故與林公來相看，望卿擺撥常務，應對玄言，那得方低頭看此邪？」何曰：「我不看此，卿等何以得存？」諸人以爲佳。（《政事》）

> 何次道往瓦官寺禮拜甚勤。阮思曠語之曰：「卿志大宇宙，勇邁終古。」何曰：「卿今日何故忽見推？」阮曰：「我圖數千戶郡，尚不能得；卿乃圖作佛，不亦大乎！」（《排調》）

> 二郗奉道，二何奉佛，皆以財賄。謝中郎云：「二郗諂於道，二何佞於佛。」（《排調》）

阮裕，字思曠，陳留尉氏人。祖略，齊國內史。父顗，汝南太守。裕淹通有理識，累遷侍中。徵金紫光祿大夫，不就。年六十二卒。〔註7〕卒年史不載，

〔註6〕 事見《晉書》卷94《任旭傳》、卷77《陸曄傳》、卷39《荀奕傳》及《資治通鑒》卷94。其文曰：任旭「咸和二年（328）卒，太守馮懷上疏」，陸曄「咸和中，求歸鄉里拜墳墓。有司奏，舊制假六十日。侍中顏含、黃門侍郎馮懷駁」，「時又通議元會日帝應敬司徒王導不。……侍中馮懷議曰：『天子修禮，莫盛於辟廱。當爾之日，猶拜三老，況今先帝師傅。謂宜盡敬。』事下門下，（荀）奕議曰：『三朝之首，宜明君臣之體，則不應敬。』」《資治通鑒》卷94繫馮懷謂應盡敬王導之事於咸和六年。

〔註7〕 此卒年歲從中華書局1974年標點本《晉書》卷49《阮裕傳》之載。

似在升平末。〔註8〕裕雖不博學，論難甚精。嘗問謝萬云：「未見《四本論》，君試爲言之。」萬敘說既畢，裕以傅嘏爲長，於是構辭數百言，精義入微，聞者皆嗟味之。以疾築室會稽剡山。裕嘗以人不須廣學，政應以禮讓爲先，故終日靜默，無所修綜，而物自宗焉。在剡曾有好車，借無不給。有人葬母，意欲借而不敢言。後裕聞之，乃歎曰：「吾有車而使人不敢借，何以車爲！」遂命焚之。

《世說新語》載阮裕近佛事跡有：

> 阮思曠奉大法，敬信甚至。大兒年未弱冠，忽被篤疾。兒既是偏所愛重，爲之祈請三寶，晝夜不懈。謂至誠有感者，必當蒙祐。而兒遂不濟。於是結恨釋氏，宿命都除。（《尤悔》）

> 何次道往瓦官寺禮拜甚勤。阮思曠語之曰：「卿志大宇宙，勇邁終古。」何曰：「卿今日何故忽見推？」阮曰：「我圖數千戶郡，尚不能得；卿乃圖作佛，不亦大乎！」（《排調》）

疑阮思曠事在咸康年間（335～342）或其後。據《晉書》卷四九《阮裕傳》所載阮裕及長子事推知。〔註9〕其譏諷何充之事疑在其結恨釋氏之後。宿命頓盡，謂信宿緣業報之意頓盡。《法苑珠林》卷二六云：「夫業行參差，宿緣之途非一；壽命修短，明昧之理無恒。良由業因善惡，致使報有冥爽。」阮裕奉法因長子早卒而結恨，於此可見其時佛教爲士人所信仰的魅惑之最在於「死生之恐懼」〔註10〕。

〔註8〕《晉書》卷49本傳載：阮裕「弱冠辟太宰掾。大將軍王敦命爲主簿，甚被知遇。裕以敦有不臣之心，乃終日酣觴，以酒廢職。」「御史中丞周閔奏裕及謝安違詔累載，並應有罪，禁錮終身，詔書貰之。」謝安約在升平四年（360）出仕。又年六十二卒。綜合推之，阮裕卒年在升平末年（361）前後。

〔註9〕阮裕及其大兒生年皆不見載。《晉書》卷49本傳載阮裕「弱冠辟太宰掾。大將軍王敦命爲主簿，甚被知遇。裕以敦有不臣之心，乃終日酣觴，以酒廢職。……出爲溧陽令，復以公事免官。由是得違敦難，論者以此貴之。咸和初，除尚書郎。時事故之後，公私馳廢，裕遂去職還家，居會稽剡縣。」王敦起兵在永昌元年（322）正月，則阮裕爲王敦主簿至晚在建武四年（321），其弱冠則不晚於建武三年（320），則其生於永康二年（301）前。又據《晉書》卷6《元帝紀》建武元年（317）三月王敦爲大將軍，則可推至最早生於元康六年（297）。《晉書》本傳云其「年六十二卒」，則卒年在升平二年（358）至隆和元年（362）之間，即升平四年（360）前後。《晉書》本傳載阮裕三子，長子備，早卒。既云「大兒年未弱冠」，則其大兒卒年在咸康（335～342）年間或其後。

〔註10〕湯用彤：《隋唐佛教史稿》，武漢：武漢大學出版社，2008年，第182頁。

何充之佞佛與阮裕之結恨，是當時名士對於佛教崇信之開始深入時期的不同反映。

何充奉佛甚篤，且頗費財物。何充是東晉近佛事跡最多的名士之一。與支遁交遊之事，《世說新語》所載與《高僧傳》卷四《支遁傳》同；另支遁文集《八關齋詩》亦可見。咸康六年，何充三駁庾冰而謂沙門不應盡敬王者。《弘明集》卷一二載晉尚書令何充等執《沙門不應敬王者奏三首》。《高僧傳》卷四《竺道潛傳》載：「司空何次道，懿德純素，篤信經典。每加祗崇，遵以師資之敬，數相招請，屢興法祀。」建元二年，何充捨宅為寺，為渡江而來的比丘尼明感、慧湛立建福寺，此為江左尼寺之始。事見《比丘尼傳》卷一。據《佛祖統紀》卷三六，其與尼淨檢有交遊。《續高僧傳》卷一九《釋智周傳》載：「晉司空何充所造七龕泥像。」《法苑珠林》卷一九載：「東晉司空何充，弱而信法，於齋立坐數年，以待神聖。設會於家，道俗甚盛，坐中一僧，容服垢污，神色低陋，自眾升坐，拱默而已。一堂怪之，謂在謬僻。充亦不平，形於顏色。及行中食，僧飯於坐，事畢，提缽而出堂，顧充曰：『何侯勞精進耶。』即擲缽空中，凌虛而逝。充乃道俗，目送天際，追共惋恨，稽悔累旬。（出梁《高僧傳》。）」〔註11〕又見卷四二，《集神州三寶感通錄》卷下亦載。《佛祖歷代通載》卷六載何充之後「門世事佛甚精」。

何準「不及人事，唯誦佛經，修營塔廟而已」。其近佛事跡或有許多與其兄相同者。穆帝何皇后乃何準女，亦佞佛。

阮裕近佛之事，另《容止》劉注載其曾交遊支遁。《容止》劉注：「諸人嘗要阮光祿共詣林公，阮曰：『欲聞其言；惡見其面。』」然其先前崇信三世，當有不少近佛事跡。

（五）司馬昱及殷融、王濛、劉惔、褚裒、孫盛、桓伊等

永和二年，何充去世之後，以司馬昱為中心有一批近佛名士，而且《世說新語》中還可見永和前期少年近佛以及吳姓近佛的事跡。因殷浩、王修、許詢、戴逵、謝安等人近佛事跡主要在永和後期，因此其與本時段相關的近佛事跡亦集中於下一節考證。

司馬昱，字道萬，元帝少子，即簡文帝。幼而岐嶷，為元帝所愛。穆帝幼沖，以撫軍輔政。大司馬桓溫廢海西公而立帝，在位三年，咸安二年（372）

〔註11〕（唐）釋道世著，周叔迦、蘇晉仁校注：《法苑珠林校注》，第631頁。

薨,年五十三。帝少有風儀,善容止,留心典籍,不以居處為意,凝塵滿席,湛如也。帝雖神識恬暢,而無濟世大略,故謝安稱為惠帝之流,清談差勝耳;沙門支道林嘗言「會稽有遠體而無遠神」。自永和初輔政,直至其薨,三十餘年中,東晉玄風大盛。永和前期近佛名士主要有殷融、殷浩父子、王濛、劉惔、孫盛、褚裒、桓伊等。

《世說新語》中記載司馬昱近佛事跡有:

> 竺法深在簡文坐,劉尹問:「道人何以遊朱門?」答曰:「君自見其朱門,貧道如遊蓬戶。」或云下令。(《言語》)

> 支道林、殷淵源俱在相王許。相王謂二人:「可試一交言。而才性殆是淵源崤、函之固,君其慎焉!」支初作,改轍遠之,數四交,不覺入其玄中。相王撫肩笑曰:「此自是其勝場,安可爭鋒!」(《文學》)

> 支道林、許掾諸人共在會稽王齋頭。支為法師,許為都講。支通一義,四坐莫不厭心。許送一難,眾人莫不抃舞。但共嗟詠二家之美,不辯其理之所在。(《文學》)

> 佛經以為袪練神明,則聖人可致。簡文云:「不知便可登峰造極不?然陶練之功,尚不可誣。」(《文學》)〔註12〕

司馬昱,《世說新語》載其與僧人竺道潛、支遁交遊,研讀佛經。可見佛教發展在永和年間的深入。另據《高僧傳》和《比丘尼傳》,受其知賞的還有竺法汰及其弟子道壹、竺法曠、竺慧達、尼道容和支妙音。簡文為慧達於長干寺造三層塔,為道容立新林寺。《辨正論》卷三載:晉太宗簡文皇帝「仁恕溫含,作聖欽明。造像建齋,度僧立寺,於長干故塔起木浮圖,壯麗殊偉。」〔註13〕《法苑珠林》卷七〇載簡文冥報桓溫之事。

殷融,字洪遠,陳郡人,累遷吏部尚書、太常卿,約卒於永和二年(346)

〔註12〕 《佛祖統紀》似將此事與竺法汰在瓦官寺相聯繫。其卷三六載簡文帝「嘗幸瓦官寺,聽竺法汰講《放光般若》。每讀佛經,以為陶煉神明,則聖人可至。」(《大正藏》第 49 卷,第 340 頁下。)然此不言何據,亦未見他處文獻有載,故不敢盡信。一者《佛祖統紀》所載簡文之「以為陶煉神明,則聖人可至」與《世說新語》所載簡文之疑問「不知便可登峰造極不」實異。二者《世說新語》和劉注皆未提及竺法汰之事。三者《高僧傳》卷 5《竺法汰傳》載簡文事而不載簡文此語。其文曰:「汰下都止瓦官寺,晉太宗簡文皇帝深相敬,重請講《放光經》。開題大會,帝親臨幸。」

〔註13〕 (唐)釋法琳:《辨正論》,《大正藏》第 52 卷,第 502 頁下。

〔註 14〕，春秋不詳。桓彝有人倫鑒，見融甚歎美之。為司徒右西屬，飲酒善舞，終日嘯詠，未嘗以世務自嬰。著《象不盡意》、《大賢須易》論，理義精微，談者稱焉。兄子浩亦能清言，每與浩談，有時而屈，退而著論，融更居長。《世說新語》載殷融與佛教相關事跡一條：

> 殷洪遠答孫興公詩云：「聊復放一曲。」劉真長笑其語拙，問曰：「君欲云那放？」殷曰：「榆臘亦放，何必其鎗鈴邪？」(《排調》)

此條涉及佛樂，《世說新語》中亦僅此一條。楊勇《世說新語校箋》云：「饒固庵師曰：『榆臘，即梵語之灑臘也。唐僧金剛智以金剛語言為贊云：「其贊詠法，晨朝當以灑臘音韻，午時以中音，昏黃以破音，中夜以第五音韻贊之。」灑臘，為梵語（Sādava）之漢譯，乃古典梵樂七調（Rāga）之第五。殷融言以榆臘（音韻）放曲，意謂效梵音之詠放歌，亦無不可，何必鎗鎗鈴鈴，如朝廷美士之為乎？』」〔註15〕唐南印度三藏金剛智《金剛頂瑜伽中略出念誦經》卷四云：「若更有餘勝妙讚頌，隨意贊之。其贊詠法，晨朝當以灑臘音韻，午時以中音，昏黃以破音，中夜以第五音韻贊之。如不解者，隨以清好音聲讚歎。」〔註16〕此條可見佛教文化與晉時風尚的交融。

殷融近佛事跡，另見《高僧傳》，其卷四《支遁傳》載殷融歎賞支遁。又據《晉書》，殷融曾為王導右西屬〔註17〕、庾亮司馬、丹陽尹、太常，則其所交遊僧人亦多，如竺道潛、高坐、康僧淵、康法暢等。《世說新語》載其從子殷浩、孫殷仲堪、從孫外甥韓伯近佛事。

〔註14〕 殷融辭官或卒年似不見載。《文學》「江左殷太常父子」條劉注引《中興書》曰：「累遷吏部尚書、太常卿，卒。」則殷融官至太常。《晉書》卷32《康獻皇后傳》有穆帝即位（345）時「太常殷融議依鄭玄義」之記。此前，太常是會稽王昱。據《晉書》卷9本紀和卷8《穆帝紀》，會稽王在建元元年（343）五月任太常，直至永和元年（345）四月。後簡文進位撫軍大將軍、錄尚書六條事。可知殷融在穆帝即位之際接替會稽王昱任太常，即永和元年（345）四月。又《晉書》卷19《志‧禮上》有穆帝永和二年（346）七月「太常劉遐等同蔡謨議」之記，也就是說至遲在永和二年（346）七月，殷融已不在太常之位，而殷浩此年不再屏居墓所而出任揚州刺史，疑殷融辭官或逝世而殷浩為門戶計出仕。

〔註15〕 楊勇：《世說新語校箋》，北京：中華書局，2006年，第721頁。

〔註16〕 （唐）金剛智譯：《金剛頂瑜伽中略出念誦經》，《大正藏》第18卷，第248頁上第22～25行。

〔註17〕 《太平御覽》卷209引《晉中興書》曰：「殷融，字宏遠，司徒王導以為右西屬。融飲酒善舞，終日笑詠，未嘗以事務自嬰，導甚相親悅焉。」

　　王濛，字仲祖，太原晉陽人，哀靖皇后父也。其先出自周室，經漢、魏，世爲大族。祖父佐，北軍中侯。父訥，葉令。歷任長山令、司徒左西屬、中書郎、司徒左長史。以後父贈光祿大夫。永和三年（347）卒，年三十九。濛性和暢，能清言，談道貴理中，簡而有會。商略古賢，顯默之際，辭旨劭令，往往有高致。善隸書。美姿容，嘗覽鏡自照，稱其父字曰：「王文開生如此兒邪！」居貧，帽敗，自入市買之，嫗悅其貌，遺以新帽，時人以爲達。與沛國劉惔齊名友善。時人以惔方荀奉倩，濛比袁曜卿，凡稱風流者，舉濛、惔爲宗焉。《世說新語》載其近佛事跡有：

> 支道林、許、謝盛德，共集王家。謝顧謂諸人：「今日可謂彥會，時既不可留，此集固亦難常。當共言詠，以寫其懷。」許便問主人有莊子不？正得漁父一篇。謝看題，便各使四坐通。支道林先通，作七百許語，敘致精麗，才藻奇拔，衆咸稱善。於是四坐各言懷畢。謝問曰：「卿等盡不？」皆曰：「今日之言，少不自竭。」謝後粗難，因自敘其意，作萬餘語，才峰秀逸。既自難干，加意氣擬託，蕭然自得，四坐莫不厭心。支謂謝曰：「君一往奔詣，故復自佳耳。」（《文學》）

> 王長史謂林公：「眞長可謂金玉滿堂。」林公曰：「金玉滿堂，復何爲簡選？」王曰：「非爲簡選，直致言處自寡耳。」（《賞譽》）

> 王〔註18〕長史歎林公：「尋微之功，不減輔嗣。」（《賞譽》）

> 王、劉聽林公講，王語劉曰：「向高坐者，故是凶物。」復更聽，王又曰：「自是缽釪後王、何人也。」（《賞譽》）

> 劉丹陽、王長史在瓦官寺集，桓護軍亦在坐，共商略西朝及江左人物。或問：「杜弘治何如衛虎？」桓答曰：「弘治膚清，衛虎奕奕神令。」王、劉善其言。（《品藻》）

> 林公道王長史：「斂衿作一來，何其軒軒韶舉！」（《容止》）

> 王長史嘗病，親疏不通。林公來，守門人遽啓之曰：「一異人在門，不敢不啓。」王笑曰：「此必林公。」（《容止》）

王濛所結交之僧人有支遁，且交情匪淺。然其與支遁主要是玄談。其賞支遁

〔註18〕金澤文庫本原作「土」，今各本作「王」，此據改作「王」。可參考王利器《世說新語校勘記》。

在其玄談「不減輔嗣」。《世說新語》與《高僧傳》同。然其曾爲王導屬下，又爲簡文長史，則其交遊的僧人必有竺道潛，另可能有高坐、康僧淵等。《世說新語》所載其子王脩、孫王恭近佛事，亦皆與支遁有關。

另下一條「長史」，他本多作「王長史」〔註19〕，未知孰是。此條戴逵十餘歲，在咸康後期至永和前期之間。〔註20〕此中瓦官寺不知具體所在位置。

> 戴安道年十餘歲，在瓦官寺畫。長史見之曰：「此童非徒能畫，亦終
> 當致名。恨吾老，不見其盛時耳！」（《識鑒》）

劉惔，字眞長，沛國蕭人也，漢室之後。歷司徒左長史、侍中、丹陽尹。約卒於永和四年（348），年三十六。惔既令望，姻婭帝室，故屢居達官。然性不偶俗，心淡榮利。雖身登顯列，而每挹降，閒靜自守而已。尤好《老》、《莊》，任自然趣。有俊才，其談詠虛勝，理會所歸，王濛略同，而敘致過之，其詞當也。《世說新語》載其近佛事跡有：

> 竺法深在簡文坐，劉尹問：「道人何以遊朱門？」答曰：「君自見其
> 朱門，貧道如遊蓬戶。」或云卞令。（《言語》）

> 王、劉聽林公講，王語劉曰：「向高坐者，故是凶物。」復更聽，王
> 又曰：「自是缽釪後王、何人也。」（《賞譽》）

> 劉丹陽、王長史在瓦官寺集，桓護軍亦在坐，共商略西朝及江左人

〔註19〕宋《太平廣記》、《剡錄》等所引皆有『王』，又唐時張彥遠《歷代名畫記》卷五載此事又『王』字。趙西陸《世說新語校釋》云興寧二年瓦官寺初置，濛已先卒，故以宋本無王字，不以屬濛爲是。（卷中之上第32頁a上，北京：北京圖書館出版社，2006年。）按：此亦未必。一者瓦官寺是否即興寧二年初置尚存疑，二者此瓦官寺未必在建康，三者他本無王字，並不能證明《世說新語》初無王字。

〔註20〕戴逵生卒年史無明載。《晉書》卷94《戴逵傳》載：「太元二十年（395），皇太子始出東宮，太子太傅會稽王道子、少傅王雅、詹事王珣又上疏曰：『逵執操貞厲，含味獨遊，年在耆老，清風彌劭。東宮虛德，式延事外，宜加旌命，以參僚侍。逵既重幽居之操，必以難進爲美，宜下所在備禮發遣。』會病卒。」《歷代名畫記》卷5載：戴逵「前後徵拜，終不起，太元二十一年也。」則似戴逵卒年約太元二十一年（396），春秋六十有餘，生年在咸和二年（327）至咸康二年（336）之間。然據《宋書》卷93《戴顒傳》，戴逵卒於太元十八年（393）。其文曰：「戴顒字仲若，譙郡銍人也。父逵，兄勃，並隱遁，有高名。顒年十六遭父憂……（元嘉）十八年（441）卒，時年六十四。」仍以春秋六十有餘計算，生年在太寧二年（324）至咸和八年（333）間。戴逵十餘歲，以十五歲計算，在咸康七年（341）至永和六年（350）間，或咸康四年（338）至永和三年（347）間。即咸康後期至永和前期之間。

物。或問：「杜弘治何如衛虎？」桓答曰：「弘治膚清，衛虎奕奕神令。」王、劉善其言。（《品藻》）

劉惔所交遊僧人，《世說新語》所載有支遁、竺道潛。其與僧人有深交否難確知。與竺道潛之事，可見於《高僧傳》。與桓溫同爲明帝駙馬且年相近，桓溫自謂幼年見過高坐，未知劉惔是否見過。

桓伊，字叔夏，小字子野，譙國銍人。父景，護軍將軍。累遷豫州刺史、江州刺史、護軍將軍。約卒於太元十五年（390），[註21] 春秋不知。贈右將軍。伊性謙素，雖有大功，而始終不替。少有才藝，又善聲律，加以標悟省率，爲王濛、劉惔所知。有蔡邕柯亭笛，常自吹之。羊曇善唱樂，桓伊能輓歌，山松《行路難》，時人謂之「三絕」。每聞清歌，輒喚「奈何！」謝公聞之曰：「子野可謂一往有深情。」王徽之泊舟青溪側，素不相識，伊爲作三調，弄畢，便上車去，客主不交一言。其近佛事跡另見於《高僧傳》。其爲江州刺史之時，聽慧永之言爲慧遠建東林寺。

褚裒，字季野，河南陽翟人。祖䂮，安東將軍。父洽，武昌太守。裒少有簡貴之風，沖默之稱。累遷江、兗二州刺史。永和五年（349）卒，年四十七。贈侍中、太傅。

孫盛，字安國，太原中都人。祖楚，馮翊太守。父恂，潁川太守。恂在郡遇賊，被害。盛年十歲，避難渡江。起家著作郎，遷瀏陽令。庾亮爲荊州，以爲征西主簿，累遷秘書監。年七十二卒，似在寧康元年（373）。盛博學強識，善言名理。中軍將軍殷浩擅名一時，能與劇談相抗者，唯盛而已。盛篤學不倦，自少至老，手不釋卷。著《魏氏春秋》、《晉陽秋》，並造詩賦論難數十篇。

《世說新語》載褚裒、孫盛近佛事跡共 1 條：

褚季野語孫安國云：「北人學問，淵綜廣博。」孫答曰：「南人學問，清通簡要。」支道林聞之曰：「聖賢固所忘言。自中人以還，北人看書，如顯處視月；南人學問，如牖中窺日。」（《文學》）

褚裒之近佛事跡僅見於此。然其女爲康獻皇后，輔政康、穆、哀三朝，頗崇佛道。

〔註21〕桓伊生卒年史書不載。《晉書》卷 81 本傳載「桓沖卒，（桓伊）遷都督江州荊州十郡豫州四郡軍事、江州刺史，將軍如故，假節。……在任累年，徵拜護軍將軍，以右軍府千人自隨，配護軍府。卒官。」《資治通鑑》繫桓伊爲江州刺史在太元九年（384）。則其大約卒於太元十五年（390）。

孫盛交遊之僧人除了支遁之外，當還有竺道潛、康僧淵、康法暢等先後為王導、庾亮、簡文帝和哀帝所重之僧人。《弘明集》卷六載其與羅含（字君章）探討佛理。《廣弘明集》卷五載其文《聖賢同軌老聃非大賢論》、《敘道反訊老子疑問》。

（六）顧和及其中外孫顧敷、張玄之

顧和，字君孝，吳郡人。祖容，吳荊州刺史。父相，晉臨海太守。和總角知名，族人顧榮雅相器愛，曰：「此吾家之騏驥也，必振衰族。」累遷尚書令。永和七年（351）七月卒，年六十四。

顧敷，不知其父乃顧和第幾子。《顧愷之家傳》曰：「敷字祖根，吳郡吳人。滔然有大成之量。仕至著作郎。二十三卒。」卒年在太和（366～371）中。

張玄之，字祖希，吳郡太守澄之孫。少以學顯，歷吏部尚書，出為冠軍將軍、吳興太守。與會稽內史謝玄同時之郡，論者以為南北之望。玄之名亞謝玄，時亦稱「南北二玄」。卒於郡，約在太元十五年（390），年近六十。

《世說新語》載三人近佛事跡有：

> 張玄之、顧敷，是顧和中外孫，皆少而聰惠。和並知之，而常謂顧勝。親重偏至，張頗不懨。於時張年九歲，顧年七歲，和與俱至寺中。見佛般泥洹像，弟子有泣者，有不泣者，和以問二孫。玄謂：「被親故泣，不被親故不泣」。敷曰：「不然，當由忘情故不泣，不能忘情故泣。」（《言語》）

> 謝遏絕重其姊，張玄常稱其妹，欲以敵之。有濟尼者，並遊張、謝二家。人問其優劣？答曰：「王夫人神情散朗，故有林下風氣。顧家婦清心玉映，自是閨房之秀。」（《賢媛》）

前一事在永和七年（351）或稍前。「佛般泥洹像」，是佛教中著名的佛像。劉注引《大智度論》曰：「佛在陰庵羅雙樹閒入般涅槃，臥北首，大地震動。諸三學人，斂然不樂，鬱伊交涕。諸無學人，但念諸法，一切無常。」此處顧敷明顯是玄言何晏、王弼之「聖人無情」，這是以玄納佛。佛教中「無常」與王何之「無情」，被顧敷混為一談。張玄之、顧敷，乃江左吳姓後人，說明吳姓士族在僑姓士族的文化強勢下開始培養後人如僑姓名士一樣「玄談」，以保持家族的名望與地位。吳姓奉迎僑姓，如《文學》載：「張憑舉孝廉出都……

欲詣劉尹，鄉里及同舉者共笑之。張遂詣劉……處之下坐……言約旨遠，足暢彼我之懷，一坐皆驚。眞長延之上坐，清言彌日，因留宿至曉……同載詣撫軍……即用爲太常博士。」然顧和裏外孫乃少年，故更有代表性。而成書於劉宋時期的《世說新語》對此的記載，也說明吳姓士族適應僑姓氏族玄學文化而保有家族地位的策略的成功。

後一事在太元十二年（387）前後。在東晉佛教文化的大發展趨勢中，吳姓亦近佛且持久，然又似乎還是不敵僑姓士族。

張玄妹，不知其嫁顧家何人，餘事亦難考。其所近之僧徒有此濟尼，其他不可考。

二、東晉穆帝永和七年至升平五年間的名士近佛事跡考

永和七年前後，大量名士、高僧聚集會稽，會稽成爲新的文化中心。隨著時間的推移，佛教在一步步深入發展。名士們近佛出現家族相傳的跡象，如王羲之父子、謝安父子；而且開始有眞正研讀佛經的現象，如被廢爲庶人的殷浩；玄談佛理，名士能針鋒相對，毫不遜色，如王坦之。

（一）王羲之及其子徽之、獻之

王羲之，字逸少，琅琊臨沂人。父曠，淮南太守。累遷江州刺史、右軍將軍、會稽內史。約卒於升平五年（361），年五十九。羲之少朗拔，爲叔父廙所賞。風骨清舉，清鑒貴要，高爽有風氣，不類常流也。善草隸。羲之妻，太傅郗鑒女，名璿，字子房。《雅量》載：「郗太傅在京口，遣門生與王丞相書，求女婿。丞相語郗信：『君往東廂，任意選之。』門生歸，白郗曰：『王家諸郎，亦皆可嘉，聞來覓婿，咸自矜持。唯有一郎，在床上坦腹臥，如不聞。』郗公云：『正此好！』訪之，乃是逸少，因嫁女與焉。」

王徽之，字子猷。羲之第五子。卓犖不羈，欲爲傲達，放肆聲色頗過度。時人欽其才，穢其行也。仕至黃門侍郎。棄官東歸。太元十一年（386）卒。年歲不詳，約四十六。《任誕》載：「王子猷居山陰，夜大雪，眠覺，開室，命酌酒。四望皎然，因起彷徨，詠左思《招隱詩》。忽憶戴安道，時戴在剡，即便夜乘小船就之。經宿方至，造門不前而返。人問其故，王曰：『吾本乘興而行，興盡而返，何必見戴？』」又同篇載：「王子猷嘗暫寄人空宅住，便令種竹。或問：『暫住何煩爾？』王嘯詠良久，直指竹曰：『何可一日無此君？』」

王獻之，字子敬。羲之第七子。娶高平郗曇女，名道茂，後出妻。咸寧中，詔尚餘姚公主。遷中書令。太元十一年（386）卒，年四十三。獻之善隸書，變右軍法爲今體。字畫秀媚，妙絕時倫，與父俱得名。獻之性甚整峻，不交非類。雖不修賞貫，而容止不妄。《雅量》載：「王子猷、子敬曾俱坐一室，上忽發火。子猷遽走避，不惶取屐；子敬神色恬然，徐喚左右，扶憑而出，不異平常。世以此定二王神宇。」

《世說新語》載其近佛事跡有：

> 王逸少作會稽，初至，支道林在焉。孫興公謂王曰：「支道林拔新領異，胸懷所及，乃自佳，卿欲見不？」王本自有一往雋氣，殊自輕之。後孫與支共載往王許，王都領域，不與交言。須臾支退，後正值王當行，車已在門。支語王曰：「君未可去，貧道與君小語。」因論《莊子·逍遙遊》。支作數千言，才藻新奇，花爛映發。王遂披襟解帶，留連不能已。（《文學》）

> 林公謂王右軍云：「長史作數百語，無非德音，如恨不苦。」王曰：「長史自不欲苦物。」（《賞譽》）

> 王右軍道謝萬石「在林澤中，爲自適上」；歎林公「器朗神俊」；道祖士少「風領毛骨，恐沒世不復見如此人」；道劉眞長「標雲柯而不扶疏」。（《賞譽》）

> 支道林入東，見王子猷兄弟。還，人問：「見諸王何如？」答曰：「見一群白頸烏，但聞喚哑哑聲。」（《輕詆》）

> 王子猷詣謝萬，林公先在坐，瞻矚甚高。王曰：「若林公鬚髮並全，神情當復勝此不？」謝曰：「唇齒相須，不可以偏亡。鬚髮何關於神明？」林公意甚惡，曰：「七尺之軀，今日委君二賢。」（《排調》）

> 王子敬問謝公：「林公何如庾公？」謝殊不受，答曰：「先輩初無論，庾公自足沒林公。」（《品藻》）

王羲之，《世說新語》載其與支遁交遊。然其爲王導從子，又曾爲征西庾亮部屬，又曾出入撫軍司馬昱門庭，則《世說新語》所載王導、庾亮、司馬昱交遊之僧人如竺道潛、高坐、康法暢、康僧淵、支敏度等，王羲之當亦曾接近。《高僧傳》載其仰慕竺道猷（卷一一本傳）。《高僧傳》卷一三載其曾孫出家，法號釋道敬。《廬山記》卷二《敍山南篇》載：「自栗里三里，至承天歸宗禪

院。晉咸康六年，寧遠將軍、江州刺史王羲之置以處梵僧那連耶舍尊者，一名達摩多羅故。有右軍墨池。」〔註22〕《佛祖統紀》卷三六、卷五三亦載。其子王徽之、王獻之，其孫王楨之近佛事亦見於《世說新語》。

王徽之、王獻之，其對於支遁的態度甚傲慢，其與門閥士族的優越地位有關，亦於支遁本人修爲有關。然其態度讓人頗懷疑其父王羲之對支遁的禮敬是否眞如《世說新語》所載。其近佛事跡他處似未見載。

（二）許詢、孫綽、王修

許詢，字玄度，高陽人，魏中領軍允玄孫。總角秀惠，衆稱神童，長而風情簡素，司徒掾辟，不就，蚤卒。其卒年不詳，在升平五年（361）前。許珣能清言，有才藻，善屬文，於時士人皆欽慕仰愛之。《世說新語》載許詢與支遁交遊甚篤。許詢是東晉最早眞正研讀佛經的名士之一。《世說新語》載其近佛事跡有：

> 支道林、許、謝盛德，共集王家。謝顧謂諸人：「今日可謂彥會，時既不可留，此集固亦難常。當共言詠，以寫其懷。」許便問主人有莊子不？正得《漁父》一篇。謝看題，便各使四坐通。支道林先通，作七百許語，敘致精麗，才藻奇拔，衆咸稱善。於是四坐各言懷畢。謝問曰：「卿等盡不？」皆曰：「今日之言，少不自竭。」謝後粗難，因自敘其意，作萬餘語，才峰秀逸。既自難干，加意氣擬託，蕭然自得，四坐莫不厭心。支謂謝曰：「君一往奔詣，故復自佳耳。」（《文學》）

> 支道林、許掾諸人共在會稽王齋頭。支爲法師，許爲都講。支通一義，四坐莫不厭心。許送一難，衆人莫不抃舞。但共嗟詠二家之美，不辯其理之所在。（《文學》）

> 許掾年少時，人以比王苟子，許大不平。時諸人士及林法師並在會稽西寺講，王亦在焉。許意甚忿，便往西寺與王論理，共決優劣。苦相折挫，王遂大屈。許復執王理，王執許理，更相覆疏；王復屈。許謂支法師曰：「弟子向語何似？」支從容曰：「君語佳則佳矣，何至相苦邪？豈是求理中之談哉！」（《文學》）

〔註22〕（宋）陳舜俞：《廬山記》，《大正藏》第 51 卷，第 1032 頁中第 4～6 行。

孫興公、許玄度共在白樓亭，共商略先往名達。林公既非所關，聽
訖云：「二賢故自有才情。」（《賞譽》）

支道林問孫興公：「君何如許掾？」孫曰：「高情遠致，弟子蚤已服
膺；一吟一詠，許將北面。」（《品藻》）

許詢近佛事跡，另《建康實錄》卷八載：許詢「捨永興、山陰二宅爲寺。家
財珍異，悉皆是給。既成，啓奏。孝宗詔曰：『山陰舊宅爲祇洹寺，永興新居
爲崇化寺。』詢乃於崇化寺造四層塔。物產既整，猶欠露盤相輪。一朝風雨，
相輪等自備。時所訪問，乃是剡縣飛來。既而移皐屯之岩，常與沙門支遁及
謝安石、王羲之等同遊往來。至今皐屯呼爲許玄度岩也。」《佛祖歷代通載》
卷六載：許詢「澡心學佛，甚爲江左諸公所仰慕」。〔註23〕《佛祖統紀》卷三
七、五二載梁武帝時岳陽王蕭察鎭越，知前身是許詢，與曇彥造塔。〔註24〕

　　孫綽，字興公，太原中都人。祖楚，馮翊太守。父纂。綽博涉經史，長
於屬文，與許詢俱與負俗之談，歷太學博士、大著作、散騎常侍。咸安元年
（371）卒，年五十八。其《遂初賦敍》曰：「余少慕老莊之道，仰其風流久
矣。卻感於陵賢妻之言，悵然悟之。乃經始東山，建五畝之宅，帶長阜，倚
茂林，孰與坐華幕擊鐘鼓者同年而語其樂哉！」《世說新語》載其近佛事跡有：

謝公云：「見林公雙眼黯黯明黑。」孫興公：「見林公稜稜露其爽。」
〔註25〕（《容止》）

孫興公、許玄度共在白樓亭，共商略先往名達。林公既非所關，聽
訖云：「二賢故自有才情。」（《賞譽》）

支道林問孫興公：「君何如許掾？」孫曰：「高情遠致，弟子蚤已服
膺；一吟一詠，許將北面。」（《品藻》）

有北來道人好才理，與林公相遇於瓦官寺，講《小品》。於時竺法深、
孫興公悉共聽。此道人語，屢設疑難，林公辯答清晰，辭氣俱爽。
此道人每輒摧屈。孫問深公：「上人當是逆風家，向來何以都不言？」
深公笑而不答。林公曰：「白旃檀非不馥，焉能逆風？」深公得此義，
夷然不屑。（《文學》）

〔註23〕　（元）釋念常：《佛祖歷代通載》，《大正藏》第49卷，第524頁下。

〔註24〕　（宋）釋志磐：《佛祖統紀》，《大正藏》第49卷，第351頁上第18～25行；
　　　　　第445頁第4～5行。

〔註25〕　余《疏》引李慈銘云：「案『孫興公』下當有『亦云』二字。」（余《疏》，第
　　　　　737頁。）按：今從此。

孫綽，其在《世說新語》中近佛之事皆與支遁相關。孫綽近佛事跡頗多。其與支遁交往之事還可見於支遁文集《詠禪思道人》。其與佛教相關的撰述頗豐，有《名德沙門題目》、《道賢論》、《喻道論》、《正像論》，涉及清信士和僧人近二十人。

王修，字敬仁，小字苟子，太原晉陽人。父濛，司徒左長史。修年十二，作《賢人論》。起家著作佐郎，琅琊王文學，轉中軍司馬，未拜而卒，時升平元年（357），年二十四。昔王弼之沒，與修同年，故弟熙乃歎曰：「無愧於古人，而年與之齊也。」《語林》曰：「敬仁有異才，時賢皆重之。王右軍在郡迎敬仁，叔仁輒同車，常惡其遲。後以馬迎敬仁，雖復風雨，亦不以車也。」修明秀，有秀令之美稱，善隸、行書，號口「流奕清舉」。謝鎮西道敬仁「文學鏘鏘，無能不新」。

> 林公云：「王敬仁是超悟人。」（《賞譽》）

> 許掾年少時，人以比王苟子，許大不平。時諸人士及林法師並在會稽西寺講，王亦在焉。許意甚忿，便往西寺與王論理，共決優劣。苦相折挫，王遂大屈。許復執王理，王執許理，更相覆疏；王復屈。

> 許謂支法師曰：「弟子向語何似？」支從容曰：「君語佳則佳矣，何至相苦邪？豈是求理中之談哉！」（《文學》）

> 僧意在瓦官寺中，王苟子來，與共語，便使其唱理。意謂王曰：「聖人有情不？」王曰：「無。」重問曰：「聖人如柱邪？」王曰：「如籌算，雖無情，運之者有情。」僧意云：「誰運聖人邪？」苟子不得答而去。（《文學》）

《世說新語》載王修交遊僧人支遁、僧意。王修年少便能玄言，然其似未研佛理，因此王修在許詢、僧意之前辯論的失意，可以說是玄談世家子弟在佛教深入發展時期的一種寫照。

王修主要生活在永和年間，活動於建康和會稽，其抑或與名僧竺道潛或其他永和時期名僧有交遊。

（三）謝安、謝萬及其從子謝道韞、謝朗、謝玄

謝安，字安石。父裒，太常卿。安世有學行。桓彝見其四歲時，稱之曰：「此兒風神秀徹，當繼蹤王東海。」安弘粹通遠，溫雅融暢。性好音樂。縱心事外，繾綣常節，每畜女妓，攜持遊肆也。善行書。累遷太保、錄尚書事。

太元十年（385）薨，年六十六。贈太傅。安娶沛國劉耽女，劉惔妹。

謝萬，字萬石，太傅安弟也。萬才器俊秀，善自炫曜，故致有時譽。兼善屬文，能談論，時人稱之。殷中軍與人書，道謝萬「文理轉遒，成殊不易」。王右軍道謝萬石「在林澤中，為自遒上」。歷吏部郎、西中郎將、豫州刺史、散騎常侍。升平五年（361）卒，年四十二。萬取太原王述女，名荃。

王夫人，名韜元，字道韞，安西將軍謝弈之女。清心玄遠，姿才秀遠。所著詩賦誄頌，並傳於世。年或過七十，卒於晉末或宋初。叔父安嘗問：「《毛詩》何句最佳？」道韞稱：「吉甫作頌，穆如清風。仲山甫永懷，以慰其心。」安謂：「有雅人深致。」又嘗內集。俄而雪驟下，安曰：「何所似也？」安兄子朗曰：「散鹽空中差可擬。」道韞曰：「未若柳絮因風起。」安大悅。

謝朗，字長度，小字胡兒，安次兄據之長子。朗博涉有逸才，善言玄理。安早知之。文義豔發，名亞於玄，仕至東陽太守。《謝氏譜》曰：「朗父據，取太原王韜女，名綏。」年歲稍長於謝玄，卒年不知。

謝玄，字幼度，謝奕第三子。玄神理明俊，善微言。常與殷荊州仲堪終日談論不輟。玄識局貞正，有經國之才略。官至散騎常侍、左將軍、會稽內史。太元十三年（387）卒，年四十六。追贈車騎將軍、開府儀同三司。

《世說新語》載其謝氏近佛事跡有：

> 二郗奉道，二何奉佛，皆以財賄。謝中郎云：「二郗諂於道，二何佞於佛。」（《排調》）

> 支道林、許、謝盛德，共集王家。謝顧謂諸人：「今日可謂彥會，時既不可留，此集固亦難常。當共言詠，以寫其懷。」許便問主人有《莊子》不？正得《漁父》一篇。謝看題，便各使四坐通。支道林先通，作七百許語，敘致精麗，才藻奇拔，衆咸稱善。於是四坐各言懷畢。謝問曰：「卿等盡不？」皆曰：「今日之言，少不自竭。」謝後粗難，因自敘其意，作萬餘語，才峰秀逸。既自難干，加意氣擬託，蕭然自得，四坐莫不厭心。支謂謝曰：「君一往奔詣，故復自佳耳。」（《文學》）

> 謝遏絕重其姊，張玄常稱其妹，欲以敵之。有濟尼者，並遊張、謝二家。人問其優劣？答曰：「王夫人神情散朗，故有林下風氣。顧家婦清心玉映，自是閨房之秀。」（《賢媛》）

> 林道人詣謝公，東陽時始總角，新病起，體未堪勞。與林公講論，

遂至相苦。母王夫人在壁後聽之，再遣信令還，而太傅留之。王夫
人因自出云：「新婦少遭家難，一生所寄，唯在此兒。」因流涕抱兒
以歸。謝公語同坐曰：「家嫂辭情慷慨，致可傳述，恨不使朝士見。」
（《文學》）

謝車騎在安西艱中，林道人往就語，將夕乃退。有人道上見者，問
云：「公何處來？」答云：「今日與謝孝劇談一出來。」（《文學》）

謝萬反對奉道或奉佛「以財賄」，則其奉道或奉佛未深。可見其家族在東晉受
時勢影響而逐漸成為近佛世家。

謝安，《世說新語》載其與支遁交遊。《高僧傳》和《比丘尼傳》載其較
好高僧於法威、釋道安、竺法汰、竺法曠和尼支妙音等。另竺道潛等活躍於
建康與會稽的名僧當與其有交往。

謝道韞所近之僧徒有此濟尼，且當不唯此一人，且其崇信三世當甚篤。《法
苑珠林》卷三三引《冥祥記》云：「晉琅琊王凝之妻，晉左將軍夫人謝氏，弈
之女也。嘗頻亡二男，悼惜過甚。哭泣累年，若居至艱。後忽見二兒俱還，
皆著鎖械，慰勉其母：宜自寬割。兒並有罪。若垂哀憐，可為作福。於是哀
痛稍止，而勤功德。」〔註26〕

謝朗、謝玄近佛之事，似乎亦僅見載於此。然其叔父謝安所知重之僧人，
其當有所交遊。

郗嘉賓問謝太傅曰：「林公談何如嵇公？」謝云：「嵇公勤著腳，裁
可得去耳。」又問：「殷何如支？」謝曰：「正爾有超拔，支乃過殷。
然亹亹論辯，恐殷〔註27〕欲制支。」（《品藻》）

王子敬問謝公：「林公何如庾公？」謝殊不受，答曰：「先輩初無論，
庾公自足沒林公。」（《品藻》）

王孝伯問謝太傅：「林公何如長史？」太傅曰：「長史韶興。」問：「何
如劉尹？」謝曰：「噫！劉尹秀。」王曰：「若如公言，並不如此二
人邪？」謝云：「身意正爾也。」（《品藻》）

王孝伯問謝公：「林公何如右軍？」謝曰：「右軍勝林公，林公在司
州前亦貴徹。」（《品藻》）

〔註26〕（唐）釋道世著，周叔迦、蘇晉仁校注：《法苑珠林校注》，第1059頁。
〔註27〕「殷「字原闕，據《高僧傳》填寫。余《疏》引程炎震云：「《高僧傳》云：『恐
殷制支』，此處□必是殷字，宋初諱殷，後來未及填寫耳。」（第633～634頁。）

此皆為謝安論支遁之事，且多似在支遁圓寂後。其中謝安所言「亹亹論辯，殷欲制支」，其實是支遁辯論情況的一個縮影。支遁通《漁夫》，不及謝安。又支遁面對謝萬、王子猷等人的挑釁時，亦不能如康僧淵駁王丞相、竺道潛駁劉尹、康法暢駁庾太尉那樣巧妙反駁。支遁與王坦之，也幾乎未有勝場。支遁與于法開弟子辯《小品》，也不能屈。支遁所長正在其「超拔」。《高僧傳》亦載此事，引用謝安評比支遁與殷浩之語，將「雖然……但是……」前後置換，且加重詞語色彩，凸顯了支遁善於佛法創新的形象。其文曰：「郗超問謝安：『林公談何如嵇中散？』安曰：『嵇努力裁得去耳。』又問：『何如殷浩？』安曰：『亹亹論辯，恐殷制支；超拔直上淵源，浩實有慚德。』」

（四）殷浩

殷浩，字淵源，陳郡長平人。祖識，濮陽相。父羨，光祿勳。建元初，庾亮兄弟、何充等相尋薨。時穆帝幼沖，母后臨朝，簡文親賢民望，任登宰輔。桓溫有平蜀、洛之勳，擅強西陝。帝自料文弱，無以抗之，以浩素有盛名，時論比之管、葛。故徵浩為揚州。仕至揚州刺史、中軍將軍。溫知意在抗己，甚忿焉。浩雖廢黜，夷神委命，雅詠不輟，雖家人不見其有流放之戚。浩清言妙辯玄致，談論精微，長於《老》、《易》，善以通和接物，故風流者皆宗歸之。《袁氏譜》曰：「耽大妹名女皇，適殷浩。小妹名女正，適謝尚。」

《世說新語》載其近佛事跡有：

> 康僧淵初過江，未有知者，恒周旋市肆，乞索以自營。忽往殷淵源許，值盛有賓客，殷使坐，粗與寒溫，遂及義理。語言辭旨，曾無愧色。領略粗舉，一往參詣。由是知之。(《文學》)

> 殷中軍見佛經云：「理亦應阿堵上。」(《文學》)

> 殷中軍被廢東陽，始看佛經。初視《維摩詰》，疑般若波羅密太多，後見《小品》，恨此語少。(《文學》)

> 殷中軍被廢，徙東陽，大讀佛經，皆精解。唯至事數處不解。遇見一道人，問所簽，便釋然。(《文學》)

> 殷中軍讀《小品》，下二百簽，皆是精微，世之幽滯。嘗欲與支道林辯之，竟不得。今《小品》猶存。(《文學》)

殷浩，《世說新語》明確記載的其所交遊之僧人有康法暢、支遁、東陽道人，然應還有與康法暢一同過江的康僧淵、支敏度，受到王導青睞的竺道潛、高

坐道人等。據《世說新語》所載，殷浩研讀佛經的機緣是其「被廢東陽」的人生境遇。這說明佛經在人生低谷之時確能予人以慰藉，能與悲慟之心境深相契合。然而如果不僅僅從個人遭遇出發，而是能開闊思路地去思考這個事件，我們就會發現它與時代思潮也有密切的關係。殷浩被廢在永和十年（354），而約在永和七年前後，即北伐前夕，文化中心已由建康轉移至會稽，領導文化潮流的是支遁、竺道潛等名僧。因此，閱讀《維摩詰經》、《小品》等佛經，研討佛理，便是新的文化熱點。故無論殷浩被廢與否，他必會關注佛經、佛理。這一階段，王坦之、郗超等後起名士都比較通曉佛義，能以佛理與僧人辯駁，此便是時代潮流轉向的明證。〔註28〕

殷浩與佛教相關事跡，另見《法苑珠林》，其卷七〇載殷浩子涓因不滿桓溫廢父為庶人而施冥報之事。

（五）王洽、王胡之

王洽，字敬和，丞相導第三子。洽於公子中最知名，與潁川荀羨俱有美稱。謝公《與王右軍書》曰：「敬和棲託好佳。」累遷吳郡內史，為士民所懷。徵拜中領軍，尋加中書令，不拜。升平元年（361）卒，年三十六。《世說新語》載其近佛事跡1件：

> 初，法汰北來，未知名，王領軍供養之。每與周旋，行來往名勝許，
> 輒與俱。不得汰，便停車不行。因此名遂重。（《賞譽》）

王洽交遊法汰事亦見於《高僧傳》卷五法汰本傳。其與支遁亦有交遊，《出三藏記集》卷一二云：「《即色遊玄論》（支道林。王敬和問。支答。）」然作為王導之子，其近佛事跡當遠遠不止這些，僅從其禮敬法汰之事即可見一斑。

王胡之，字脩齡，琅琊臨沂人，王廙之子，王導從子。歷吳興太守，徵侍中、丹陽尹、秘書監，並不就。拜使持節，都督司州諸軍事、西中郎將、司州刺史。約卒於永和十二年（356）。其與謝安年歲相近，則春秋約三十七。少有風尚，才器率舉，有秀悟之稱。性簡，好達玄言。好談諧，善屬文辭，為當世所重。治身清約，以風操自居。常遺世務，以高尚為情，與謝安相善。其《答謝安詩》曰：「疇昔宴遊，繾綣髫齔，或方童顏，或始角巾。」《世說新語》載其近佛事跡有：

〔註28〕可參考唐翼明《魏晉清談》對殷浩讀佛經的原因分析，有兩處提及。（唐翼明《魏晉清談》，臺北：東大出版有限公司，1992年，第258～259，285頁。）

－102－

林公云：「見司州警悟交至，使人不得住，亦終日忘疲。」（《賞譽》）

或問林公：「司州何如二謝？」林公曰：「故當攀安提萬。」（《品藻》）

王胡之近佛事今明載者唯此。然其乃王導從子，則其近佛當年少時，其與竺道潛、高坐等當有交往。又曾為庾亮佐吏，則康僧淵、法暢、敏度等亦富有交往。

三、東晉哀帝至安帝間的名士近佛事跡考

這一時期，《世說新語》所載名士與名僧活動在建康、會稽、荊州、豫章。隱居在會稽的高僧竺法深、支遁、于法開在哀帝時應詔等相繼出都，而北方道安因避難至襄陽。後道安弟子慧遠至匡廬，提婆則自慧遠處下建康。

（一）王坦之及其父王述、弟禕之

王坦之，字文度，太原晉陽人。祖東海太守承，清淡平遠。父述，貞貴簡正。坦之器度淳深，孝友天至，譽輯朝野，標的當時。雅貴有識量，風格峻整。累遷侍中、中書令，領北中郎將，徐、兗二州刺史。年康三年（375）卒，年四十六。坦之娶順陽郡范汪女，名蓋，即寧妹也，生忱。《世說新語》載其近佛事跡有：

支道林造《即色論》，論成，示王中郎。中郎都無言。支曰：「默而識之乎？」王曰：「既無文殊，誰能見賞？」（《文學》）

王僧恩輕林公，藍田曰：「勿學汝兄，汝兄自不如伊。」（《品藻》）

有北來道人好才理，與林公相遇於瓦官寺，講《小品》。於時竺法深、孫興公悉共聽。此道人語，屢設疑難，林公辯答清晰，辭氣俱爽。此道人每輒摧屈。孫問深公：「上人當是逆風家，向來何以都不言？」深公笑而不答。林公曰：「白旃檀非不馥，焉能逆風？」深公得此義，夷然不屑。（《文學》）

王文度在西州，與林法師講，韓、孫諸人並在坐。林公理每欲小屈，孫興公曰：「法師今日如著弊絮在荊棘中，觸地掛閡。」（《排調》）

王中郎與林公絕不相得。王謂林公詭辯，林公道王云：「著膩顏恰，榻布單衣，挾《左傳》，逐鄭康成車後，問是何物塵垢囊！」（《輕詆》）

王北中郎不為林公所知，乃著論《沙門不得為高士論》。大略云：「高

> 士必在於縱心調暢，沙門雖云俗外，反更束於教，非情性自得之謂
> 也。」（《輕詆》）

王坦之，《世說新語》載其與支遁交遊，也是少數能以佛理與僧人對弈的名士
之一。王坦之《沙門不得爲高士論》，乃是謂沙門不如高士，意即自己勝支遁，
一如維摩敗諸佛子。王坦之正是以佛家自身的「解脫」標準（「情性自得」）
來衡量其修行方式，結果得出了二者相悖離的結論。可謂「入室操戈」！〔註
29〕其事同張君祖嘲竺法頵。〔註30〕張君祖自比維摩，湯用彤先生指出其理論
淵源在於玄學之「言不盡意」、「得意忘言」。

　　王坦之近佛事跡不少。另《高僧傳》載其與於法威、竺法仰、釋慧受等
交好。《釋氏要覽》卷中載高僧法開，以義解知名天下。與謝安、王文度等爲
文學之友。王坦之似頗重冥報。《高僧傳》載：「時東土復有竺法仰者，慧解
致聞，爲王坦之所重。亡後，猶見形，詣王，勖以行業焉。」《法苑珠林》卷
六一載此，更有發揮，其記僧名不同，爲「竺法印」。另同書卷五六引《幽冥
錄》云：「晉王文度鎮廣陵，忽見二騶持鵠頭板來召之。王文大驚，問騶：『我
作何官？』騶云：『尊作平北將軍、徐、兖二洲刺史。』王曰：『吾已作此官，
何故復召耶？』鬼云：『此人間耳。今所作是天上官也。』王大懼之。尋見迎
官。玄衣人及鵠衣小吏甚多。王尋病薨。」〔註31〕

　　王述，坦之和禕之之父。王述字懷祖，太原晉陽人。祖湛，父承，並有
高名。襲爵藍田侯。歷任會稽內史、揚州刺史、衛將軍、散騎常侍、尚書令。
太和三年（368）卒，時年六十六。述早孤，事親孝謹，簞瓢陋巷，宴安永日。
雖群英紛紛，俊乂交馳，述獨蔑然，曾不慕羨。由是名譽久蘊。述清貴簡正，
少所推屈，唯以性急爲累。從其誡子之言，可知與支遁有交往，且對佛教有
一定的接觸。曾爲王導之掾屬，則王導當日所交遊之僧人如竺道潛、高坐、
康僧淵、法暢等，當與述有些接觸。又曾常居會稽或建康，官位日顯，當時

〔註29〕　參考余永勝《論禪宗修行解脫觀的邏輯形成與發展》，載《宗教學研究》2004
　　　　年第1期。
〔註30〕　參看湯用彤《言意之辨》，《魏晉玄學論稿》，上海：上海古籍出版社，2001
　　　　年，第37～38頁。張君祖嘲竺法頵事和詩文見《廣弘明集》卷30。
〔註31〕　（唐）釋道世著，周叔迦、蘇晉仁校注：《法苑珠林校注》，第1812、1692頁。
　　　　又：《佛祖統紀》卷36云引《高僧傳》：「王坦之爲中書令，與沙門竺法汰甚
　　　　厚，每共論幽冥報應。」（《大正藏》第49卷第340頁下）此竺法汰當是竺法
　　　　仰之誤。

會稽或建康的名僧當多有交遊。

王禕之，字文劭，小字僧恩，述次子。少知名，尚尋陽公主。仕至中書郎，未三十而卒。坦之悼念，與桓溫稱之，贈散騎常侍。王坦之年三十在升平三年（359），禕之卒年當在此年稍後。其名中的「之」字乃道教徒標誌，而其字之「僧」字乃佛教用語，此正是當時佛道交融的文化風貌的反映。其近佛事跡，除了《世說新語》所載與支遁之事，抑或其父、兄所交之僧人，亦有交往。

韓伯，字康伯，潁川人。好學，善言理。歷豫章太守、領軍將軍。年四十九，似在寧康元年（373）前後卒。其近佛事跡他處不載，然與舅父殷浩關係非常，則抑或亦讀佛經。

（二）庾和

庾和，字道季，庾亮第三子，亦是幼子。好學，有文章。風情率悟，以文談致稱於時。歷仕至丹陽尹，兼中領軍。太和初卒，年約三十八。〔註32〕妻謝尚長女僧要。《世說新語》載其近佛事跡1件：

> 庾道季詫謝公曰：「裴郎云：『謝安謂裴郎乃可不惡，何得爲復飲酒？』裴郎又云：『謝安目支道林，如九方皋之相馬，略其玄黃，取其俊逸。』」謝公云：「都無此二語，裴自爲此辭耳！」庾意甚不以爲好，因陳東亭《經酒壚下賦》。讀畢，都不下賞裁，直云：「君乃復作裴氏學！」於此《語林》遂廢。今時有者，皆是先寫，無復謝語。（《輕詆》）

此事在興寧年間（363～365）。本條劉注引檀道鸞《續晉陽秋》云：「晉隆和中，河東裴啓撰漢魏以來迄於今時言語應對之可稱者，謂之《語林》。時人多好其事，文遂流行。後說太傅事不實，而有人於謝坐敍其黃公酒壚，司徒王珣爲之賦，謝公加以與王不平，乃云：『君遂復作裴郎學。』自是衆咸鄙其事矣。」依劉注知《語林》作於隆和年間（362～363），寫出之後十分流行，則此事抑或在書作後不久。又《晉書》卷七三《庾龢傳》傳載其「太和初（366），代王恪爲中領軍，卒於官。」故繫此事於興寧中。

支遁事跡，雖此爲謝安所否認，然劉注所引《支遁傳》亦載，其文曰：「遁每標舉會宗，而不留心象喻，解釋章句，或有所漏，文字之徒，多以爲疑。

〔註32〕《晉書》卷七三本云「叔父翼將邁襄陽，龢年十五以書諫。」據《晉書》卷七《康帝紀》，建元元年（343）七月安西將軍庾翼爲征討大都督，遷鎮襄陽。則庾龢生於咸和九年（329），太和初卒，春秋三十八。

謝安石聞而善之曰：『此九方皋之相馬也，略其玄黃，而取其俊逸。』」《高僧傳》亦載：「每至講肆，善標宗會，而章句或有所遺，時爲守文者所陋。謝安聞而善之曰：『此乃九方堙之相馬也，略其玄黃，而取其駿逸。』」余《疏》：「《支遁傳》不知誰撰，蓋必作於語林成書之後，故採取其語，今《高僧傳》亦仍而不改。」〔註33〕然也有可能是謝安所言未必爲人所深信。

庾和近佛事跡，他處不見載。

（三）郗超及其父郗愔

郗愔，字方回，高平金鄉子也。父鑒，太傅。歷會稽內史、侍中、司徒。太元九年卒，時年七十二。愔淵靖純素，無執無競，簡私昵，罕交遊。

郗超，字嘉賓，一字景興，高平人。祖鑒，太傅。父愔，司空。累遷中書郎，司徒左長史。少而卓犖不羈，有曠世之度。交遊士林，每存勝拔，善談論，義理精微。愔事天師道，而超奉佛。愔又好聚斂，積錢數千萬，嘗開庫，任超所取。超性好施，一日中散與親故都盡。其任心獨詣，皆此類也。太元二年（377）十二月，超年四十一，先愔卒。超所交友，皆一時俊乂。及死之日，貴賤爲誄者四十餘人。「超黨戴桓氏，爲其謀主，以父愔忠於王室，不令知之。將亡，出一小書箱付門生，云：『本欲焚此，恐家君年尊，必以傷愍爲斃。我亡後，若大損眠食，則呈此箱。』愔後果慟悼成疾，門生乃如超旨，則與桓溫往反密計。愔見即大怒曰：『小子死恨晚！』後不復哭。」〔註34〕《世說新語》載郗氏近佛事跡有：

> 郗愔信道甚精勤，常患腹內惡，諸醫不可療。聞于法開有名，往迎之。既來，便脈云：「君侯所患，正是精進太過所致耳。」合一劑湯與之。一服，即大下，去數段許紙如拳大；剖看，乃先所服符也。（《術解》）

> 郗嘉賓欽崇釋道安德問，餉米千斛，修書累紙，意寄殷勤。道安答直云：「損米愈覺有待之爲煩。」（《雅量》）

> 郗嘉賓問謝太傅曰：「林公談何如嵇公？」謝云：「嵇公勤著腳，裁可得去耳。」又問：「殷何如支？」謝曰：「正爾有超拔，支乃過殷。然亹亹論辯，恐殷欲制支。」（《品藻》）

郗愔，《世說新語》載其奉道甚篤，此請僧人爲其除所服道符，可見名士接近

〔註33〕余《疏》，第991頁。
〔註34〕《山堂肆考》卷一百五十四《大恨亡子》。

－106－

宗教的深刻因緣乃生死。

郗超,《世說新語》載其與釋道安交遊,而且打聽支遁之事。據《高僧傳》,其與竺法汰、竺法曠交好,還撰寫《東山僧傳》,而其最仰慕的僧人是支遁。郗超佛學造詣,在名士中較為傑出。《出三藏記集》載其法論十餘篇,《本無難問》(郗嘉賓。竺法汰難,並郗答。往反四首)、《郗與法濬書》、《郗與開法師書》、《郗與支法師書》、《支書與郗嘉賓》、《奉法要》、《通神咒》、《明感論》、《論三行上》、《敘通三行》、《郗與謝慶緒書往反五首》、《論三行下》、《郗與傅叔玉書往反三首》。今存者唯《奉法要》。郗超似信仰彌勒淨土。《法苑珠林》卷一三載:「東晉會稽山陰靈寶寺木像者,徵士譙國戴逵所制。……高平郗嘉賓,撮香咒曰:『若使有常將,復覯聖顏。如其無常,願會彌勒之前。』所拈之香,於手自然,芳煙直上,極目雲際,餘芬裴回,馨盈一寺。於時道俗,莫不感厲。像今在越州嘉祥寺。」〔註35〕事又見於《集神州三寶感通錄》卷中。《佛祖歷代通載》卷六載:「郗超,字嘉賓,少有曠世之度,談論義理精微,標誌慕佛,加好行檀。……支道林每謂其造微之功足參正始,甚重之。又與汰法師厚善,嘗約先歿者,凡幽冥報,應當以相報。俄而汰卒。一夕見夢曰:『向與君約報應之事。今皆不虛,願君無忘修德,以升濟神明。』超由是循道彌篤。」〔註36〕

《世說新語》中郗氏父子的近佛事跡,反映了佛教在道教盛行的東晉的成功滲透。

(四)戴逵

戴逵,字安道,譙國人也。少博學,好談論,善屬文,能鼓琴,工書畫,其餘巧藝靡不畢綜。總角時,以雞卵汁溲白瓦屑作《鄭玄碑》,又為文而自鐫之,詞麗器妙,時人莫不驚歎。性不樂當世,常以琴書自娛。隱會稽剡山,國子博士徵,不就。師事術士范宣於豫章,宣異之,以兄女妻焉。約太元二十一年(396)卒,年六十餘。

《世說新語》載戴逵近佛事跡歷時較長:

> 戴安道年十餘歲,在瓦官寺畫。長史見之曰:「此童非徒能畫,亦終當致名。恨吾老,不見其盛時耳!」(《識鑒》)

〔註35〕 (唐)釋道世著,周叔迦、蘇晉仁校注:《法苑珠林校注》,第413頁。
〔註36〕 (元)釋念常:《佛祖歷代通載》,《大正藏》第49卷,第523頁中、下。

> 戴安道中年畫行像甚精妙。庾道季看之，語戴云：「神明太俗，由卿世情未盡。」戴云：「唯務光免卿此語耳。」（《巧藝》）

> 戴公見林法師墓，曰：「德音未遠，而拱木已積。冀神理綿綿，不與氣運俱盡耳！」（《傷逝》）

《識鑒》條，《太平廣記》卷二一○引《世說雜書》，戴逵年歲有不同，其文曰：「戴安道幼歲，在瓦棺寺內畫，王長史見之，曰：『此童非徒能畫，亦終當致名，但恨吾老，不見其盛耳。』」瓦官寺與戴逵因緣殊勝。戴逵和戴顒父子雕塑的佛像、顧愷之所作的「維摩詰像」壁畫以及師子國（今斯里蘭卡）送來的高4尺2寸的白玉佛像，被合稱為瓦官寺「三絕」。宋葛立方《韻語陽秋》卷一四「自古畫維摩者多矣」條引《京師寺記》載：「興寧中，瓦官寺初置……已而（顧愷之）於北殿畫維摩詰像一軀，與戴安道所為文殊對峙佛光照耀，觀者如堵。」〔註37〕據《高僧傳》卷十三《釋慧力傳》，瓦官寺有「戴安道所製五像及戴顒（戴逵之子）所治丈六金像。昔鑄像初成，而面首殊瘦。諸工無如之何，乃迎顒看之。顒曰：『非面瘦也，乃臂胛肥耳。』既鑱減臂胛，而面相自滿，諸工無不歎息。」《歷代名畫記》卷三載：「會昌五年，武宗毀天下寺塔，兩京各留三兩所，故名畫在寺壁者唯存一二。當時有好事，或揭取陷於屋壁已前所記者存之。蓋寡先是宰相李德裕鎮浙西創立甘露寺，唯甘露不毀，取管內諸寺畫壁置於寺內。大約有顧愷之畫維摩詰在大殿外西壁，戴安道文殊在大殿外西壁。」於此可見戴逵等人的藝術作品成為寺廟的「保祐神」。

《巧藝》「行像」，此指佛像〔註38〕。庾和之語反映出佛乃當時人格理想之代表，而戴逵的回答進一步表明佛是高逸人格的代表。更為重要的是，戴逵之語說明在他眼中「佛」並不是至高無上的，佛陀亦是「人」，從而揭示了他將佛像中國化或者世俗化的原因。〔註39〕這種改造降低了宗教藝術本身的

〔註37〕 （宋）葛立方：《韻語陽秋》，上海：上海古籍出版社，1984年，186～187頁。

〔註38〕「行像」最早見於《法顯傳》，指佛教節日活動。然除此之外現存六朝文獻中也似乎僅見於《世說新語》此處。《世說新語》中「行像」是名詞，而佛教中「行像」是動賓短語，那麼《世說新語》中的「行像」是否與佛教相關呢？此處不言何人行像，故而當是一專門術語。且從庾道季之語來看，此行像乃非塵世之物。所以，當即佛像。按：有學者謂「行像」為「形象」，如楊勇《世說新語校箋》（第644頁），非。「形象」一詞自古有之，且《世說新語》同篇即有，文曰：「荀極善畫，乃潛往畫鍾門堂，作太傅形象，衣冠狀貌如平生。二鍾入門，便大感慟，宅遂空廢。」

〔註39〕 戴逵佛像畫今不傳，然其筆法卻中國之方法無疑。可參考常任俠文章。其《認

神性，使其向生活世界靠攏，符合中國祖先崇拜宗教儀軌的非宗教特質，沿著世俗性和藝術性的內在趨向擺脫印度佛雕藝術的模式。〔註40〕

《傷逝》可知戴逵生前與支遁甚相知賞。

戴逵近佛事跡，另《辨正論》卷三載「晉常侍戴安道學藝優達，造招隱寺。手自刺五夾紵像，並相好無比，恒放身光。」〔註41〕《法苑珠林》卷一三載：「東晉會稽山陰靈寶寺木像者，徵士譙國戴逵所製。逵以中古製像略皆樸拙，至於開敬，不足動心。素有潔信，又甚巧思，方欲改斲。威容庶參，眞極注慮，累年乃得成。遂東夏製像之妙，未之有如上之像也。」〔註42〕《集神州三寶感通錄》卷中亦載。

（五）王恭

王恭，字孝伯，太原晉陽人。祖父濛，司徒左長史，風流標望。父蘊，鎮軍將軍，亦得世譽。王蘊女諱法惠，爲孝武皇后。恭清廉貴峻，志存格正。雖才不多，而清辯過人。起家著作郎，歷丹陽尹、中書令。出爲五州都督前將軍，青、兗二州刺史。卒於隆安二年（398），年約三十六。恭美姿儀，人多愛悅，或目之云：「濯濯如春月柳。」嘗披鶴氅裘，涉雪而行，孟昶窺見之，歎曰：「此眞神仙中人也！」《世說新語》載其近佛事跡有：

> 王孝伯問謝太傅：「林公何如長史？」太傅曰：「長史韶興。」問：「何如劉尹？」謝曰：「噫！劉尹秀。」王曰：「若如公言，並不如此二人邪？」謝云：「身意正爾也。」（《品藻》）

> 王孝伯問謝公：「林公何如右軍？」謝曰：「右軍勝林公，林公在司州前亦貴徹。」（《品藻》）

識古典藝術發揚愛國主義》云：「曹（不興）、顧（愷之）傳寫佛像，必參用我固有之方法」。顧愷之與戴逵生活時代相同。又其《中國繪畫藝術》之《南北朝到隋唐》：「在繪畫方面，雖則故事的來源出於印度，卻是中國藝術家自己的手法。」（二文皆載於朱光潛等著《美學和中國藝術史》，上海：知識出版社，1984年，第66、78頁。）

〔註40〕　參考王峰《中國早期（北涼至隋）佛雕藝術的審美演變》（載《宗教學研究》2002年第1期）。又按：筆者2008年在老祖寺重建時曾經訪問過一位做佛像的師傅，問他信不信佛。他說他不信佛教，如果信就不敢做了；但是這麼多人信它拜它就做好吧。大概古今匠者都是不可能有純粹意義上的宗教信仰吧。因爲人們崇拜的對象是他們的手工製作，宗教的至高無上性和神秘性，在這一過程中隨著材料的整合與刪減被解構了。

〔註41〕　（唐）釋法琳：《辨正論》，《大正藏》第52卷，第505頁中第3行。

〔註42〕　（唐）釋道世著，周叔迦、蘇晉仁校注：《法苑珠林校注》，第463頁。

此兩條似乎是前後問。此事疑約在太元前十年（376～385）。謝安太元十年（385）逝世。王孝伯即王恭。太和前十年，王恭自十四歲至二十三歲。〔註43〕支遁卒於太和元年（366），王恭自是不得見。支遁與王恭祖父濛交好，與謝安亦交好，故而王恭問其事。

王恭近佛之事，另《高僧傳》載其與慧遠、慧持、僧檢交遊。

（六）范甯

范甯，字武子，慎陽縣人。祖稚，早卒。父汪，安北將軍，後貶為庶人，卒贈散騎常侍。甯博學通覽，累遷中書郎、豫章太守。約太元末（396）卒，年六十三。《世說新語》載其近佛事跡：

> 范甯作豫章，八日請佛有板。眾僧疑，或欲作答。有小沙彌在坐末
> 曰：「世尊默然，則為許可。」眾從其義。（《言語》）

范甯的行為是儒家與佛家的結合。聯繫戴逵的佛像中國化，可以發現佛教在中土的滲入過程之中，中土人士按照自己的思維與習俗來接受。這或者是一種普遍規律，似乎有著更深廣的意義。既然人們都只能是以一種舊的思維、習俗或知識來接納新的事物，那麼新文化在異域的傳播過程中，以人們原有的知識作為橋梁來介紹新知識是不可逾越的過程。換言之，「格義」之於佛教傳播是不可避免的。更進一步，今日佛教走出中國，走向世界，也必須將其在異域「格義」。

范甯的近佛事跡，除了《世說新語》此處所載，另《高僧傳》載其與慧遠、慧持交遊（卷六本傳），又捨宅為寺（卷一三《釋慧受傳》）。《高僧傳》載釋慧遠曾欲就學於范甯未果，而《廬山記》載：「范甯在豫章，師請入社，范不能從。」〔註44〕《辨正論》卷三載：「晉豫章太守范甯檀舍不倦，結志慧持，於鵠嶺山造棲禪寺。」〔註45〕另《法苑珠林》卷一九載：「晉廬山七嶺，同會於東，共成峰崿。其崖窮絕，莫有升者。晉太元中，豫章太守范甯，將起學館，遣人伐材其山。見人著沙門服，凌虛直上。既至則回，身踞其峰，良久乃與雲氣俱滅。時有採藥數人，皆共瞻覬。當時能文之士，咸為之興。」

〔註43〕王恭生卒年史書不載。《晉書》卷84王恭本傳載其「起家為佐著作郎，……因以疾辭。俄為祕書丞，轉中書郎，未拜，遭父憂」，《晉書》卷93王蘊本傳載其「太元九年（384）卒，年五十五」，如此，若以弱冠出仕，出仕後約兩年左右遭父憂，則王恭生年約在興寧元年（363）。

〔註44〕（宋）陳舜俞：《廬山記》，《大正藏》第51卷，第1039頁中第13～14行。

〔註45〕（唐）釋法琳：《辨正論》，《大正藏》第52卷，第505頁中第5～6行。

〔註46〕事亦見於《集神州三寶感通錄》卷下。

（七）殷仲堪

殷仲堪，陳郡人。太常融孫也。父師，驃騎咨議。少有美譽，好學而有理思。精覈玄論，人謂莫不研究。殷仲堪自云：「三日不讀《道德經》，便覺舌本間強。」車騎將軍謝玄請為長史，孝武說之，俄為黃門侍郎。荊州刺史王忱死，仲堪代焉。隆安三年（399）十二月為桓玄所殺。《世說新語》載其結交慧遠事：

> 殷荊州曾問遠公：「《易》以何為體？」答曰：「《易》以感為體。」
> 殷曰：「銅山西崩，靈鐘東應，便是《易》耶？」遠公笑而不答。（《文學》）

殷仲堪之言雖機智，然疑其並不知慧遠言語的真正涵義。

殷仲堪近佛事跡，另見《辨正論》卷三：「晉太常殷仲堪至孝克終，靈文為感。」〔註47〕

（八）王珣、王瑉

王珣，字符琳，小字法護，丞相導孫，領軍洽之子。少以清秀稱。珣學涉通敏，文高當世。大司馬桓溫辟為主簿，從討袁真，封交趾望海縣東亭侯，累遷尚書左僕射、領選、進尚書令。隆安五年（401）卒，時年五十二。

王瑉，字季琰，小字僧彌，王珣弟。瑉風情秀發，才辭富贍。有才藝，善行書，名出兄珣右。故時人為之語曰：「法護非不佳，僧彌難為兄。」累遷侍中、中書令。贈太常。太元十三年（388）卒，時年三十八。

《世說新語》載兄弟近佛事1件：

> 提婆初至，為東亭第講《阿毗曇》。始發講，坐裁半，僧彌便云：「都
> 已曉。」即於坐分數四有意道人，更就餘屋自講。提婆講竟，東亭
> 問法岡道人曰：「弟子都未解，阿彌那得已解？所得云何？」曰：「大
> 略全是，故當小未精覈耳。」（《文學》）

王珣、王瑉所交遊除了《世說新語》所載僧伽提婆、法岡道人。另《佛祖歷代通載》卷六云：「王珣與弟瑉捨宅為寺，今虎丘是也。」〔註48〕《太平御覽》

〔註46〕（唐）釋道世著，周叔迦、蘇晉仁校注：《法苑珠林校注》，第631頁。

〔註47〕（唐）釋法琳：《辨正論》，《大正藏》第52卷，第505頁中第6行。按：此太常似誤，仲堪未嘗為太常。

〔註48〕（元）釋念常：《佛祖歷代通載》，《大正藏》第49卷，第524頁下。

卷八四九引《世說》有王珣與法汰交遊之事，今《世說新語》不見。其文曰：「王東亭嘗之吳郡，就汰公道人，宿別脯許府家，住瓦官寺設幔屋，竟一寺。東亭將夕至夜。後汰公設豆糜糷，汰公自啖一大堰。東亭難，汰公遂強進半堰。須臾，東亭行帳，設名飲，食、果、炙畢備，汰公都無所啖。」《高僧傳》載王珣交遊慧遠、慧持、竺法汰、竺道壹、僧伽提婆等。其中集僧譯經、講學乃其獨特之處。《僧伽提婆傳》言「王珣淵懿有深信，荷持正法，建立精舍，廣招學衆。提婆既至，珣即延請，仍於其舍講《阿毗曇》。……其冬，珣集京都義學沙門釋慧持等四十餘人，更請提婆重譯《中阿含》等。」另《辨正論》卷三載：「晉太僕卿王珣造石澗寺。」〔註49〕《高僧傳》載王瑉師事高坐道人。另《法苑珠林》卷二六載其與梵僧竟結來生緣，其文曰：「晉王練，字玄明，琅琊人也。宋侍中。父瑉，字季琰，晉中書令。相識有一梵僧，每瞻瑉風彩，甚敬悅之，輒語同學云：『若我後生，得爲此人作子。於近願亦足矣。』瑉聞而戲之曰：『法師才行，正可爲弟子子耳。』頃之，沙門病亡。亡後歲餘，而練生焉。始生能言，便解外國語，及絕國之奇珍、銀器、珠貝。生所不見，未聞其名，即而名之，識其產出。又自然親愛諸梵，過於漢人。咸謂沙門審其先身，故瑉字之曰阿練。遂爲大名。」〔註50〕

《世說新語》中名士近佛以琅琊王氏始，以琅琊王氏終。

（九）桓玄、王禎之（疑是）

> 桓南郡與道曜講《老子》，王侍中爲主簿在坐。桓曰：「王主簿，可顧名思義。」王未答，且大笑。桓曰：「王思道能作大家兒笑。」（《排調》）

此條道曜是否爲僧人存疑。

桓玄，字敬道，小字靈寶，譙國龍亢人，大司馬桓溫少子。幼童中，溫甚愛之。臨終命以爲嗣。年七歲，襲封南郡公。元興三年（404）五月被斬，年三十六。玄哀樂過人，每歡戚之發，未嘗不至嗚咽。《高僧傳》載其知重慧持、道祖，然未交好。曾欲令沙門致敬，爲王謐、慧遠所力駁，未果，後又下詔不令致敬。《弘明集》載有《支道林法師與桓玄論州符求沙門名籍一首》，乃僞作。

王禎之，字公幹，祖羲之，父徽之。歷位侍中、大司馬長史。其近佛事

〔註49〕（唐）釋法琳：《辨正論》，《大正藏》第52卷，第505頁中第5行。
〔註50〕（唐）釋道世著，周叔迦、蘇晉仁校注：《法苑珠林校注》，第822頁。

跡他處不載。然其家族事佛，其必崇佛。

以下五事難以詳考，或不知文獻是否確鑿，或不確定是否與名士有關，或難以考證人物和事件。

> 支道林還東，時賢並送於征虜亭。蔡子叔前至，坐近林公。謝萬石後來，坐小遠。蔡暫起，謝移就其處。蔡還，見謝在焉，因合褥舉謝擲地，自復坐。謝冠幘傾脫，乃徐起振衣就席，神意甚平，不覺瞋沮。坐定，謂蔡曰：「卿奇人，殆壞我面。」蔡答曰：「我本不爲卿面作計。」其後，二人俱不介意。(《雅量》)

> 王中郎以圍棋是坐隱，支公以圍棋爲手談。(《巧藝》)

> 高坐道人不作漢語，或問此意，簡文曰：「以簡應對之煩。」(《言語》)

按：上三事不知文獻是否確鑿。蔡子叔，即蔡系，其近佛事跡僅此一事，《高僧傳》亦載。

> 《文學》三乘佛家滯義，支道林分判，使三乘炳然。諸人在下坐聽，皆云可通。支下坐，自共說，正當得兩，入三便亂。今義弟子雖傳，猶不盡得。

按：此事中「諸人」疑有名士，然不確定。

> 支道林初從東出，住東安寺中。王長史宿構精理，並撰其才藻，往與支語，不大當對。王敘致作數百語，自謂是名理奇藻。支徐徐謂曰：「身與君別多年，君義言了不長進。」王大慚而退。(《文學》)

按：此事不知具體在何時；「王長史」所指難明。

第四章　《世說新語》所涉佛教經論文獻考

　　《世說新語》所涉佛教文獻凡4種，其中經為《小品》和《維摩詰經》，論為《阿毗曇心論》和支遁的《即色論》。本章除了對撰述或翻譯的人員、時間與版本進行考證外，也會結合《世說新語》所提供的語境進行相關考證。

一、《小品》考

　　《小品》皆見於《文學》，凡4條5見。

> 有北來道人好才理，與林公相遇於瓦官寺，講《小品》。於時竺法深、孫興公悉共聽。此道人語，屢設疑難，林公辯答清晰，辭氣俱爽。此道人每輒摧屈。孫問深公：「上人當是逆風家，向來何以都不言？」深公笑而不答。林公曰：「白旃檀非不馥，焉能逆風？」

> 殷中軍讀《小品》，下二百籤，皆是精微，世之幽滯。嘗欲與支道林辯之，竟不得。今《小品》猶存。

> 于法開始與支公爭名，後精漸歸支，意甚不忿，遂遁迹剡下。遣弟子出都，語使過會稽。於時支公正講《小品》。開戒弟子：「道林講，比汝至，當在某品中。」因示語攻難數十番，云：「舊此中不可復通。」弟子如言詣支公。正值講，因謹述開意。往反多時，林公遂屈。厲聲曰：「君何足復受人寄載！」

> 殷中軍被廢東陽，始看佛經。初視《維摩詰》，疑《般若波羅密》太多。後見《小品》，恨此語少。

《小品》，即《道行經》。《高僧傳》卷四《康僧淵傳》云：「《放光》、《道行》二波若，即大、小品也。」《文學》「殷中軍讀《小品》」條劉注曰：「釋氏《辨空經》，有詳者焉，有略者焉。詳者爲《大品》，略者爲《小品》。」《開元釋教錄》云勘同《大般若》第四會。

大乘學說本來以般若的緣起性空思想爲基礎，由這部經的譯出便有了趨入大乘的途徑。又因爲有道家有「道常無名」、「爲天地始」等一類說法，恰好爲接受般若理論做了準備，也就是通過道家思想使般若理論更快地傳播開來。東漢支婁迦讖（簡稱支讖）譯「波羅密多」爲「道行」，譯「眞如」爲「本無」等，都是借用道家思想來「格義」般若學。——這發生在何晏、王弼之前。〔註1〕「道行」和「本無」都是後來魏晉玄學的中心論點。釋道安《鼻奈耶序》云：「以斯邦人莊老教行，與方等經兼忘相似，故因風易行也。」〔註2〕王洽《與林法師書》云：「因廣同異之說，遂令空有之談紛然大殊。」〔註3〕

從《世說新語》所引來看，善《小品》者爲支道林，支道林曾經在山陰和建康宣講《小品》，名士也青睞《小品》，玄談名家殷浩在被廢遷徙東陽之後研思《小品》。「今《小品》猶存」，當是編撰者注，可見至元嘉年間《小品》仍然受到關注。又《高僧傳》卷四《支遁傳》云支遁出家之前即已研讀《道行》，又《出三藏記集》載有支道林《大小品對比要鈔序》，可見在支遁的生活時代《小品》一直影響卓著。

《小品》名稱由來。漢桓帝時，天竺沙門竺朔佛齎胡本至中土。《出三藏記集》卷一三《朱士行傳》云：「初天竺朔佛，以漢靈帝時，出《道行經》。譯人口傳，或不領，輒抄撮而過，故意義首尾頗有格礙。」於是朱士行西行求「大本」，後終於在于闐見梵本《道行經》，全部所抄計九十章，六十萬餘字。西晉太康三年（282），此梵本被送至洛陽。十年後，即晉惠帝元康元年（291），《般若道行品經》由兼通梵、漢二語的天竺僧人竺叔蘭與另外一位西域僧人無叉羅譯出，以經中首品《放光品》爲經名，稱《放光般若經》，二十卷。後人將支婁迦讖所出的《道行般若經》爲《小品般若》，將竺叔蘭、無叉

〔註1〕參考王曉毅《漢魏佛教與何晏早期玄學》，載《世界宗教研究》1993 年第 3 期；《般若學對西晉玄學的影響》，載《哲學研究》1996 年第 9 期。又見於王曉毅《儒釋道與魏晉玄學的形成》上篇第一章之四《佛教譯經與何晏〈無名論〉》，北京：中華書局，2003 年。另可見於湯一介、胡仲平主編《魏晉玄學研究》，武漢：湖北教育出版社，2008 年。

〔註2〕（晉）釋道安：《鼻奈耶經序》，《大正藏》第 24 卷，第 851 頁上第 8～9 行。

〔註3〕（晉）王洽：《與支遁書》，《廣弘明集》卷28 第 5 頁 b。《四部叢刊》本。

羅合譯《放光般若經》以及竺法護於晉太康七年（286）同本異譯十卷本《光贊般若》〔註4〕稱爲《大品般若》。

《小品》傳譯，史上頗多重譯。凡八譯，五存三闕。

第一譯，漢靈帝時支婁迦讖於洛陽轉胡爲漢，光和二年（179）十月八日出《般若道行經品》十卷，或云《摩訶般若波羅蜜經》，或八卷，通稱《道行經》。今存。

《出三藏記集》卷二載：「靈帝時，於洛陽譯出」「《般若道行品經》十卷（原注：或云《摩訶般若波羅經》，或八卷，光和二年十月八日出）」〔註5〕《歷代三寶紀》卷四同，並注云「初出」，「見支敏度錄及僧祐錄」。〔註6〕《開元釋教錄》卷一載：「《道行般若波羅蜜經》，十卷。原注：『題云《摩訶般若波羅蜜道行經》，亦云《般若道行品經》。或八卷。初出。與《明度》、《小品及》、《大般若》第四會等同本，光和二年七月八日出，見敏祐二錄。』」〔註7〕此七月八日，當是抄寫致誤。

第二譯，支謙以三國吳黃武年（223～229）間譯出《明度經》四卷，亦名《大明度經》、《大明度無極經》。今存。

《出三藏記集》卷二載：「《明度經》四卷（原注：或云《大明度無極經》）」「魏文帝時，支謙以吳主孫權黃武初至孫亮建興中所譯出。」〔註8〕《歷代三寶紀》卷五載：「《大明度經》四卷（原注：亦云《大明度無極經》，或六卷。見竺道祖、魏吳等三錄）」〔註9〕《開元釋教錄》卷二載支謙譯經：「《大明度無極經》四卷（原注：第二出，或六卷，亦直云《大明度經》。與《道行》、《小品》等同本。見竺道祖《魏吳錄》及僧祐等錄）」〔註10〕《大周刊定衆經目錄》

〔註4〕 雖《光贊般若經》比《放光般若經》早出，但是《光贊般若經》譯出後匿於涼州不傳，直至晉太元元年（376）才爲道安所得，影響遠不及《放光般若經》。在鳩摩羅什於後秦弘始六年（404）譯出《摩訶般若經》之前，中原佛門多識《放光般若經》而鮮聞《光贊般若經》。《出三藏記集》卷七載，《放光般若經》一出，「諸賢者等，大小皆勸助供養」。

〔註5〕 （梁）釋僧祐：《出三藏記集》，《大正藏》第55卷，第6頁中第10行。校注云三本作「或云《摩訶般若波羅蜜經》」。

〔註6〕 （隋）費長房：《歷代三寶記》，《大正藏》第49卷，第52頁下第16～17行。

〔註7〕 （唐）釋智升：《開元釋教錄》，《大正藏》第55卷，第478頁下第1～2行。

〔註8〕 （梁）釋僧祐撰，蘇晉仁，蕭鍊子點校：《出三藏記集》，第30、31頁。

〔註9〕 （隋）費長房：《歷代三寶記》，《大正藏》第49卷，第57頁上第17行。據校注，「三錄」一作「二錄」。

〔註10〕 （唐）釋智升：《開元釋教錄》，《大正藏》第55卷，第487頁下第26～27行。

卷二載：「《大明度經》一部四卷，或六卷。或名《大明度無極經》，一百六紙。右吳黃武年（222～229）優婆塞支謙於涼州譯。出《長房錄》。」〔註11〕此對《大明度經》的譯經時間界定在黃武年，未知何據，然此經卷數不多，當不至於七八年未譯完。然其載譯經地點在「涼州」，非。又《開元釋教錄》卷十一載：「《大明度無極經》四卷（原注：亦直云《大明度經》或六卷），吳月支優婆塞支謙譯。（原注：第三譯）」〔註12〕這裏的譯次與其卷二所載和他書不一致，非。考見下。

第三譯，天竺沙門康僧會於赤烏十年（249）後所譯《吳品》五卷，後稱《吳品經》，亦名《大智度無極經》。梁時已闕。

《出三藏記集》卷二載「《吳品》五卷（原注：凡有十品，今闕）魏明帝時，天竺沙門康僧會以吳主孫權、孫亮世所譯出。」〔註13〕《高僧傳》卷一《康僧會傳》載其於孫權赤烏十年至吳，後建初寺立，於寺中出《小品》。則《吳品》亦即《小品》，譯經在赤烏十年後。《歷代三寶紀》卷五載「《吳品經》五卷」，並注：「即是《小品般若》，見《三藏集記》。」《大唐內典錄》卷二同房錄。《大周刊定眾經目錄》卷二載「《吳品經》。一部五卷。右魏齊王世吳赤烏年，沙門康僧會譯。出僧祐及長房二錄」，並注：「亦名《大智度無極經》，即是《小品般若》。」《開元釋教錄》卷二載：「《吳品經》五卷（原注：《祐錄》無『經』字，云凡有十品，第三出。房云：『即是《小品般若》。見僧祐錄。』）」〔註14〕同書卷十三「大乘經重譯闕本」亦載。

關於譯經時間，唐人較僧祐錄記載更為具體。《古今譯經圖紀》卷一云是「吳太元二年，歲次辛未」〔註15〕，然「辛未」是「太元元年」的歲次。《開元釋教錄》卷二雲出於吳太元元年（251），其文曰「會以權太元元年辛未，於所創建初寺譯《六度》等經七部。」〔註16〕因吳赤烏十四年改元「太元」，

〔註11〕（唐）釋明佺：《大周刊定眾經目錄》，《大正藏》第55卷，第381頁中第20～22行。
〔註12〕（唐）釋智昇：《開元釋教錄》，《大正藏》第55卷，第583頁中第12～13行。校注云：三本「三」作「二」。
〔註13〕（梁）釋僧祐撰，蘇晉仁，蕭鍊子點校：《出三藏記集》，第31頁。
〔註14〕（唐）釋智昇：《開元釋教錄》，《大正藏》第55卷，第490頁中第7行。
〔註15〕（唐）釋靖邁：《古今譯經圖記》，《大正藏》第55卷，第352頁中第15～17行。
〔註16〕（唐）釋明佺：《大周刊定眾經目錄》，《大正藏》第55卷，第381頁中第25～27行。

赤烏十四年即太元元年。或許《開元釋教錄》所據即《古今譯經圖紀》，故「太元元年」之說，或實爲孤文，又未知所據，故難以足信。

第四譯，西晉竺法護於泰始八年（272）所譯《新道行經》，亦名《小品經》、《小品》。梁時已闕。

《出三藏記集》卷二載：「《小品》七卷」，「經今闕。晉武帝時，沙門竺法護到西域，得胡本還。自泰始中至懷帝永嘉二年已前所譯出。」〔註17〕《出三藏記集》載有竺法護《小品》，而未提到《新道行經》。然《歷代三寶紀》把《小品》與《新道行經》視爲同本的兩次譯經。其卷六載「《新道行經》十卷（原注：「泰始年第二出。與漢世竺佛朔譯舊《道行》全異，亦名《小品》，出《光贊般若》）」同書卷三在「泰始八年」下注：「護又出《新道行經》十卷。」卷六又載：「《小品經》七卷（原注：「泰始四年三月四日譯，是第二出，或八卷。見《聶道眞錄》，與舊《道行經》本同，文小異）」〔註18〕《開元釋教錄》對《歷代三寶記》載《新道行經》有所考定。其卷二載：「《新道行經》十卷（原注：亦名《小品》，或七卷，祐云：更出《小品》。泰始八年譯，第四出，與《舊道行》等同本。《房錄》更載《小品》七卷，誤也。見祐、房二錄藏中者，非此本。先闕）」同書卷十四又載：「《新道行經》十卷（原注：亦名《小品》，或七卷。《祐錄》名更出《小品》）西晉三藏竺法護譯（原注：第四譯）又按：長房等錄竺法護譯中更有《小品經》七卷者。不然。護公既有《新道行經》，不合別出《小品》。又《道行》腳註亦名《小品》。又義善寺錄中有《大智度無極經》四卷，亦云護公所出。既與《道行》同本，更亦不合別翻。既並繁重，故不存也。」〔註19〕

第五譯，東晉西域三藏祇多蜜譯《大智度經》四卷，譯經時間不明，今闕。

《歷代三寶紀》卷七載：「《大智度經》四卷。西域沙門祇多蜜，晉言訶友譯。諸錄盡云：『祇多蜜晉世出。』譯名多同，計不應虛。若非咸洛，應是江南。未詳何帝。」〔註20〕《開元釋教錄》卷三載祇多蜜譯經「《大智度經》

〔註17〕 （梁）釋僧祐撰，蘇晉仁，蕭鍊子點校：《出三藏記集》，第39、43頁。

〔註18〕 （隋）費長房：《歷代三寶記》，《大正藏》第49卷，第62頁上第1行；第37頁上第19行；第62頁上第13行。

〔註19〕 （唐）釋智升：《開元釋教錄》，《大正藏》第55卷，第495頁中第6～7行；第626頁上第27行至中第1行。

〔註20〕 （隋）費長房：《歷代三寶記》，《大正藏》第49卷，第71頁下第2、20～23行。

四卷（原注：第五出，與支讖《道行經》及《大般若》第四會等同本，見《僧祐錄》及《竺道祖錄》）同書卷十四又在「大乘經重譯闕本」中載：「《大智度經》四卷，東晉西域三藏祇多蜜譯。」並注「第五譯」。〔註21〕

　　第六譯，天竺沙門曇摩蜱共竺佛念於偽秦符堅建元十八年（382）譯《摩訶缽羅般若波羅蜜經》五卷，又名《摩訶缽羅若波羅蜜經抄》、《摩訶缽羅經》、《摩訶般若波羅蜜經》、《摩訶般若波羅蜜鈔經》、《般羅若》、《長安品》、《長安品經》、《須菩提品》、《須菩提品經》，今存。

　　《出三藏記集》卷二載：「《摩訶缽羅若波羅蜜經抄》五卷（原注：一名《長安品經》，或云《摩訶般若波羅蜜經》，偽秦符堅建元十八年出）右一部，凡五卷。晉簡文帝時，天竺沙門曇摩蜱執胡《大品》本，竺佛念譯出。」〔註22〕《歷代三寶紀》卷八載「《摩訶缽羅般若波羅蜜經》五卷（原注：建元十八年譯，或七卷，見僧叡《二秦錄》）右一經五卷。晉孝武帝世，天竺三藏沙門曇摩蜱，秦言法愛，執大品梵本，竺佛念譯為秦文。亦云《長安品》，從所出處為名，是外國經抄。」同書卷十三又載「《長安品經》五卷」，並注「亦名《摩訶缽羅經》」。〔註23〕《開元釋教錄》卷三載曇摩蜱譯經有「《摩訶般若波羅蜜鈔經》五卷，第六出，與《道行》、《小品》、《明度》等同本。右一部五卷。其本見在」，並注云「或無『鈔』字，或七卷，亦云《般羅若》，一名《須菩提品》，亦名《長安品次》，見僧叡《二秦錄》及《僧祐錄》」。同書卷十一又在「有譯有本錄」中載《摩訶般若波羅蜜鈔經》為「第六譯」，同時考證說：「右一經長房、內典二錄云是外國經鈔者，尋之未審也。據其文理乃與《小品》、《道行經》等同本異譯。故初題云《摩訶般若波羅蜜經道行品》第一，但文不足，三分過二，準《道行經》後闕十品。」同書又在卷二十「《摩訶般若波羅蜜鈔經》五卷」注中指出「一名《須菩提品經》，或七卷」。〔註24〕

　　第七譯，天竺沙門鳩摩羅什自偽秦姚興弘始十年（409）二月六日至四月三十日所譯《新小品經》七卷，又名《小品般若波羅蜜經》（十卷）、《摩訶般若波羅蜜》、《摩訶般若波羅蜜經》，今存。

〔註21〕　（唐）釋智昇：《開元釋教錄》，《大正藏》第55卷，第508頁中第28行；第626頁中第2行。

〔註22〕　（梁）釋僧祐撰，蘇晉仁，蕭鍊子點校：《出三藏記集》，第46頁。

〔註23〕　（隋）費長房：《歷代三寶記》，《大正藏》第49卷，第75頁下第5～10行。

〔註24〕　（唐）釋智昇：《開元釋教錄》，《大正藏》第55卷，第511頁上第20～22行；第583頁上帝28行至中第6行；第701頁上第19～20行。

　　《出三藏記集》卷二載「《新小品經》七卷」，並注：「弘始十年二月六日譯出，至四月二十日訖……晉安帝時，天竺沙門鳩摩羅什……於大寺及逍遙園譯出。」〔註25〕譯經時間，釋僧叡《小品經序》同僧祐錄。《歷代三寶紀》卷十三「大乘修多羅有譯第一」載「《新小品經》七卷」，卷八也載：「《小品般若波羅蜜經》十卷（原注：『弘始十年重出，或七卷。僧叡筆受，見《二秦錄》。』）」〔註26〕《開元釋教錄》卷四載：「《小品般若波羅蜜經》十卷（原注：題云《摩訶般若波羅蜜》，無『小品』字。祐云《新小品經》與《道行》、《明度》等同本，第七譯，或七卷）弘始十年二月六日出，至四月三十日訖，見《二秦錄》及《僧祐錄》。」〔註27〕據《大正藏》校注，「三本」有八卷。同書卷十九和卷二十亦載，無異。

　　第八譯爲大唐三藏玄奘於顯慶五年（660）正月一日至龍朔三年（663）十月廿三日所譯《大般若》第四會《王舍城鷲峰山說》，一十八卷，與《舊道行》、《小品》、《明度》、《長安品》等同本異譯，今存。

　　《開元釋教錄》卷一一載：「《般若》第四重會，《王舍城鷲峰山說》（原注：一十八卷，第八譯）右新譯重本，與《舊道行》、《小品》、《明度》、《長安品》等同本異譯。從五百三十八卷至五百五十卷，比於舊經亦闕《常啼》等品，餘意不殊。」〔註28〕玄奘《寺沙門玄奘上表記》卷一《請御製大般若經序表》載：「以顯慶五年（660）正月一日起，首譯《大般若經》，至今龍朔三年（663）十月廿三日絕筆，合成六百卷。」〔註29〕

二、《維摩詰經》考

　　《世說新語》中《維摩詰經》見於《文學》，凡1條。

> 殷中軍被廢東陽，始看佛經。初視《維摩詰》，疑《般若波羅蜜》太多，後見《小品》，恨此語少。

〔註25〕　（梁）釋僧祐撰，蘇晉仁，蕭鍊子點校：《出三藏記集》，第49、51頁。
〔註26〕　（隋）費長房：《歷代三寶記》，《大正藏》第49卷，第109頁下第7行；第77頁下第4～5行。
〔註27〕　（唐）釋智升：《開元釋教錄》，《大正藏》第55卷，第512頁中第7～8行。
〔註28〕　（唐）釋智升：《開元釋教錄》，《大正藏》第55卷，第582頁中第28行至下第3行。
〔註29〕　（唐）玄奘：《寺沙門玄奘上表記》，《大正藏》第52卷，第826頁中第27～28行。

另外與《維摩詰經》相關的記載亦見於《文學》，人物有支道林和名士王坦之、許詢。

> 「支道林造《即色論》，論成，示王中郎。中郎都無言。支曰：『默而識之乎？』王曰：『既無文殊，誰能見賞？』」

> 支道林、許掾諸人共在會稽王齋頭。支為法師，許為都講。支通一義，四坐莫不厭心。許送一難，衆人莫不抃舞。但共嗟詠二家之美，不辯其理之所在。

前一條劉注引《支道林集·妙觀章》云：「夫色之性也，不自有色。色不自有，雖色而空。故曰色即為空，色復異空。」又引《維摩詰經》曰：「文殊師利問維摩詰云：『何者是菩薩入不二法門？』時維摩詰默然無言。文殊師利歎曰：『是真入不二法門也。』後一條劉注引《高逸沙門傳》曰：「道林時講《維摩詰經》。」由此可見，支遁善講《維摩詰經》，而且名士們也喜歡此經，許詢、王坦之、殷浩有所研讀。《高僧傳》卷七《釋僧導傳》記載劉宋武帝裕敕僧導「於瓦官寺開講《維摩》，帝親臨幸，公卿必集」。當時，劉義慶為侍中，必隨帝左右，聽講《維摩》。

下面從文本特點、產生背景、流行中土原因以及傳譯歷史等方面介紹這部經典。

《維摩詰經》是一部思想性與藝術性都很高的大乘經典。維摩詰，亦譯為「毗摩羅詰」，意譯「淨名」、「無垢稱」，簡稱「維摩」，是《維摩詰經》中實際的說法者。維摩詰是印度毘耶離（吠捨離）的大居士，深通大乘佛法；倡導解脫的關鍵在於主觀修養而不在於出家苦修；此人「雖為白衣，奉持沙門清淨律行；雖處居家，不著三界；示有妻子，常修梵行；現有眷屬，常樂遠離；雖服寶飾，而以相好嚴身」，是真正的菩薩行；其修行濟世要「善權方便」；其最高境界為「不二法門」，即泯滅一切對立差別，無思無知，「乃至無有文字語言」。支敏度《合維摩詰經序》贊曰：「先哲之格言，弘道之宏標。」僧肇《注維摩詰經》卷十云：「言雖簡要，而義包群典。」最能精要地說明其思想特點是「彈偏斥小，歎大褒圓」八個字。「斥小」和「歎大」，指《維摩詰經》站在大乘佛教的立場，斥責小乘的思想。如在經中《弟子品》一章中，維摩詰對釋迦的弟子一一加以指責，甚至連上首弟子舍利弗也不例外。「彈偏」和「褒圓」，是指《維摩詰經》褒歎大乘中道思想，而對於大乘菩薩（如《菩薩品》），包括彌勒菩薩——娑婆世界的未來佛，因失去中道而一一加以指責。

近有學者認為，依照中國藏地密宗寧瑪派的說法，《維摩詰經》不但是密乘經典，而且還是密乘「大圓滿」的重要經典。寧瑪派把大圓滿稱為「大中觀」。維摩詰指斥小乘之小，彈貶大乘之偏，所發揚的是既「大」且「圓」的大圓滿。維摩詰是密乘菩薩，而且是修證「大圓滿」的菩薩。〔註30〕

《維摩詰經》是印度佛教早期而且是極具革新意義的大乘經典之一，是代表在大乘佛教發展中擴大了勢力的居士階層的新型經典。在佛典裏，佛所說為經，菩薩所造為論。這部經典固然也是以「如是我聞」開頭，也先寫佛在毗耶離庵羅樹園說法的時、地因緣，但主要角色很快就轉到了居士維摩詰，一個普通的「長者」。就是說，這部經的實際說法者並非佛陀，而是一個在家的「菩薩」。經中說維摩詰「資財無量」，就是說，這是篤信佛教的富豪。這個階層在古印度社會種姓制度中是屬於第三等級即「吠舍」這一較低的等級。在佛陀的時代，這一階層的勢力還比較弱小。隨著社會經濟的發展，它迅速擴大了勢力。而隨著其勢力與影響的增長，在佛教發展中也有了舉足輕重的力量。按照小乘的求道論，父子、夫婦、親屬、家財等等都是障道因緣，因此重出家。而大乘佛教的主要內容之一即是反對僧侶主義，力圖打通世間與出世間。然而印度大乘佛教裏的著名論師如龍樹、無著、世親等人也還是僧侶。《維摩經》卻讓維摩詰這樣一位「長者」居士成了說法的中心人物，反映了佛教中新的思想潮流。日本渡邊宏照認為《維摩經》即為毗耶離在家信徒集團所製作。

《維摩詰經》還是佛教文學中的瑰寶，想像恢宏、言辭博辯，情節生動，文字優美，適於誦讀，正如法國著名漢學家戴密微所言：「《維摩詰經》無疑是少數在印度佛教中佔有重要地位，而又完全融入中國文化遺產的佛典之一。」〔註31〕

《維摩詰經》在中土，東晉時期開始受到重視與歡迎。《維摩詰經》從形式到內容方面的特殊風貌和價值，使東晉人士研習此經，可備玄學之新說、清談之借鑒，亦可聊慰心懷。佛教般若思想經過《老》、《莊》之「格義」，逐漸為僧人和士人所瞭解和接受，在東晉玄學更尚玄遠的時代風尚下，佛教般若思想能

〔註30〕 參考談錫永《維摩詰經導讀》之《導讀》之一《本經的中心思想》，北京：中國書店，2007 年，第 3～4 頁。

〔註31〕 日本渡邊宏照和法國戴密微之語，皆轉引自孫長武《中國文學中的維摩與觀音》第二章《〈維摩詰經〉的弘傳》，天津：天津教育出版社，2005 年，第 30、35 頁。

夠對玄學「貴無」與「崇有」本體論上的偏執做出回應，可謂正合時宜地給玄學帶來了新的思想資源，為清談提供了新的話題。當時精習《維摩詰經》的人大多精通《老》、《莊》，如支道林。在中土人眼中，維摩詰與莊周的人格精神等同：「讀《淨名》離相之典而廢進修，誦莊周齊物之言以縱情欲，無異策駟馬而泝流，棹方舟以登阪，望追造父之長驅，欲比越人之利涉，不亦難乎？夫《淨名》有清高之德，莊周無嗜欲之累，故知斷見之論空，與無為之道反矣。夫妙道之玄致，即群有以明空。既觸實而知假，亦就殊而照同，其何類也」，「不觀空以遣累，但取空而廢善，此豈淨名不二之深致，莊周《齊物》之玄旨乎？」〔註32〕另一方面，東晉人常常頻繁地處於出世與在世的矛盾之中，《維摩詰經》給他們提供了一種「雙全法」。維摩詰居士「雖處居家，不著三界。示有妻子，常修梵行。現有眷屬，常樂遠離。雖服寶飾，而以相好嚴身。雖復飲食，而以禪悅為味。若至博弈戲處，輒以度人。受諸異道，不毀正信。雖明世典，常樂佛法。……執持正法，攝諸長幼，一切治生諧偶，雖獲俗利，不以喜悅。遊諸四衢，饒益眾生。入治政法，救護一切。入講論處，導以大乘。入諸學堂，誘開童蒙。入諸婬舍，示欲之過。入諸酒肆，能立其志。」（《方便品》）支遁《維摩詰贊》曰：「維摩體神性，陵化昭機庭。無可無不可，流浪入形名。」中土士人們一方面對佛教義理耽思瞑想如食甘飴，一方面又難以遵守佛教的清規戒律，維摩詰的這種與世俯仰、和光同塵的思想，讓他們既可以追求佛教玄思的精義妙理，求得心靈的平靜解脫，又可以在現實世俗世界中優遊享樂。不論是「夫峭立方矯既傷於通任，卑隨圓比又虧於剛潔」〔註33〕，還是「古人有言，非知之難，其在行之」〔註34〕之類——凡此種種矛盾與困惑，「即佛即俗」的《維摩詰經》皆可慰藉。如果將《維摩詰經》看做密乘經典，更可看出其與東晉名士的口味相合。密宗有「五摩（M）」：酒（Madya）、肉（Mamsa）、魚（Matsya）、炒麵（Mudra）和性交（Maithuna）。「五摩」的出現正是印度文化中縱欲主義壓倒禁欲主義佔據主導地位的時期。也就是說，是通過生命欲望的滿足而不是苦修克己來證悟大道。

在這一部經典集成不久的公元二世紀末，即已傳譯為漢語。今見於文獻

〔註32〕 （唐）李師政：《內德論空有》，《廣弘明集》卷24，第22頁b，第24頁a。《四部叢刊》本。

〔註33〕 （宋）釋慧琳：《武丘法綱法師誄》，《廣弘明集》卷23第8頁a。《四部叢刊》本。

〔註34〕 （梁）蕭衍：《斷酒肉文》，《廣弘明集》卷26第21頁b。《四部叢刊》本。

有七種譯本，三存四闕。

第一譯，東漢靈帝中平五年（188）嚴佛調所譯《維摩詰經》二卷，後稱《古維摩詰經》或《古維摩經》，久闕。

此經《高僧傳》及《出三藏記集》皆無載。《歷代三寶記》卷二「中平五年」下注：「《高僧傳》云：『《古維摩詰》等六部經合十卷，並臨淮嚴佛調於洛陽出之。』」又卷四曰：「《古維摩詰經》二卷（原注：初出，見《古錄》及朱士行《漢錄》）」〔註35〕《開元釋教錄》卷一亦載嚴佛調以靈帝中平五年（188）戊辰於洛陽譯《古維摩詰經》二卷。〔註36〕

第二譯，吳黃武初至建興中（222～254）支謙所譯《維摩詰經》二卷，又名《維摩詰不思議經》、《維摩詰所說不思議法門經》、《佛說普入道門經》、《毗摩羅鞊經》、《佛法普入道門三昧經》，今存。

《出三藏記集》卷二載：「《維摩詰經》二卷，闕。魏文帝時，支謙以吳主孫權黃武初至孫亮建興中所譯出。」〔註37〕支謙是翻譯《道行般若》的支婁迦讖的再傳弟子。《歷代三寶記》卷五載：「《維摩詰所說不思議法門經》三卷（原注：亦云《佛說普入道門經》，或二卷，第二出，與後漢嚴佛調譯者小異。見竺道祖《魏吳錄》及《三藏記》）」〔註38〕據《大唐內典錄》卷六和卷九，吳黃武年支謙於武昌譯《毗摩羅鞊經》二卷。〔註39〕《大周刊定眾經目錄》卷三載：「《維摩詰所說不思議法門經》一部三卷（或二卷，一名《佛法普入道門三昧經》）右吳黃武年優婆塞支謙譯。與後漢代嚴佛調譯小異。出《長房錄》。《毗摩羅鞊經》一部二卷（五十二紙），右吳黃武年優婆塞支謙於武昌譯，出《長房錄》。」〔註40〕《毗摩羅鞊經》即是支謙所譯《維摩詰經》二卷本。《開元釋教錄》卷二載：「《維摩詰經》二卷」，並注：「《維摩詰所說不思議法門》之稱，一名《佛法普入道門三昧經》，第二出，或三卷，見竺道祖、

〔註35〕（隋）費長房：《歷代三寶記》，《大正藏》第 49 卷，第 34 頁、第 54 頁上第 14 行。

〔註36〕（唐）釋智昇：《開元釋教錄》，《大正藏》第 55 卷，第 483 頁上第 12、19～20 行。

〔註37〕（梁）釋僧祐撰，蘇晉仁，蕭鍊子點校：《出三藏記集》，第 28、31 頁。

〔註38〕（隋）費長房：《歷代三寶記》，《大正藏》第 49 卷，第 57 頁上第 21～22 行。據《大正藏》校注，宮本原注亦作《佛法普入道明經》。

〔註39〕（唐）釋道宣：《大唐內典錄》，《大正藏》第 55 卷，第 288 頁中第 6～7 行。

〔註40〕（唐）釋明佺：《大周刊定眾經目錄》，《大正藏》第 55 卷，第 386 頁上第 9～15 行。

僧祐之錄，與漢竺佛調之譯少異。」〔註41〕

　　第三譯，西晉惠帝元康元年（291）竺叔蘭所譯《維摩詰經》二卷，又名《異維摩詰經》、《異毗摩羅詰經》、《思維摩經》，佚。

　　《出三藏記集》卷二《新集條解異出經錄》載：「竺叔蘭出《維摩詰》二卷。」同卷云：「《異維摩詰經》三卷（原注：晉惠帝時，竺叔蘭以元康元年出）」〔註42〕兩處卷數不一。《開元釋教錄》卷二載：「《異毗摩羅詰經》三卷（原注：祐云《異維摩詰經》或作思字。或二卷。元康六年譯，第三出，與佛調、支謙等所出本同文異，見道祖、僧祐二錄）」〔註43〕元康六年之「六」當為「元」之誤。又見同書卷十四。

　　關於譯經時間與次序及經名的誤記。《歷代三寶記》卷六載：「《異毗摩羅詰經》三卷，（原注：元康六年（296），第五出，與漢世嚴佛調、吳世支謙、竺法護、羅什等所譯本大同小異。或二卷，見竺道祖錄。）」〔註44〕譯經時間與次序與其同卷所載第三出在「太安二年」自相矛盾。《貞元新定釋教目錄》卷二四「《維摩詰所說經》一卷，西晉三藏竺法護譯，第四譯（原注：《周錄》中更有《毗摩羅詰經》二卷，亦云吳黃武年支謙譯，出《長房錄》。撿《長房錄》無此經名，《周錄》誤也）」〔註45〕

　　第四譯，西晉惠帝太安二年（303）竺法護所譯《維摩詰經》二卷，又名《維摩詰所說法門經》，久闕。

　　《歷代三寶記》卷六載：「《維摩詰所說法門經》一卷，太安二年（303）四月一日譯。是第三出。與漢世嚴佛調、吳世支謙出者大同小異，見《聶道真錄》。」〔註46〕此處「第三出」當是「第四出」。《開元釋教錄》卷十四載：「《維摩詰所說法門經》一卷（原注：或云《維摩詰經》。）西晉三藏竺法護譯（原注：第四譯。謹按：僧祐錄中更有《刪維摩詰經》一卷，亦云竺法護譯。下注云：『祐意謂先出《維摩》繁重，護刪出逸偈也。今意與前無異，故不別存。』）」〔註47〕

〔註41〕（唐）釋智昇：《開元釋教錄》，《大正藏》第55卷，第488頁上第3～4行。

〔註42〕（梁）釋僧祐撰，蘇晉仁，蕭鍊子點校：《出三藏記集》，第68、44頁。

〔註43〕（唐）釋智昇：《開元釋教錄》，《大正藏》第55卷，第498頁上第9～10行。

〔註44〕（隋）費長房：《歷代三寶記》，《大正藏》第49卷，第65頁中第26行。

〔註45〕（唐）釋圓照：《貞元新定釋教目錄》，《大正藏》第55卷，第962頁下第28行。

〔註46〕（隋）費長房：《歷代三寶記》，《大正藏》第49卷，第63頁下第9～10行。

〔註47〕（唐）釋智昇：《開元釋教錄》，《大正藏》第55卷，第629頁上第9～12行。

第五譯，東晉祇多蜜所譯《維摩詰經》四卷，具體翻譯時間不知，久闕。

《歷代三寶記》卷七載：「《維摩詰經》四卷，第三出，見《南來新錄》。……西域沙門祇多蜜（晉言訶友）譯。諸錄盡云：『祇多蜜晉世出，譯名多同，計不應虛。』若非咸洛，應是江南。未詳何帝。」〔註48〕此「第三出」與其卷六之載自相矛盾，誤。《開元釋教錄》更正爲「第五出」，其卷三云：「《維摩詰經》四卷（原注：與嚴佛調《古維摩經》等同本，第五出，房云見《南來新錄》）」又見同書卷一四。〔註49〕

佛教文獻中云《維摩詰經》凡六譯者，如唐代道液《淨名經關中釋抄》、失名《維摩疏釋前小序》、宋代智圓《維摩經略疏垂裕記》〔註50〕，皆漏掉了祇多蜜所譯《維摩詰經》。

第六譯，姚秦弘始八年（東晉安帝義熙二年，406）鳩摩羅什在長安大寺譯出《維摩詰經》三卷，又稱《不可思議解脫經》、《新維摩詰經》、《維摩詰

〔註48〕（隋）費長房：《歷代三寶記》，《大正藏》第49卷，第71頁下第1、20～23行。

〔註49〕（唐）釋智升：《開元釋教錄》，《大正藏》第55卷，第508頁下第6行；第629頁上第13行。

〔註50〕唐釋道液《淨名經關中釋抄》卷上「第二翻譯帝代者」曰：「此經翻傳總有六譯。第一，後漢劉氏靈帝代臨淮清信士嚴佛調於離陽白馬寺譯，二卷，名《古維摩經》。第二，吳朝孫氏太皇帝月支國優婆塞支謙於武康譯，三卷，名《維摩詰所說不思法門經》。第三，西晉司馬氏武帝沙門竺法護西域人解三十六國語於雒陽譯，一卷，名《維摩詰所說法門經》。第四，東晉惠帝西域沙門竺寂蘭元康六年於洛陽譯，三卷，名《毗摩羅詰經》。第五，後秦姚興弘始八年三藏沙門鳩摩羅什於常安大寺譯，三卷，名《維摩詰所說經》。即今所釋之本是也。第六，唐三藏沙門玄奘貞觀二十一年於長安大慈恩寺譯，六卷，名《無垢稱經》。」（《大正藏》第85卷，第503頁上帝10～22行。）《維摩疏釋前小序》云：「此經前後凡有六。謂一，後漢嚴佛調譯，兩卷，名《古維摩經》。吳朝支謙譯，三卷，名《維摩詰所說不思議法門經》。三，西晉竺法護譯，一卷，名《維摩詰所說法門經》。四，西晉竺寂蘭譯，三卷，名《毗摩羅詰經》。五，秦朝羅什法師譯，三卷，名《維摩詰所說經》。唐朝玄奘法師譯，六卷，名《無垢稱經》。此即第五秦什本也。前經四譯，什又再翻故云重譯也」（《大正藏》第85卷，第436頁上帝18～25行。）宋釋智圓《維摩經略疏垂裕記》卷一曰：「初簡示秦譯五譯者。一後漢清信士嚴佛調譯一卷名《古維摩經》。二吳朝支謙譯兩卷名《維摩詰說不思議法門經》。三西晉竺法護翻一卷名《維摩詰所說法門經》。四西晉竺叔蘭翻三卷名《毗摩羅詰經》。五姚秦鳩摩羅什翻三卷，即今所解本也。至唐朝玄奘三藏又翻六卷，名《佛說無垢稱經》。於今世則有六譯。智者在隋但見五譯。」（《大正藏》第38卷，第715頁中第14～21行。）

所說經》，今存。

《出三藏記集》卷八載釋僧肇《維摩詰經序》云：「（什）以弘始八年歲次鶉火，……於常安大寺請羅什法師重譯正本。」同書卷二云：「《新維摩詰經》三卷。」注云：「弘始八年（406）夏於長安大寺譯出。」同卷《新集條解異出經錄》云：「《維摩詰經》。支謙出《維摩詰》二卷；竺法護出《維摩詰經》二卷，又出《刪維摩詰經》一卷；竺叔蘭出《維摩詰》二卷；鳩摩羅什出《新維摩詰經》三卷。又一經四人異出。」〔註51〕此以「新」字別於舊譯明矣！釋僧肇《注維摩詰經》卷十稱《不可思議解脫經》。《開元釋教錄》卷四載：「《維摩詰所說經》三卷（原注：一名《不可思議解脫》或直云《維摩詰經》。僧祐錄云：『《新維摩詰經》（原校注：三本無詰）弘始八年於大寺出，僧肇筆受，叡製序。』第六譯。見而秦錄及僧祐錄）」〔註52〕

鳩摩羅什是中國譯經史上里程碑式的大翻譯家。他開創了譯經的一個時代，俗稱「舊譯」時期。據其弟子僧肇說，鳩摩羅什重譯經本時，「一言三復，陶冶精求，務存聖意。其文約而詣，其旨婉而章，微遠之言，於茲顯然」（《維摩詰經序》，《出三藏記集》卷八），能夠文質並重，達到了很高的水平。什譯所用梵文原本，較支譯所用的完備得多。什譯本卷上《佛國品》「佛以一音演說法」的三個偈，《方便品》中「是身如丘井……如毒蛇，如怨賊」的譬喻，卷中《不可思議品》開頭「舍利佛見此室中無有床座」一段，卷中《佛道品》開頭「菩薩行於非道」一段以及前述《入不二法門品》中的「維摩之默」一段等等，均為支譯所無。什譯對於專門名詞還進行了全面堪定；使用句法也更簡潔通暢，特別是避免了直譯的生澀；在表述上也更清晰明快。加之什譯為了符合中國傳統意識，常常改動原意，例如插入了「孝」、「忠孝」之類的概念，對於經文中肯定世俗的思想也時有發揮。這樣，什譯《維摩詰經》具有相當高的可讀性，因而得以廣泛流行。

第七譯，唐高宗永徽七年（650）玄奘在長安大慈恩寺譯《佛說無垢稱經》六卷，今存。

玄奘所用的是更為詳細的梵文原本，因此從譯本的內容看最為完備；並且他採用的是直譯方式，在哲理說明上更加精覈確切。雖然玄奘是唯識學者，但他並沒有用唯識學理論歪曲經文的本意，而是堅持了忠實的譯風。這樣，

〔註51〕 （梁）釋僧祐撰，蘇晉仁，蕭鍊子點校：《出三藏記集》，第310、49、68頁。
〔註52〕 （唐）釋智升：《開元釋教錄》，《大正藏》第55卷，第512頁中第28～29行。

這個譯本在準確程度上就是最好的。但它在流利暢達方面卻不如羅什,因此不能廣泛流行。甚至玄奘的弟子注釋《維摩詰經》,也還是遵用舊譯。

另藏譯有 Chos nyid tshul khrims 所翻之『Phags padri ma par gras pas bstan pa shes bya ba theg pa chen po』I mdo。由於藏譯佛典一般地說更忠實於原典,這一譯本成爲研究該經原貌的重要資料。另有法譯本(Etienne Lamotte L,Enseignement de Vimalakirti,Institut Orientaliste,BMvol. 51,Louvain,1962),英文譯本三(Robert Thurman,The holy Teaching of Vimalakilti;A Mahayana Scripture,University Park:The Pennsylvania State University Press,1976;Burton Waston,The Vimalakilti Sutra. New york:Columbia University Press,1996。上面 Lamotte 的法譯本亦另有英譯本,Sara Boin 譯,Pali Text Society,1976),皆據藏譯而翻。足見此經之流通,已遍及世界各地。此外,《維摩詰經》的梵文原本,亦於 1999 年在布達拉宮發現,現正由大正大學的學者作整理及研究。此外在中亞考古中還發現了粟特語和吐火羅語的殘卷。〔註53〕

中國除七個譯本外,還有刪節本。《出三藏記集》卷二《新集經論錄》載竺法護有《刪維摩詰經》一卷,「意謂先出《維摩》煩重,護刪出逸偈也」。〔註54〕又有「合本」。據《出三藏記集》卷八《合維摩詰經序》,西晉惠帝時支敏度鑒於支謙譯本與新出的竺叔蘭和竺法護譯本「同本、人殊、出異,或辭句出入,先後不同;或有無離合,多少各異;或方言訓古,字乖趣同;或其文胡越,其趣亦乖;或文意混雜,在疑似之間」,以支謙所譯爲本,以其它二本附入,「分類斷句,使事類相從,令尋之者瞻上觀下,讀彼按此」,成《合維摩詰經》五卷。〔註55〕又自東晉一直到唐代幾百年間,義學沙門普遍以《維摩詰經》爲重要的研習經典,初學者往往以之爲入門之書。這一時期,還出現了眾多義疏。對於弘揚此經,羅什一門的貢獻尤爲巨大。什、肇、生三注所存佚文被後人輯爲《注維摩詰所說經》十卷,流傳至今,從中可以看出羅什一門的精義,歷來爲人所重。僧史僧傳中記載的誦讀、研習《維摩》的事實更是不勝枚舉。在大乘經中,它可以說是最爲普及的一種。

〔註53〕 參考談錫永《維摩詰經導讀》之《導讀》之五《本經異譯》,北京:中國書店,2007 年,第 41～42 頁。
〔註54〕 (梁)釋僧祐撰,蘇晉仁,蕭鍊子點校:《出三藏記集》,第 39 頁。
〔註55〕 (梁)釋僧祐撰,蘇晉仁,蕭鍊子點校:《出三藏記集》,第 310 頁。

三、《阿毗曇心論》考

《世說新語》中《文學》載《阿毗曇》，實指《阿毗曇心論》。

> 提婆初至，為東亭第講《阿毗曇》。始發講，坐裁半，僧彌便云：「都
> 已曉。」即於坐分數四有意道人更就餘屋自講。提婆講竟，東亭問
> 法岡道人曰：「弟子都未解，阿彌那得已解？所得云何？」曰：「大
> 略全是，故當小未精覈耳。」

《文學》之《阿毗曇》當是太元十六年（391）僧伽提婆於廬山所譯《阿毗曇
心論》（四卷）。此論今存，四卷。

此論對於南方佛教有重大意義和影響，故今先考其產生經過，再就其淵
源與影響加以適當論述。

此《阿毗曇心論》是其譯者僧伽提婆第三次翻譯的。事見《出三藏記集》
卷一三《僧伽提婆傳》、《高僧傳》卷一《僧伽提婆傳》和卷五《釋道安傳》、
卷六《釋慧遠傳》。僧伽提婆，又作提和㮣婆，意譯眾天，罽賓人，姓瞿曇氏。
提婆「入道修學，遠求明師。兼通三藏，多所誦持。尤善《阿毗曇心》，洞其
纖旨。常誦《三法度》，晝夜嗟味，以為入道之府也。」符秦時，提婆到達關
中。自建元十九年（383）至建元末（385），分別於長安、洛陽譯出《阿毗曇
八犍度論》三十卷，《阿毗曇心》十六卷、《毗婆沙阿毗曇》（一名《廣說》）
十四卷。長安地區「戎世建法，倉卒未練」，故所諸佛經「凡百餘萬言，譯人
造次，未善詳審，義旨句味，往往愆謬。」後因前秦潰敗，關中擾亂，提婆
與法和避地洛陽，精研佛經，兼習漢語，將《阿毗曇》及《廣說》重譯，校
正了前譯的謬誤。不久後，姚氏後秦重據長安，佛法再興。法和重入關中，
提婆南渡，於廬山、建康繼續譯經弘法。僧伽提婆應慧遠之請，於太元十六
年（391）開始重譯《阿毗曇心論》，由慧遠弟子道慈筆受，當時的重要僧人
有竺僧根、支僧純等 80 人皆在旁聽講，江州刺史王凝之、西陽太守任固之為
檀越。第二年重新進行校對，終於成為定本。

僧伽提婆來華多年，南北譯經，共出譯典百萬餘言。《出三藏記集》卷二
載僧伽提婆譯經、論凡六部一百二十六卷，其著錄如下：《中阿含經》六十卷，
《阿毗曇八犍度》三十卷，《阿毗曇心》十六卷，《稗婆沙阿毗曇》十四卷，《阿
毗曇心》四卷，《三法度》二卷。僧伽提婆所譯多為《毗曇》。故言僧伽提婆
「尤善《阿毗曇心》」，當不虛也。

提婆手執胡本，口宣晉言，去華存實，務盡義本。今之所傳，蓋其文也。

至隆安元年（397），遊於京師，晉朝王公及風流名士，莫不造席致敬。《阿毗曇心論》和《三法度論》重譯後直是文約義豐，又經慧遠大加提倡，《毗曇》學終於盛傳於江右。江左之有《毗曇》學，亦自僧伽提婆始。僧伽提婆不但傳譯《毗曇》，而且講釋《毗曇》。僧伽提婆講《阿毗曇心論》於建康，遂開江左毗曇學之先聲。

　　與前《道行》、《維摩經》不同，《阿毗曇心論》乃是印度小乘經論，爲有部西系思想的代表，爲犍陀羅系西方師法勝所著，是法勝爲《阿毗曇經》的偈頌所作的解釋，其中二五〇偈皆小乘法相。《阿毗曇心論》是《阿毗曇經》的提要，印度本地曾一度盛行研習此論。慧遠在《阿毗曇心序》中介紹說，法勝「以爲《阿毗曇經》源流廣大，難卒尋究，非贍智宏才，莫能畢綜，是以探其幽致，別撰斯部，始自『界品』，迄於『問論』，凡二百五十偈，以爲要解，號曰心」。《阿毗曇心論》梵文早已不存，僧伽提婆在廬山所譯凡四卷十品，今收在《大正藏》第二十八卷。《雜阿毗曇心論》卷一《序品》的子注云：「諸師釋法勝《阿毗曇心》義，廣略不同。法勝所釋最爲略也。」〔註56〕

　　推原佛說的九分毗曇，現已不可得見。從它派生出來的各種毗曇，現亦零落不全，而且異義紛披，很難得其眞相。幸而現存《阿毗曇心論》一書，實際具備九分毗曇的雛形，併兼採各論的精要，它實是一種毗曇提綱之作，極可珍貴。此論體裁爲韻文，亦屬特創。慧遠稟譯人之說，贊爲天樂。今梵本不存，然以此論蛻變之《俱舍論》觀之，亦可間接知此論頌文之優美也《俱舍頌》實由《心論》展轉增益所成，時人目爲聰明論）。蓋尋常九分教十二分教中所有之頌，與經文相關，乃重述義理而爲之者。頌體音節，限制綦嚴，較中土平仄尤甚。故以義理作頌易，而以法相名數造頌難，所以十二分教中戒分論分少有據以作頌者。各種毗曇，初無頌制，法勝爲此首創，亦足知其技之神也。《阿毗曇心論》在內容上和形式上，都達到上乘地步，它之能馳譽全印度，並影響於後世的毗曇，並不是偶然的。〔註57〕

　　阿毗曇，梵語 Abhidhqrma，漢語亦作「阿毗達磨」、「毗曇」。abhi 有「對於」、「無比」以及「勝義」等意義，dhqrma 的意思是指「法」，即是佛所說的

〔註56〕（南朝·宋）僧伽跋摩等譯：《雜阿毗曇心論》，《大正藏》第 28 卷，第 869 頁下第 17 行。
〔註57〕參考呂澂《毗曇的文獻源流》，《印度佛學源流講略》，上海：上海世紀出版集團、上海人民出版社，2002 年，第 360～364 頁。

法，特別是《阿含》。Abhidhqrma 合起來就是指「對法的說明」，而佛所宣「法」有殊勝之義，因此也可以意譯爲「無比法」、「勝法」。阿毗曇也可泛指佛教一切論著，是經、律、論三藏之一。

湯用彤先生云：「中國在六朝時特舉一切有部之學而言。一切有部，盛於罽賓。罽賓即迦濕彌羅，地處印度之西北，孤立群山之中，與外國交通頗不易。相傳在阿育王時，佛化始被斯土。所傳爲上座部之學，演而爲一切有部。迦旃延撰《發智論》，迨後五百應眞，結集《大毗婆沙》，漢言爲《廣說》。（據《大唐西域記》，時三藏均作注釋，律藏之釋亦稱毗婆沙，但中土毗婆沙通指論藏注釋。）實係合多家解說，爲《發智論》作集注。所採極煩博，雖未必即合五百名師之意見，但其時一切有部學之發達，於斯可見。中國前漢以來，即通罽賓。但在道安以前，其學迄未大傳。蓋彼國教尚保守。唐玄奘《大唐西域記》謂，《大毗婆沙》等聖典，以銅鍱鏤寫石函封固藏於塔中，命藥又神守護，不令異學持此論出。然至晉時，竺法護譯《賢劫經》，其原本乃得自罽賓沙門（《祐錄》七《賢劫經記》）。而佛圖澄自云再到蔚賓，受誨名師（《僧傳》）。及至苻秦統一中國北方，與西域之交通暢達。罽賓沙門遂群集長安，大出一切有部經律論。」〔註58〕在東晉南北朝期間，尚未有任何大乘阿毗曇傳到中國來，傳入中土的唯有小乘毗曇，尤其是薩婆多部（即說一切有部）的毗曇。

有部《毗曇》特重因果，肯定「自性」、「法身」、「實有」，其「三世實有」堅持過去、現在、未來三世的實在性，支持輪迴和報應學說的主體的實在性。因果報應是佛教在中國影響最大、普及率最高的一種教義，有部理論起了重要的推動作用。〔註59〕

在鳩摩羅什對毗曇學大力破斥後，儘管它在理論層面一時未能與般若中觀學相抗衡。然而毗曇學的觀念，卻潛在於諸如慧遠、道生等中國佛教學者的頭腦之中，對中國佛教思想的形成及其發展方向有著重要的影響。元嘉十年（433），僧伽跋摩與寶雲應慧觀的要求重新譯出《雜阿毗曇心》。毗曇之學幾乎成爲南朝所有僧人共同研習的科目。此後，湧現出了一大批毗曇學者

〔註58〕湯用彤《漢魏兩晉南北朝佛教史》第十一章《釋慧遠》之《〈毗曇學〉傳佈之開始》，第 312～313 頁。

〔註59〕參閱杜繼文《毗曇的哲學基礎及其對中國佛教的影響》，載《世界宗教研究》1988 年第 1 期。

（即所謂的毗曇師），以講習小乘一切有部《阿毗曇》而得名，形成了以說一切有部的教義爲理論根據，主張法體恒有、三世實有的毗曇學派。毗曇學在東晉佛教界，確實已經形成了一股新的學術思潮，一時勢力蓋過了般若學，《般若》、《方等》諸經竟被視爲魔書。范泰《與生、觀二法師書》云：「外國風俗，還自不同，提婆始來，義、觀之徒，莫不沐浴鑽仰。此蓋小乘法耳。便謂理之所極。謂《無生》、《方等》之經，皆是魔書。」〔註60〕《出三藏記集》卷五《小乘迷學竺法度造異儀記》載元嘉中曇摩耶舍弟子法度「執學小乘，云無十方佛，唯禮釋迦而已，大乘經典不聽讀誦。反抄著衣，以此爲法」〔註61〕。

然而，早期中國佛教卻將小乘禪法、《阿毗曇論》書理解爲「大乘」。道安作的《鞞婆沙序》云：「余欣秦土忽有此經，挈海移嶽，奄在茲域，載玩載泳，欲疲不能，遂佐對校，一月四日，然後乃知大方之家富，昔見之至狹也，恨八九之年方其脇耳。」〔註62〕《鞞婆沙序》譯於建元十九年（383）。從文中可知，他的大小乘觀念很淡，雖有「大乘」之提法，但實際上沒有區分。如《陰持入經序》中說：「此乃大乘之舟楫，泥洹之關路。」而《陰持入經》，實言小乘禪定。這從側面也反映了當時佛典的傳譯狀況，即大小乘並不按印度佛學原本的邏輯進行翻譯。問題在於，道安治《般若》已不下三十年，但「八九之年」（七十二歲許）研讀了《鞞婆沙》後，卻覺「昔見之至狹」，不僅沒有把大乘般若學看成是對小乘有部的否定與超越，反而如此推重有部毗曇，原因何在？中印文化的特質、思維方式有著巨大的差異。這種差異首先表現在語言（哲學範疇與邏輯）上。兩種文化的哲學範疇的建構方式很不一樣，漢語中每個概念都要求有實在的內容，而印度哲學範疇則不然。重視這種差異非常重要，因爲這就決定了漢地義僧對印度佛學的理解程度。在般若「性空」的理解上，中土僧人總是不自覺地曲解其本義，而總是執有某種超乎現象界之上的實有的本體存在。在羅什傳譯龍樹的中觀學之前，道安更不可能越過思維方式（主觀）之限及當時因翻譯者理解力與個人品味而造成的準確性與系統性（客觀）之限。他否定「格義」的不徹底性就說明了這一點。

〔註60〕 《弘明集》卷12第7頁b。《四部叢刊》本。
〔註61〕 （梁）釋僧祐撰，蘇晉仁，蕭鍊子點校：《出三藏記集》，第232頁。
〔註62〕 （梁）釋僧祐撰，蘇晉仁，蕭鍊子點校：《出三藏記集》，第382頁。按：「欲疲不能」似當爲「欲罷不能」。

但是，佛典漢譯的這種局限也爲中土義僧創造性地理解與接受（實質是曲解與改造）印度佛學提供了機緣。印度佛學有它自身的發展脈絡。印度佛學「傳入中國，決不會按照它學說發展次第來介紹，而是混雜一起傳播的」，「在翻譯上就看不出佛學思想的發展順序了」。而中土僧人在接受時，則按自己原有的知識積累，打破印度佛學的各個不同時期不同地域的內在邏輯，用中國傳統的思維方法，用傳統語言的範疇取得嶄新的統一的理解。〔註63〕

此《阿毗曇心論》乃由譯者親自講解，距離譯經時間方五六年耳，可見南方與時代佛學的關係愈加緊密了。

四、支遁《即色論》考

支遁《即色論》見於《文學》，凡1條。

> 支道林造《即色論》，論成，示王中郎。中郎都無言。支曰：「默而識之乎？」王曰：「既無文殊，誰能見賞？」

《即色論》或早在永和七年，然定在升平二年王洽逝世前。考證見第二章。

此論又名《即色遊玄論》，今不存，僅可見一些片段。惠達《肇論疏》曰：「支道琳法師《即色論》云：『吾以爲「即色是空，非色滅空」，此斯言至矣。何者？夫色之性，色，雖色而空。如知不自知，雖知恒寂也。」〔註64〕日本安澄《中論疏記》卷第三末引《山門玄義》卷五云：「支道林著《即色遊玄論》云：『夫色之性，色不自色。不自，雖色而空。知不自知，雖知而寂。』」又接著引《述義》云：「其制《即色論》云：『吾以爲「即色是空，非色滅空」，斯言矣！何者？夫色之性，不自有色。色不自有，雖色而空。知不自知，雖知恒寂。』」〔註65〕隋吉藏《中觀論疏》曰：「支道林著《即色遊玄論》，明即色是空，故言《即色遊玄論》。此猶是不壞假名，而說實相。」〔註66〕故《即色論》即《即色遊玄論》。《出三藏記集》卷十二載：「《即色遊玄論》（支道林，

〔註63〕 參閱呂澂《印度佛學源流講略》（上海：世紀出版集團、上海人民出版社，2002年）、方廣錩《道安評傳》（北京：崑崙出版社，2004年）和王江武、陳向鴻《道安的般若思想與「毗曇」——理解佛教中國化的一個維度》（載《江西社會科學》2003年第11期。）

〔註64〕 （陳）惠達《肇論疏》，《卍續藏經》第150卷，第866頁上第8～10行。

〔註65〕 （日）安澄：《中論疏記》，《大正藏》第65卷，第94頁上第21～23行，第24～27行。

〔註66〕 （隋）吉藏：《中觀論疏》，《大正藏》第42卷，第29頁上第22～24行。

王敬和問，支答）。」《高僧傳》卷四《支遁傳》作《即色遊玄論》。《歷代三寶記》卷七作《即色遊玄論》一卷。《法苑珠林》卷一百、《大唐內典錄》卷三亦載《即色遊玄論》一卷。

前人論《即色論》之內涵及意義較多，今不復言。今所考者，一是其思想來源，一是其本來面貌，二者密不可分。

從王坦之的「既無文殊，誰能見賞」來看，支遁《即色論》似乎與《維摩詰經》有莫大關係。湯用彤先生在《漢魏兩晉南北朝佛教史》中引用惠達《肇論疏》之「支道林法師《即色論》云，吾以爲即色是空，非色滅空」時括注云：「此引《維摩詰經》。《肇論・不眞空論》引之爲色之性空，非色敗空。」〔註67〕似乎湯用彤先生也認爲支遁《即色論》源自《維摩詰經》。惠達與僧肇所引不一，那麼支遁《即色論》本色到底如何？是如惠達所記嗎？且僧肇《肇論》云：「《經》云：『色之性空，非色敗空。』」原非直言《維摩詰經》，亦非直言支遁《即色論》中有「色之性空，非色敗空」之語，那麼支遁《即色論》思想淵源就是《維摩詰經》無疑嗎？

支遁可見之《維摩詰經》本有三種：一是支謙譯本，一是竺叔蘭譯本，一是竺法護譯本。然惠達所引支遁「即色是空，非色滅空」三本皆無。今存支謙譯本《維摩詰經》，其卷九云：「愛觀菩薩曰：『世間空耳，作之爲二。色空，不色敗空。色之性空。如是痛、想、行、識空，而作之爲二。識空，不識敗空。識之性空。彼於五陰知其性者，是不二入。」〔註68〕竺叔蘭譯本和竺法護譯本早已亡佚，然亦可旁推無「即色是空，非色滅空」之語。西晉無羅叉共竺叔蘭譯《放光般若波羅蜜經》卷一《假號品第三》有一段經文與惠達所引支遁「即色是空，非色滅空」意合，然而竺叔蘭不言「即」而言「則」。其文曰：「當知一切諸法，有爲法、無爲法，亦與空合。當知本性，亦與空合，是爲應般若波羅蜜。……用色空，故爲非色。用痛、想、行、識空，故爲非識。色空，故無所見。痛空，故無所覺。想空，故無所念。行空，故無所行。識空，故不見識。

〔註67〕湯用彤《漢魏兩晉南北朝佛教史》第九章《釋道安時代之般若學》之《支道林之即色義》，第232頁。

〔註68〕支謙譯本《維摩詰經》此段經文《大正藏》見於第14冊第531頁中第7～10行，下有校注，云「耳」明本作「而」，「五」元本作「二」；又《中華大藏經》見第15冊第891頁第9～12行，金藏廣勝寺本，「觀」此本作「觀」，校勘記在第901頁，云「觀」諸本作「觀」，「耳」徑本、清本作「而」，「五」磧本、普本、南本作「二」。校注皆無關本節旨意。

何以故？色與空等無異。所以者何？色則是空，空則是色。痛、想、行、識，則亦是空。空則是識。亦不見生，亦不見滅。亦不見著，亦不見斷，亦不見增，亦不見減。亦不過去、當來、今現在。亦無五陰，亦無色、聲、香、味、細滑、法，亦無眼、耳、鼻、舌、口、身意，亦無十二因緣，亦無四諦，亦無所逮得，亦無須陀洹斯陀含阿那含阿羅漢辟支佛，亦無佛，亦無道。」〔註69〕竺法護譯本亦不言「即」。其《光贊經》卷一《順空品》云：「其為空者，無色，無痛、癢、思想、生死識，不復異色空，不復異痛、癢、思想、生死識空。如色空、痛、癢、思想、生死識亦空。所謂空者，色則為空。」〔註70〕

又據現存文獻，惠達所引支遁「即色是空，非色滅空」出自《大品》，然非支遁所見之《大品》。隋天台智者大師說、門人灌頂記《觀音義疏》卷上曰：「《大品經》云：『即色是空，非色滅空，空故無盡也。』」〔註71〕又智顗《維摩經玄疏》卷三曰：「《大品經》云：『即色是空，非色滅空。』」〔註72〕隋灌頂《大般涅槃經疏》卷一五《聖行品中》曰：「《大品》云：『即色是空，非色滅空。』」〔註73〕唐時來中土的日本釋壽靈《華嚴五教章指事》曰：「《經》云：『色即是空，非色滅空故者。』《大品經》文也。」〔註74〕宋釋延壽《宗鏡錄》卷六七曰：「《大品經》云：『即色是空，即空是色。』」〔註75〕釋僧祐《出三藏記集》卷八曰：「《大小品對比要抄序》，支道林作。」然支遁《大小品對比要抄序》之所謂《大品》，乃《放光經》。〔註76〕此經今存，然其中亦不見「即色是空，非色滅空」。

〔註69〕西晉無羅叉共竺叔蘭譯《放光般若波羅蜜經》，《大正藏》與《中華大藏經》同底本。《大正藏》在第 8 卷第 5 頁下第 23～26 行：第 6 頁上第 3～13 行。無校注。《中華大藏經》在第 7 冊第 8 頁中第 6～9 行，中第 7 行至下第 7 行，校勘記在第 123 頁中，無關本節旨意。

〔註70〕（晉）竺法護：《光贊經》，《大正藏》第 8 卷，第 152 頁上帝 19～22 行。《中華大藏經》在第 7 冊第 708 頁上第 12～16 行，金藏廣勝寺本。《校勘記》無校，見 717 頁。

〔註71〕（隋）智顗說，灌頂記：《觀音義疏》，《大正藏》第 34 卷，第 921 頁中第 23～24 行。

〔註72〕（隋）智顗：《維摩經玄疏》，《大正藏》第 38 卷，第 535 頁上第 22～23 行。

〔註73〕（隋）灌頂：《大般涅槃經疏》，《大正藏》第 38 卷，第 128 頁上第 13～14 行。

〔註74〕（日）釋壽靈：《華嚴五教章指事》，《大正藏》第 72 卷，第 233 頁上第 25 行。

〔註75〕（宋）釋延壽：《宗鏡錄》，《大正藏》第 48 卷，第 795 頁下第 28 行。

〔註76〕《高僧傳》卷 4《康僧淵傳》云：誦《放光》《道行》二般若，即《大》、《小》品也。此《放光經》乃朱士行西行求得。元康元年（291），于闐沙門無羅叉執胡本和優婆塞竺叔蘭口傳（譯），在陳留界倉垣水南寺，用了七個多月的時間譯出《放光般若經》。支遁生前亦只能看到這一種《大品》。

　　如此，無論是支遁所能見到的《維摩詰經》中還是《大品》中，都不見惠達所引支遁「即色是空，非色滅空」。那麼，「即色是空，非色滅空」到底是惠達據支遁原意轉述，還是支遁《即色論》之本色呢？而且支遁所據佛典到底是什麼呢？

　　與惠達所引《即色論》中「即色是空，非色滅空」相似者，除了上所引隋唐宋人文獻中所引《大品》經文之外，還有鳩摩羅什譯《維摩詰所說經》卷中《文殊師利問疾品第五》之語「色即是空，非色滅空」頗相似。其文曰：「喜見菩薩曰：『色、色空為二。色即是空，非色滅空，色性自空。如是受、想、行、識、識空為二。識即是空，非識滅空，識性自空。於其中而通達者，是為入不二法門。』」然而《出三藏記集》卷二載鳩摩羅什譯本有《新大品》，又《歷代三寶記》卷八云：「什所定者為《新大品》，即知有舊明矣。……後人年遠多省新字，今蓋悉無」，則隋唐宋人文獻中《大品》當是什譯本。那麼，惠達所引就是以什譯本轉述支遁之意嗎？

　　什譯本與惠達所引最為契合之處在於「即」字的使用。《世說新語》中「即」字可見近 60 處，可見「即」字很可能是東晉時始廣泛被使用的口語。那麼惠達所引支遁《即色論》之「即色是空，非色滅空」除了有可能據什譯本轉述，還有一種可能，那就是支遁自己用當時的生活語言轉述經文。若然，則支遁《即色論》非但其內容為當時名士欣賞，且其表述更口語化、生活化，也可說時尚化。鳩摩羅什翻譯經文時也比較注重「天然之語趣」而亦用「即」，故而其所譯《維摩》「色即是空」較「即色是空」更通暢。

　　如此，支遁轉述的是《大品》還是《維摩詰經》，就不得詳知了。而且，有必要進一步對支遁《即色論》原貌加以考證，並據此考證《即色論》有無其他的思想淵源。

　　惠達所引支遁《即色論》，今不全，結合日本安澄《中論疏記》之引文，其全文當如下：「吾以為『即色是空，非色滅空』，斯言至矣！何者？夫色之性，不自有色。色不自有，雖色而空。知不自知，雖知恒寂。」「支道林造《即色論》」劉注云：「《支道林集・妙觀章》云：『夫色之性也，不自有色。色不自有，雖色而空。故曰色即為空，色復異空。』」

　　惠達所記與劉注所記，其相同部分為「夫色之性也，不自有色。色不自有，雖色而空」，此為支遁《即色論》的原貌當無疑。「不自有色」，今僅見於支遁之《即色論》。「色不自有」，除了支遁之《即色論》，今唯見於姚秦涼州

沙門竺佛念譯《十住斷結經》卷十《菩薩證品第二十七》：「復與彼說，色不有色，色不自有。我色彼色，彼我無形。色則無色，豈有我也？識非我識，豈有我也？痛、想、行、法，亦復如是。」〔註77〕據《高僧傳》卷一《竺佛念》所載「至建元二十年（384）正月……後續出……《十住斷結》等，始就治定，意多未盡。遂爾遘疾，卒於長安」，知譯出此經在支遁逝世後。如此，可以有兩個結論。一是基本上可斷定「夫色之性也，不自有色。色不自有，雖色而空」不僅是支遁《即色論》之原貌，且是支遁自己的語言。二是《即色論》據何種經典依然不可確知。

不可確知的還有惠達所引支遁《即色論》原貌及與《即色論》密切相關的《妙觀章》原貌。細審惠達所記與劉注所記之區別有四：一是惠達所引有「即色是空，非色滅空」，而劉注無；二是惠達所引有「知不自知，雖知恒寂」，而劉注無；三是劉注「色即爲空」，不同於惠達所引云「即色是空」；四是劉注有「色復異空」，而惠達所引無。第一、二點區別可以理解爲惠達所引較多，第三點也可以理解爲「色即爲空」後有「色復異空」而不便說「即色爲空」，第四點「色復異空」可以理解爲惠達沒有引用。由於古人引用文獻往往不注明其省略處，也往往據記憶而不求完全一致，因此不能依據這些不同互相辯證。如此，則二人所引孰是孰非，亦不可於此得。另唐代釋元康撰《肇論疏》卷上《序》曰：「即色者，明色不自色。下第二破晉朝支道林《即色遊玄義》也。今尋林法師《即色論》，無有此語。然《林法師集》別有《妙觀章》云：『夫色之性也，不自有色。色不自色，雖色而空。』今之所引，正此引文也。夫言『色者當色色即色，豈待色色而後爲色哉』者，此猶是林法師語意也。『若當色自是色，可名有色。若待緣色成果色者，是則色非定色也。亦可云若待細色成粗色，是則色非定色也。此直悟色不自色，未領色之非色』者，正破也。有本作悟。有本作語。皆得也。此林法師但知言色非自色、因緣而成，而不知色本是空，猶存假有也。」〔註78〕釋元康所引《妙觀章》云「色不自色」，而劉注所引《妙觀章》云「色不自有」，又不同矣！且劉注所引之「色復異空」，釋元康所引亦不見。如此，不但劉注之「色復異空」是孤文，且《妙觀章》之本色亦不可確知。

〔註77〕（姚秦）竺佛念譯：《十住斷結經》，《大正藏》第 10 卷，第 1043 頁上帝 11～13 行。

〔註78〕（唐）釋元康：《肇論疏》，《大正藏》第 45 卷，第 171 頁下第 13～24 行。

　　綜上所述，關於支遁《即色論》可確知者唯一，即其文中有「夫色之性也，不自有色。色不自有，雖色而空」之語。而不可確知者有二：一是今存內容之原貌不可確知。惠達所引「即色是空，非色滅空」不可確知是支遁原話還是惠達據支遁之意轉述；惠達所引「知不自知，雖知恒寂」與「即色是空」和劉注所引「色即爲空」與「色復異空」皆不確知孰是孰非。二是支遁《即色論》與哪一部佛經關係最密切亦不可確知。

第五章 《世說新語》詞彙、故事與佛教文化

一、《世說新語》詞彙與佛教文化

詞彙是兩種文化交往的使者之一。《世說新語》中詞彙與佛教相關的情形有三種：第一種是因佛教傳入而來的新詞彙；第二種是表示中土獨有的佛教事物的詞彙；第三種是本土詞彙增添佛教內涵，或者因佛教而發生變化。這些詞彙可以說是東晉文化的「化石」，也是今日佛教研究的「博物館」。本章將從詞語來源和語義演變的視角來考察這些詞彙，以展現佛教與中土文化之間相互影響的面貌。

（一）隨佛教傳入而傳入的詞彙

《世說新語》中有相當多的詞彙是隨佛教傳入而傳入的，它們是印度或佛教本有而中土所無。這些詞彙有的至今還常用，有的已經不常用了，反映了佛教與中土文化融合的兩種情形。

（1）隨佛教傳入至今仍常用的詞彙

《世說新語》中隨著佛教的傳入而傳入的詞彙，今天還常用的比較多，有如下：佛、世尊、如來、釋氏、佛般泥洹像（臥佛）、文殊、僧、沙門、沙彌、尼、提婆、《小品》、《維摩詰經》、《阿毗曇》、般若波羅蜜、般泥洹、三乘、六通、三明、事數、宿命、色、彈指等。

佛

> 何次道往瓦官寺禮拜甚勤。阮思曠語之曰：「卿志大宇宙，勇邁終古。」
> 何曰：「卿今日何故忽見推？」阮曰：「我圖數千戶郡，尚不能得；
> 卿乃圖作佛，不亦大乎！」（《排調》）

> 二郗奉道，二何奉佛，皆以財賄。謝中郎云：「二郗諂於道，二何佞
> 於佛。」（《排調》）

佛，此是外來語。一謂是梵文 Buddha 之略，而季羨林先生認爲是源於吐火羅語，間接經過龜茲文的 pūd 或 pud，或焉耆文的 pät。〔註1〕譯義爲「覺者」或「智者」，指佛教修行的最高果位。覺包括自覺、覺他、覺行圓滿三義。佛經裏一般都把它作爲佛教始祖釋迦牟尼的尊稱，大乘經典還泛指一切覺行圓滿者。

世尊

> 范宵作豫章，八日請佛有板。衆僧疑，或欲作答。有小沙彌在坐末
> 曰：「世尊默然，則爲許可。」衆從其義。（《言語》）

梵語 Lokajyesthah。「世尊」也作「尊」。吳國康僧會譯《六度極經》卷六《女人求願經》曰：「佛問：『女爾來何願？』即稽首而對：『我聞佛爲無上正眞道最正覺道法御天人師，德如恒沙，智若虛空。六通四達，得一切智。勢來請尊，願佛哀我。』世尊告曰：『佛爲一切護忿汝所願。』」〔註2〕

如來

> 愍度道人始欲過江，與一傖道人爲侶，謀曰：「用舊義在江東，恐不
> 辦得食。」便共立「心無義」。既而此道人不成渡，愍度果講義積年。
> 後有傖人來，先道人寄語云：「爲我致意愍度，無義那可立？治此計，
> 權救饑爾！無爲遂負如來也。」（《假譎》）

如來，梵語 Tathāgatah，佛的十大稱號之一。吳國康僧會譯《六度極經》卷六《女人求願經》曰：「婦夜寐覺，憶世無常：……晨興即?石塔在庭，佛像金耀，琢壁書經，歎佛爲衆聖之師三界獨步。婦喜歎曰：『是則如來應儀正眞道最正覺者乎？』」民間常以如來、如來佛專指佛教創始者釋迦牟尼佛。

「如來」一詞實是指佛無處不在的眞如法性，亦即法身佛或說佛的法身。

〔註1〕 季羨林：《浮屠與佛》，《季羨林學術論著自選集》，北京：北京師範學院出版社，1991年，第12頁。

〔註2〕 （吳）康僧會譯：《六度集經》，《大正藏》第3卷，第38頁上第23～28行。

《成實論》卷一《十號品》曰：「復次經中說如來等十種功德。謂如來、應供、正遍知、明行足、善逝、世間解、無上、調御、天人師、佛世尊。如來者，乘如實道來成正覺，故曰如來。」〔註3〕《勝鬘寶窟》卷上之末曰：「體如而來，故名如來。又如諸佛，故名如來。問：『體如而來，故名如來。此是應身，可有來義？眞如法身，云何有來？』答：『如本隱今顯，亦得稱來。德不虛稱，故云眞實。」〔註4〕

釋氏

> 阮思曠奉大法，敬信甚至。大兒年未弱冠，忽被篤疾。兒既是偏所愛重，爲之祈請三寶，晝夜不懈。謂至誠有感者，必當蒙祐。而兒遂不濟。於是結恨釋氏，宿命都除。（《尤悔》）

釋氏，亦稱「釋」，梵語「釋迦牟尼」之簡稱，華言能仁寂默。「能仁」者，能以仁慈一切衆生；「寂默」者，不著相。

以釋氏稱佛門，在東漢譯經即可見。後漢竺大力共康孟詳譯《修行本起經》卷上《現變品第一》開篇曰：「聞如是。一時佛在迦維羅衛國，釋氏精舍尼拘陀樹下。」〔註5〕三國吳康僧會譯《六度極經》卷五《釋家畢罪經》曰：「昔者菩薩，……遊處舍衛國，……國人未獲眞諦者，有沉吟之疑，心疑諸沙門。王亦怪焉。……王詣精舍，頓首悔過。由斯王有慚心，因媒啓問，求佛女妹，結婚姻之固，以絕釋家之怨。……遂成婚姻。有男嗣一，請見諸舅，即之釋國。時佛當還，開化諸釋。諸釋欣欣，興佛精舍，掘土三尺，以栴檀香填之。……佛未坐之，而彼庶子入觀，曰：『斯精舍之巧，衆珍之妙。唯天帝宮，可爲匹矣。』……即升坐矣。釋氏雄士，壯聲呵曰：『衆祐尊座，天帝不臨，何婢之子，敢升座乎？』裂坐更興。」〔註6〕

佛般泥洹像（臥佛）

> 庾公嘗入佛圖，見臥佛。（《言語》）

> 張玄之、顧敷，是顧和中外孫，皆少而聰惠。和並知之，而常謂顧勝，親重偏至，張頗不懨。於時張年九歲，顧年七歲，和與俱至寺

〔註3〕訶梨跋摩造，（姚秦）鳩摩羅什譯：《成實論》，《大正藏》第32卷，第242頁上第23～26行。
〔註4〕（隋）吉藏：《勝鬘寶窟》，《大正藏》第37卷，第14頁中開篇第1～4行。
〔註5〕（東漢）竺大力、康孟詳譯：《修行本起經》，《大正藏》第3卷，第461頁上開篇第1～2行。
〔註6〕（吳）康僧會譯：《六度集經》，《大正藏》第3卷，第30頁中末行至下第25行。

> 中。見佛般泥洹像，弟子有泣者，有不泣者，和以問二孫。玄謂「被
> 親故泣，不被親故不泣」。敷曰：「不然，當由忘情故不泣，不能忘
> 情故泣。」（《言語》）

臥佛是臥佛像，即如來涅槃像。劉注引《涅槃經》云：「如來背痛，於雙樹間北
首而臥，故後之圖繪者爲此像。」《大般涅槃經後分》卷上《應盡還源品第二》
曰：「爾時世尊，三反入諸禪定，三反示誨衆已。於七寶床，右脅而臥，頭枕北
方，足指南方，面向西方，後背東方。（中略）於其中夜入第四禪寂然無聲，於
是時頃便般涅槃。」〔註7〕法國文化史家雷奈·格魯塞《印度的文明》曰：「至於
『涅槃』圖，這自然是最常見的：佛側身右臥，以右手支頤；雖在這種位置，衣
服的折紋卻保持直立時的形狀；在他身旁圍繞著哀悼的比丘和比丘尼。」〔註8〕

文殊

> 支道林造《即色論》，論成，示王中郎。中郎都無言。支曰：「默而
> 識之乎？」王曰：「既無文殊，誰能見賞？」（《文學》）

文殊，全稱文殊師利 Mañjuš rikumārabhūah，妙吉祥法王子。玄奘《西域記》
云：「曼殊室利，唐言妙吉祥。舊曰儒首，又曰文殊師利，或言曼殊尸利，譯
曰妙德，訛也。」

沙門

> 王北中郎不爲林公所知，乃著論《沙門不得爲高士論》。大略云：「高
> 士必在於縱心調暢，沙門雖云俗外，反更束於教，非情性自得之謂
> 也。』」（《輕詆》）

沙門，梵文 šramanah，譯義爲「悉心修道」。原爲古印度反婆羅門教思潮各個
派別出家者的通稱，佛教盛行後，專指依照戒律出家修行的佛教徒。

僧

沙彌

> 范甯作豫章，八日請佛有板。衆僧疑，或欲作答。有小沙彌在坐末
> 曰：「世尊默然，則爲許可。」衆從其義。（《言語》）

僧，是僧伽（sangha）之略。《翻譯名義集》卷一《釋氏衆名篇第十三》曰：「僧

〔註7〕　（唐）若那跋陀羅譯：《大般涅槃經後分》，《大正藏》第 12 卷，第 905 頁上
　　　　第 1～8 行。
〔註8〕　（法國）雷奈·格魯塞著，常任俠、袁音譯：《印度的文明》，北京：商務印
　　　　書館，1965 年，第 51 頁。

伽,《大論》:『秦言衆,多比丘一處和合,是名僧伽。譬如大樹林,是名爲林。』《淨名疏》云:『律名四人已上皆名衆。』《律鈔》云:『此雲和合衆,』」〔註9〕可見僧本是團體的名稱,後來指個人。《僧史略》卷下四十九《對王者稱謂》曰:「若單曰僧,則四人已上,方得稱之。今謂分稱爲僧,理亦無爽。」〔註10〕《世說新語》中「衆僧」之「僧」,已經是指個人了。

沙彌,梵文 šramaṇeraḥ,是從沙門派生的,佛教受十戒但尚未受具足戒的出家男子稱爲沙彌。

尼

> 謝遏絕重其姊,張玄常稱其妹,欲以敵之。有濟尼者,並遊張、謝二家。(《賢媛》)

尼,比丘尼 Bhikṣuṇi 之省音。尼,ni,在梵文裏代表女性,《法華文句》卷二之上曰「尼者,天竺女人通名也」,〔註11〕但是不能單獨自成音節表示女性。比丘,本爲出家人之通名,加「尼」者則專指出家之女子。「尼」音特指女僧是漢文翻譯的結果。

提婆

> 提婆初至,爲東亭第講《阿毗曇》。(《文學》)

提婆,其名一般爲四個漢語音節「僧伽提婆」。《高僧傳》卷一《僧伽提婆傳》曰:「僧伽提婆,此言衆天,或云提和。音訛故也。本姓瞿曇氏,罽賓人。」

提婆 deva,義譯爲天,佛教用來稱婆羅門教的諸神。印度古代人往往在名字裏搭用「天」字。僧伽,即僧。隋吉藏《法華義疏》卷九《五百弟子授記品》之《提婆達多品第十二》曰:「提婆達多是斛飯王子。『提婆』此翻爲『天』,『達多』言『熱』,以其生時諸天心熱故名天熱。所以然者,諸天知其造三逆罪破壞佛法,見其初生心生熱惱故因以爲名。」〔註12〕《法苑珠林》卷五引《立世阿毗曇論》云:「天名提婆,謂行善因於此道生,故名提婆。」〔註13〕那麼僧伽提婆,大概是爲了佛法鞠躬盡瘁,死而後已的意思。

〔註9〕 (宋)法雲:《翻譯名義集》,《大正藏》第54卷,第1073頁中第27~29行。
〔註10〕 (宋)贊寧:《僧史略》,《大正藏》第54卷,第251頁中第1~3行。
〔註11〕 (隋)智顗講述,灌頂筆錄:《法華文句》,《大正藏》第34卷,第19頁中第24行。
〔註12〕 (隋)吉藏:《法華義疏》,《大正藏》第34卷,第591頁下第12~15行。
〔註13〕 (唐)釋道世著,周叔迦、蘇晉仁校注:《法苑珠林校注》,第135頁。

《小品》

《維摩詰經》

> 殷中軍被廢東陽，始看佛經。初視《維摩詰》，疑般若波羅密太多，
> 後見《小品》，恨此語少。(《文學》)

《小品》，即《道行般若》，考見第四章。《維摩詰》，即《維摩詰經》，考見第四章。

《阿毗曇》

> 提婆初至，為東亭第講《阿毗曇》。(《文學》)

阿毗曇，梵語 Abhidhqrma，考見第四章。

般若波羅蜜

> 殷中軍被廢東陽，始看佛經。初視《維摩詰》，疑般若波羅密太多，
> 後見《小品》，恨此語少。(《文學》)

般若波羅蜜，即般若波羅蜜多，梵語 Prajñāpāramitā 的音譯，常常簡化為 Prajñā（般若）。般若，意指明見所有事物和道理的高深智慧；波羅蜜多（Pāramitā），意指到彼岸，即由生死之此岸到涅磐之彼岸。《大智度論》卷四三云：「般若者，秦言智慧，一切諸智慧中，最為第一，無上無比無等，更無勝者。」「般若名慧，波羅蜜名到彼岸。」又卷一百云：「般若波羅蜜是諸佛母。諸佛以法為師，法者即是般若波羅蜜。」〔註14〕

般泥洹

> 張玄之、顧敷，是顧和中外孫，皆少而聰惠。和並知之，而常謂顧
> 勝，親重偏至，張頗不懨。於時張年九歲，顧年七歲，和與俱至寺
> 中。見佛般泥洹像，弟子有泣者，有不泣者，和以問二孫。玄謂「被
> 親故泣，不被親故不泣」。敷曰：「不然，當由忘情故不泣，不能忘
> 情故。」(《言語》)

般泥洹，也作般涅磐、般泥日，梵語為 Paririrvāna。原意是火的熄滅或者風的吹散狀態，佛教產生以前就有此概念。佛教用它指修習所達到的最高境界。《高僧傳》卷六《釋慧遠傳》載慧遠《沙門不敬王者論》曰：「不以情累其生，則其生可滅；不以生累其神，則其神可冥。冥神絕境，故謂之泥洹。」同卷《釋

〔註14〕（姚秦）鳩摩羅什譯：《大智度論》，《大正藏》第 25 卷，第 370 頁中第 20～21 行，第 650 頁中第 22～23 行，第 755 頁下第 8～9 行。

僧肇傳》載僧肇《涅槃無名論》曰：「涅槃，秦言無爲，亦名滅度。無爲者，取乎虛無寂寞，妙絕於有爲。滅度者，言乎大患永滅，超度四流。」

三乘

> 三乘佛家滯義，支道林分判，使三乘炳然。諸人在下坐聽，皆云可通。支下坐，自共說，正當得兩，入三便亂。今義弟子雖傳，猶不盡得。（《文學》）

劉注引《法華經》曰：「三乘者：一曰聲聞乘，二曰緣覺乘，三曰菩薩乘。聲聞者，悟四諦而得道也。緣覺者，悟因緣而得道也。菩薩者，行六度而得道也。然則羅漢得道，全由佛教，故以聲聞爲名也。辟支佛得道，或聞因緣而解，或聽環佩而得悟。神能獨達，故以緣覺爲名也。菩薩者，大道之人也。方便則止行六度，眞教則通修萬善，功不爲己，志存廣濟，故以大道爲名也。」

三乘，指引導眾生求得解脫的三種途徑、方法。佛教認爲「人」有三種「根器」，故有三種不同的修持途徑，並比作人所乘的三種車。一般以聲聞、緣覺、菩薩（佛）爲三乘。《四教儀集注》卷上：「三乘，乘以運載爲義，聲聞以四諦爲乘，緣覺以十二因緣爲乘，菩薩以六度爲乘，運出三界歸於涅槃。」〔註15〕《法華經》卷二《譬喻品》以羊、鹿、牛之三，喻小中大三乘——小者聲聞乘、中者緣覺乘、大者菩薩乘。

六通
三明

> 汰法師云：「『六通』、『三明』同歸，正異名耳。」（《文學》）

六通，六種神通力，梵語爲ṣaḍ - abhijñāḥ。《翻譯名義集》卷七云：「明行足，具足三明及六神通。《智論》云：『一如意，二天眼，三天耳，四他心，五識宿命通，六無漏通。』言神通者，《易》曰：『陰陽不測之謂神，寂然不動，感而遂通。』《瓔珞》云：『神名天心，通名慧性。天然之慧，徹照無礙。故名神通。』」〔註16〕另，見本書第二章第二部分「法汰」條。

三明，梵語 trividyā，見本書第二章第二部分「法汰」條。

〔註15〕轉引自陳聿東主編《佛教文化百科》，天津：天津人民出版社，1993 年，第65 頁。

〔註16〕（宋）法雲：《翻譯名義集》，《大正藏》第 54 卷，第 1177 頁上第 6～10 行。

事數

> 殷中軍被廢，徙東陽，大讀佛經，皆精解。唯至事數處不解。(《文學》)

此條劉注：「事數，謂五陰、十二入、四諦、十二因緣、五根、五力、七覺之屬。」事數指以數字簡略標出的佛教義理概念。《高僧傳》卷四《竺法雅傳》云：「以經中事數擬配外書，爲生解之例，謂之格義。」呂澂《中國佛學源流略講》第三講《般若理論的研究》曰：「原來般若學對『性空』講得比較空泛，要揭示其內容，必須把『事數』（即名相）弄清楚。《放光》譯出後，『事數』比較完備了，如用五蘊、十二處、十八界來說明。」〔註17〕

宿命

> 阮思曠奉大法，敬信甚至。大兒年未弱冠，忽被篤疾。兒既是偏所愛重，爲之祈請三寶，晝夜不懈。謂至誠有感者，必當蒙祐。而兒遂不濟。於是結恨釋氏，宿命都除。(《尤悔》)

宿命，前世的生命。佛教認爲世人過去之世皆有生命，輾轉輪迴，故稱宿命。《法苑珠林》卷一七引《賢愚經》云：「昔佛在世時，有一比丘，林中誦經，音聲雅好。時有一鳥，聞法敬愛，在樹而聽。時爲獵師所射，命終。緣此善根，生忉利天。面貌端正，光相昺然，無有倫匹。自識宿命，知因比丘誦經聽法得生此中。即持天華，到比丘所。禮敬問訊，以天香華供養比丘。比丘具問，知其委曲，即命令坐，爲其說法，得須陀洹。既得果已，還歸天上。」〔註18〕

色

> 支道林造《即色論》，論成，示王中郎。(《文學》)

色，是色、受、想、行、識五蘊之「色」，梵語爲Rūpaṃ，意指物質。色是緣起所起，色法上不能有個不變的實性，所以說「色即是空」，唯其沒有實性，所以能遇緣即起，所以說「空即是色」。

彈指

> 王丞相拜揚州，賓客數百人並加沾接，人人有說色。唯有臨海一客姓任及數胡人爲未洽，公因便還到過任邊云：「君出，臨海便無復人。」任大喜說。因過胡人前彈指云：「蘭闍、蘭闍。」群胡同笑，四坐並歡。(《政事》)

〔註17〕 呂澂：《中國佛學源流略降》，北京：中華書局，1979年，第45頁。
〔註18〕 （唐）釋道世著，周叔迦、蘇晉仁校注：《法苑珠林校注》，第570頁。

彈指，第三章已考。這個詞語作爲佛教禮儀今日似不存在了，不僅在今日佛教徒的日常生活中很難見到，而且在當今名僧聖凱所撰《中國漢傳佛教禮儀》〔註 19〕中也沒有提及這一古老的儀式。但是，其在佛經中的另一意義，即表示轉瞬即逝的時間，卻保留下來，並成爲漢語俗語。《無壽量經》謂：一心念佛的人，臨命終時蒙佛接引，如「彈指頃，即生彼國（西方淨土）」。毛澤東《水調歌頭》：「三十八年過去，彈指一揮間。」〔註 20〕

（2）隨佛教傳入而今已不常用的詞彙

《世說新語》中隨佛教傳入而傳入的詞彙，今天已經不常見的，數目不多，有如下：佛圖、楡臘、蘭闍、行像、白旃檀、喜踴、將無（不）。它們從不同方面反映了佛教文化在中土的發展變化。

佛圖

> 佛圖澄與諸石遊，林公曰：「澄以石虎爲海鷗鳥。」（《言語》）

佛圖，Buddha Stūpa（浮圖）的第一個音節，用以表示佛陀或者和尚。今不常用。

> 庾公嘗入佛圖，見臥佛。（《言語》）

佛圖，也寫作「浮圖、浮屠」，梵語 Buddha Stūpa，原義爲「佛家」，是「佛陀（或浮屠）窣堵波」之省，晉宋譯經時又據 Stūpa 之尾音而專門造了塔字，表示供奉佛像、收藏佛經或供奉佛骨之處。浮屠的「佛」義源於梵語 Buddha，用以表示佛陀及和尚的概念。由於有共同的成分，漢譯時很容易因疏忽而造成同形異義。

楡臘

> 殷洪遠曰：「楡臘亦放，何必其鎗鈴邪？」（《排調》）

楡臘，考見本書第三章第一部分第五小節。今人或云梵唄，或云佛教音樂（佛樂）。

蘭闍

> 王丞相拜揚州，賓客數百人並加沾接，人人有說色。唯有臨海一客姓任及數胡人爲未洽，公因便還到過任邊云：「君出，臨海便無復人。」任大喜說。因過胡人前彈指云：「蘭闍、蘭闍。」群胡同笑，四坐並

〔註 19〕聖凱：《中國漢傳佛教禮儀》，北京：宗教文化出版，2001 年。

〔註 20〕參看中國佛教文化研究所：《俗語佛源》，上海：上海人民出版社，1993 年，第 54～55 頁。

歡。(《政事》)

蘭闍,本書第二章第二部分「胡僧」條已考。今不常用。

行像

戴安道中年畫行像甚精妙。(《巧藝》)

行像,本書第三章第三部分第四小節已考。當下中國無行像活動。

白旃檀

有北來道人好才理,與林公相遇於瓦官寺,講《小品》。於時竺法深、
孫興公悉共聽。此道人語,屢設疑難,林公辯答清晰,辭氣俱爽。
此道人每輒摧屈。孫問深公:「上人當是逆風家,向來何以都不言?」
深公笑而不答。林公曰:「白旃檀非不馥,焉能逆風?」深公得此義,
夷然不屑。(《文學》)

「白旃檀」,今不再常用,因受漢語使用雙音節化的影響而曰「白檀」。旃檀,
本書第二章第一部分第二十九小節已考。

喜踴

賈公閭後妻郭氏酷妒,有男兒名黎民,生載周,充自外還,乳母抱
兒在中庭,兒見充喜踴,充就乳母手中嗚之。郭遙望見,謂充愛乳
母,即殺之。(《惑溺》)

這個詞首見於佛經,是在中土詞彙基礎上改造而成。今人一般不言喜踴,而
曰喜悅。

「踴躍」,在古漢語中本義是跳躍的意思,如《詩經·邶風·擊鼓》:「擊
鼓其鐺,踴躍用兵。」屈原《悲回風》「存髣髴而不見兮,心踴躍其若湯」,
其「踴躍」,則引申爲心急如煎之義。但是,將歡喜與踴躍連在一起,或者「踴
躍」表達歡喜的心情似源自佛經。薛克翹《讀《幽明錄》雜談》之釋「歡踴」
曰:「此詞出現於《幽》書卷一《賣胡粉女》條。歡踴即『歡喜踴躍』的縮寫。……
佛經中常將歡喜和踴躍連在一起使用,如《賢愚經》卷十:『一切人民,男女
大小,?斯瑞應,歡喜踴躍,來至佛前。』《經律異相》卷一三引《度脫狗子經》:
『狗子得食,善心生焉,踴躍歡喜。』又引《腹中女聽經》曰:『聞佛說經,
歡喜踴躍。』以上數例已可證明,歡喜踴躍一詞出佛家語。歡喜之意則不必
說。踴躍一詞雖形容一種動勢,但更傾向於情狀。」〔註21〕又方一新先生考

〔註21〕薛克翹《讀《幽明錄》雜談》,《南亞研究》,1993 年第 2 期,第 46 頁。又見

證:「『喜踴』『喜躍』,義爲高興、欣喜,最早見於佛典。《中本起經》卷下《本起該容品》:『吾心喜踴,何因得聞,無量法乎?』又《須達品》:『美音喜躍,宿行所追,互解欲行。』《修行本起經)卷上(菩薩降身品):『王聞太子生,心懷喜躍。』檢東漢譯經中常有『歡喜踴躍』一類的話,如《修行本起經》卷上《現變品》:『儒童聞佛,歡喜踴躍。』《成具光明定意經》:『善明見此大變,驚喜踴躍,來詣天尊。』『喜踴』『喜躍』應爲『歡喜踴躍』的縮稱。究其原因,當與佛典慣用四字一頓的句式有關。」〔註 22〕又《無明羅剎集》卷上云:「王聞稱已,即時喜勇,而語鬼曰:『善哉賢士,言折吒者,即我身是。』」〔註 23〕「喜勇」即「喜踴」。《百喻經》卷四之《得金鼠狼喻》云:「昔有一人,在路而行,道中得一金鼠狼,心生喜踴,持置懷中,涉道而進。」〔註 24〕《大莊嚴論經》卷一一載:「爾時須達聞福梨伽所說,心生喜踴。」〔註 25〕

將無(不)

> 王戎云:「太保居在正始中,不在能言之流。及與之言,理中清遠,將無以德掩其言!」(《德行》)

> 謝靈運好戴曲柄笠,孔隱士謂曰:「卿欲希心高遠,何不能遺曲蓋之貌?」謝答曰:「將不畏影者,未能忘懷。」(《言語》)

> 殷仲堪當之荊州,王東亭問曰:「德以居全爲稱,仁以不害物爲名。方今宰牧華夏,處殺戮之職,與本操將不乖乎?」殷答曰:「皋陶造刑辟之制,不爲不賢;孔丘居司寇之任,未爲不仁。」(《政事》)

> 阮宣子有令聞,太尉王夷甫見而問曰:「老、莊與聖教同異?」對曰:「將無同?」太尉善其言,辟之爲掾。世謂「三語掾」。衛玠嘲之曰:「一言可辟,何假於三?」宣子曰:「苟是天下人望,亦可無言而闢,復何假一?」遂相與爲友。(《文學》)

> 謝太傅盤桓東山時,與孫興公諸人泛海戲。風起浪湧,孫、王諸人色並遽,便唱使還。太傅神情方王,吟嘯不言。舟人以公貌閒意說,

其著作《中印文學比較研究》之《漢魏六朝篇第一》之四《讀《幽明錄》雜談》,略有添加,北京:崑崙出版社,2003 年,第 36 頁。

〔註 22〕 方一新:《東漢語料與詞彙史研究芻議》,《中國語文》,1996 年第 2 期。

〔註 23〕 《無明羅剎集》,《大正藏》第 16 卷,第 852 頁下第 18~20 行。

〔註 24〕 《百喻經》,《大正藏》第 4 卷,第 556 頁中第 18~19 行。

〔註 25〕 《大莊嚴論經》,《大正藏》第 4 卷,第 318 頁上第 17~18 行。

猶去不止。既風轉急，浪猛，諸人皆諠動不坐。公徐云：「如此，將無歸！」衆人即承響而回。於是審其量，足以鎮安朝野。（《雅量》）

謝安始出西戲，失車牛，便杖策步歸。道逢劉尹，語曰：「安石將無傷？」謝乃同載而歸。（《任誕》）

朱慶之先生在《「將無」考》中論證「將無（不）」是外來詞，源於梵文的否定副詞 mā，是一個由佛經翻譯而產生的意譯詞。此外，還有連詞的用法。朱慶之先生指出，「將無（不）」在唐代以後就不再使用，而其涵義在唐代就已經失去了確詁。〔註26〕

（二）表示中土新生佛教事物或意義的詞彙

《世說新語》中有些詞彙所表示的事物或意義是因爲佛教的傳入才新生於中土的，有九個：佛經、即色論、心無義、釋（漢僧姓氏）、貧道、白馬寺、東安寺、瓦官寺。

佛經

殷中軍被廢東陽，始看佛經。（《文學》）

殷中軍被廢，徙東陽，大讀佛經，皆精解。（《文學》）

殷中軍見佛經云：「理亦應阿堵上。」（《文學》）

佛經以爲袪練神明，則聖人可致。（《文學》）

稱佛典爲「經」，是中土文化觀念的反映，是佛教徒比附儒家傳統而來的，如《四十二章經》原稱《四十二章》。

《世說新語》中沒有單稱佛經爲「經」的。而今人說「經」，一般是指讀佛經。因爲傳統的儒釋道經典觀念已不再爲今人所奉，而佛典之名絕大部分本身有一個「經」字，尤其爲一般人所瞭解和誦讀的稱爲「某某經」。如此一來，不論是否奉佛，說起佛典或佛教活動的時候，都須使用「經」字。而儒家、道家典籍，反而極少單云「經」了。

即色論

支道林造《即色論》，論成，示王中郎。中郎都無言。支曰：「默而

〔註26〕朱慶之：《「將無」考》，見於傅傑編《二十世紀中國文史考據文錄》，昆明：雲南人民出版社，2001年，第2027～2044頁。原載李錚、蔣忠新主編《季羨林教授八十華誕紀念論文集》，南昌：江西人民出版社，1991年。

識之乎？」王曰：「既無文殊，誰能見賞？」（《文學》）

東晉名僧支遁所造。也謂《即色遊玄論》。考見本書第四章第四部分「支遁《即色論》考」。

心無義

悗度道人始欲過江，與一傖道人爲侶，謀曰：「用舊義在江東，恐不辨得食。」便共立「心無義」。既而此道人不成渡，悗度果講義積年。

後有傖人來，先道人寄語云：「爲我致意悗度，無義那可立？治此計，權救饑爾！無爲遂負如來也。」（《假譎》）

東晉名僧支敏度所造。考見本書第二章第二部分「悗度道人、傖道人（共立『心無義』者）、傖人（傳語支敏度者）（疑是）」條。

釋（漢僧姓氏）

郗嘉賓欽崇釋道安德問，餉米千斛，修書累紙，意寄殷勤。道安答直云：「損米愈覺有待之爲煩。」（《雅量》）

《出三藏記集》卷一五《釋道安傳》載：「初魏晉沙門依師爲姓，故姓各不同。安以爲大師之本莫尊釋迦，乃以釋命氏。後獲《增一阿含經》，果稱四河入海無復河名，四姓爲沙門，皆稱釋種。既懸與經符，遂爲後式焉。」此雖有佛典可據，然頗有追宗認祖的儒家文化意味。

貧道

竺法深在簡文坐，劉尹問：「道人何以遊朱門？」』答曰：「君自見其朱門，貧道如遊蓬戶。」（《言語》）

支道林常養數匹馬。或言道人畜馬不韻，支曰：「貧道重其神駿。」（《言語》）

貧道，僧人自稱。佛教傳入前中土似無稱貧道者。《大宋僧史略》卷下《對王者稱謂》載：「若此方對王者，漢魏兩晉或稱名，或云我，或云貧道。故法曠上書於晉簡文稱貧道。支遁上書乞歸剡亦稱貧道。道安諫苻堅，自稱貧道，呼堅爲檀越。於時未爲定式。又跋陀對宋孝武云：『從陛下乞順。』此見呼陛下也。至南齊時，法獻、玄暢二人分爲僧正，對帝言論，稱名而不坐。後因中興寺僧鍾啓答稱貧道，帝嫌之，問王儉曰：『先輩沙門與帝王共語，何稱？正殿還坐不？』儉對曰：『漢魏佛法未興，不見紀傳。自僞國稍盛皆稱貧道，亦聞預坐。及晉初亦然。中代有庾冰、桓玄等，皆欲使沙門盡禮。朝議紛紜，事皆休寢。宋之中朝，亦令致禮，尋且不行，自爾迄今，多預坐而稱貧道。』

帝曰：『暢獻二僧，道業如此，尚自稱名。況復餘者？令揖拜則太甚，稱名亦無嫌。』由是沙門皆稱名於帝王，獻暢爲始也。」〔註27〕

白馬寺

《莊子‧逍遙篇》，舊是難處，諸名賢所可鑽味，而不能拔理於郭、向之外。支道林在白馬寺中，將馮太常共語，因及《逍遙》。支卓然標新理於二家之表，立異義於衆賢之外，皆是諸名賢尋味之所不得。後遂用支理。（《文學》）

此白馬寺，未知何處。然「白馬寺」之名，與佛教因緣莫大焉。《洛陽伽藍記》卷四載：「白馬寺，漢明帝所立也。佛入中國之始。寺在西陽門外三里御道南。明帝夢見金人長丈六，項佩日月光明。土人號曰佛。遣使向西域求之，乃得金像焉。時以白馬負經而來，因以爲名寺。上經函長存，時放光明，曜於堂宇，是以道俗禮敬之，如仰眞容。」

瓦官寺

有北來道人好才理，與林公相遇於瓦官寺，講《小品》。（《文學》）

僧意在瓦官寺中，王苟子來，與共語，便使其唱理。（《文學》）

劉丹陽、王長史在瓦官寺集，……共商略西朝及江左人物。

（《品藻》）

何次道往瓦官寺禮拜甚勤。（《排調》）

戴安道年十餘歲，在瓦官寺畫。（《識鑒》）

瓦官寺之名似亦源於東晉，其具體時間存疑。一般皆以爲建康瓦官寺興建於興寧二年，且瓦官寺之名肇於斯。《高僧傳》卷五《竺法汰傳》載：「瓦官寺本是河內山玩公墓爲陶處。晉興寧中，沙門慧力啓乞爲寺止有堂塔而已。」《建康實錄》卷八同。然《世說新語》所載瓦官寺事多在興寧以前。又《辯正論》卷三載太興元年（318）「造瓦官、龍宮二寺，度丹陽、建業千僧」。〔註28〕又《歷代三寶記》卷七載東晉元帝楊都瓦官寺沙門竺僧敷撰《神無形論》一卷，然不足信。〔註29〕又《世說新語》中不知是在建康還是會稽，亦不知是當時

〔註27〕（宋）贊寧：《大宋僧史略》，《大正藏》第 54 卷，第 251 頁中第 19 行至下第 5 行。

〔註28〕（唐）釋法琳：《辯正論》，《大正藏》第 52 卷，第 502 頁下。

〔註29〕細審《高僧傳》卷 5《竺僧敷傳》，其所言「西晉末亂，移居江左」卻似當爲「石氏之亂，移居江左」。一者，其同寺知名之僧人竺道嵩（姓氏見《高僧傳》

即有此名，還是撰述者以後來地名記之。如此，元帝造瓦官寺僅僅見於《辯正論》，實同孤文，亦難取信。

今有南京瓦官寺，與東晉建康瓦官寺有歷史淵源。〔註30〕

東安寺

支道林初從東出，住東安寺中。（《文學》）

東安寺，在建康。關於晉建康東安寺，似僅此一事。關於建康東安寺的記載，亦不多見。《宋書》卷九七《夷蠻傳‧天竺下》載：「慧嚴、慧議道人，並住東安寺，學行精整，爲道俗所推。時斗場寺多禪僧。京師爲之語曰：『斗場禪師窟，東安談義林。』」《南齊書》卷一九載：「建武初，始安王遙光治廟截東安寺屋，以直廟垣截梁，水出如淚。」另僧傳或法錄中有些許關於寺中譯經的記載。

東安寺之名也似最早見於東晉建康。《高僧傳》所載東安寺僧晉時唯支遁，餘皆在南朝。《洛陽伽藍記》不見有「東安寺」名。東安，多用於地名，古時就有「東安平」（《春秋》）、「東安」（《漢書》）。一城之中有「東安里」（《洛陽伽藍記》卷二）、東安府（《宋書》卷一六），疑此寺或者與某一地名東安者有關。又《晉書》有「東安王」、「東安公」，或者此寺與某一封號冠「東安」者有關。

（三）增添佛教內涵的中土詞彙

《世說新語》中有相當多的詞彙原本中土，在佛教傳入後，這些詞彙的原意也一直爲古人所使用，但在其原意的基礎上增添佛教意味。大部分詞彙沒有因佛教而發生根本變化，如法師、高坐、都講、弟子、道人、上人、寺、精舍、三寶、居士。有的則增添了全新的意義，如嗚。今天這些詞彙有的已經佛教專科化了，即僅用於佛教領域，如寺、三寶，這是佛教文化影響深廣的一種表現。

法師

支道林、許掾諸人共在會稽王齋頭。支爲法師，許爲都講。支通一義，四坐莫不厭心。許送一難，衆人莫不抃舞。（《文學》）

卷3《釋智猛傳》）、竺法汰皆道安「石氏之亂」後所分張之徒衆，難道竺僧敷過江後四十餘年才知名？二者，同卷其餘僧人皆「石氏之亂」而南下之僧人。三者，其同卷相鄰之前《竺僧輔傳》載「值西晉饑亂，輔與釋道安等隱於濩澤」，其「西晉饑亂」明顯是「石氏之亂」之訛，因爲「釋道安等隱於濩澤」時間在永和中。

〔註30〕 可參考朱偰《金陵古迹圖考》（北京：中華書局，2006年）和王珽、利煌《瓦官寺的興盛與衰落》（載《廣西社會科學》2006年第2期）。

汰法師云:「『六通』、『三明』同歸,正異名耳。」(《文學》)

戴公見林法師墓,曰:「德音未遠,而拱木已積。冀神理綿綿,不與氣運俱盡耳!」(《傷逝》)

梵文 Dharmacarya,意譯法師,又譯說法師。指通曉佛法並致力於修行傳法的僧人。後泛指有學問之僧,或者用作對僧人的尊稱。唐朝的玄奘因精通三藏,被稱爲「三藏法師」。但在今天中國民間,大概爲了尊敬出家人或根本不懂『法師』兩字的意義,凡見了出家人,甚至小沙彌,不管對方有講經資格與否,竟都稱其爲法師了。

法師一詞原爲道教用語,指道士學法精進而能主行法事者。《雲笈七籤》卷六載:「《太上所說正一經》,天師自云:『我受於太上老君,教以正一新出道法。謂之新者,物厭故舊,盛新新出,名異實同。學正除邪,仍用舊文,承先經教,無所改造,亦教人學仙,皆用上古之法。』王長慮後改易法師,故撰傳錄文,名爲《正一新出儀》。」此中天師乃天師道創立者東漢人張道陵,王長乃其隨身弟子,得其九鼎之要。朱法滿《要修科儀戒律鈔》卷八引《金籙簡文》云:「登齋當舉高德法師一人,都講一人,監齋一人,侍經一人,侍香一人,侍燈一人,明日行道,各典所署,師一人廣須宣令。」〔註31〕「高德法師」亦云「高功法師」,東晉陸修靖《無上黃籙大齋立成儀》卷十六云:「法師坐堂,弟子九禮三伏,衆官具威儀,贊引高功法師出堂,上五帝、三師、監齋、三官、天師幕。香畢,詣玄師幕。」同卷又云:「高功法師,《經》云當舉高德,玄解經義。斯人也,道德內充,威儀外備。俯仰動止,莫非法式。三界所範,鬼神所瞻。關啓祝願,通眞召靈。釋疑解滯,導達群賢。法師再拜。受簡畢,又再拜。」〔註32〕後道教中指一種稱謂,按修行給與的尊號,謂精通道法,爲人之師者。《唐六典》云:「道士修行有三號,一曰法師,其二曰威儀師,其三曰戒律師。」此又似受佛教影響。

高坐

時人欲題目高坐而未能。(《識鑒》)

此中「高坐」指高坐道人,但其原意謂尊者、上座,梵語爲Sthavirah。慧琳

〔註31〕 (唐)朱法滿:《要修科儀戒律鈔》,《道藏》第 6 冊,北京:文物出版社,1988 年,第 956 頁中。

〔註32〕 (東晉)陸修靖:《無上黃籙大齋立成儀》,《道藏》第 9 冊,北京:文物出版社,1988 年,第 471、476 頁。

《一切經音義》卷三六載：「菩薩之身爲師子座。師子座者，轉法輪人，所坐之座，俗名高座。」〔註33〕釋道安《鼻奈耶序》云：「其大高座沙門則兼該三藏，中下高座則通一通二而已耳。」〔註34〕《大唐西域記》卷一一載恭建那補羅國「伽藍百餘所，僧徒萬餘人，大小二乘兼功綜習。……每至齋日，出置高座，香花供養，時放光明。」〔註35〕《梁書》卷四八《伏曼容傳》載：「曼容宅在瓦官寺東，施高坐於聽事，有賓客輒升高坐爲講說，生徒常數十百人。」

「高坐」一詞，中土本指一種坐具，有尊敬意味。「高坐」之稱名雖不知始於何時，然中土本有無疑。清趙翼《陔餘叢考》卷三一《高坐緣起》云：「古人席地而坐，其憑則有幾，《詩》所謂『授幾有緝御』也；寢則有床，《詩》所謂『載寢之床』也。應劭《風俗通》：趙武靈王好胡服，作胡床。此爲後世高坐之始。然漢時猶皆席地。文帝聽賈誼語，不覺膝之前於席；暴勝之登堂坐定，雋不疑據地以示尊敬是也。至東漢末始斫木爲坐縣，其名仍謂之床，又謂之榻。如向栩、管寧所坐可見。又《三國・魏志・蘇則傳》文帝據床拔刀，《晉書》桓伊據胡床取笛作三弄，《南史》紀僧眞詣江斆，登榻坐，學斆令左右移吾床讓客，狄當、周赳詣張敷就席席，敷亦令左右移床遠客。此皆高坐之證。」〔註36〕《晉書》卷九五《鳩摩羅什傳》載什「嘗講經於草堂寺，（姚）興及朝臣、大德沙門千有餘人肅容觀聽，羅什忽下高坐，謂興曰」云云。又宋王稱撰《東都事略》卷一百十三《儒學傳》載：「李覺字仲明，青州益都人也。……太宗幸國子監，顧見講坐，左右言覺方聚徒講書。太宗即令覺對御講。覺曰：『陛下六飛在御，臣何敢輒升高坐？』太宗令有司張帟幕設別坐。」

都講

　　支道林、許掾諸人共在會稽王齋頭。支爲法師，許爲都講。支通一
　　義，四坐莫不厭心。許送一難，衆人莫不抃舞。（《文學》）

《大宋僧史略》卷上「都講」載：「敷宣之士擊發之由，非旁人而啓端，難在座而孤起。故梁武講經，以枳園寺法彪爲都講，彪公先一問，梁祖方鼓舌端，載索載徵，隨問隨答，此都講之大體也。又支遁至會稽，王內史請講《維摩》，許詢爲都講。許發一問，衆謂支無以答。支答一義，衆謂詢無以難。如是問

〔註33〕　（唐）釋慧琳：《一切經音義》，《大正藏》第 54 卷，第 546 頁上第 14 行。
〔註34〕　（東晉）釋道安：《鼻奈耶序》，《大正藏》第 24 卷，第 851 頁上第 5～6 行。
〔註35〕　（唐）玄奘、辨機著，季羨林校注：《大唐西域記校注》，北京：中華書局，
　　　　　2000 年，第 887、889 頁。
〔註36〕　（清）趙翼：《陔餘叢考》，上海：商務出版社，1957 年，第 661 頁。

答連環不盡，是知都講實難其人。又僧伽跋陀羅就講，弟子法勇傳譯，僧念爲都講。又僧導者，京兆人也，爲沙彌時，僧睿見而異之，曰：『君於佛法且欲何爲？』曰：『願爲法師作都講。』睿曰：『君當爲萬人法主，豈對揚小師乎！』此則姚秦之世已有都講也。今之都講不聞擊問，舉唱經文，蓋似像古之都講耳。」〔註37〕

　　都講，原本指東漢時儒學門徒中助師講解經義的職位。《後漢書》卷三七《桓榮傳》載：「榮卒，帝親自變服，臨喪送葬，賜家塋於首山之陽。除兄子二人補四百石，都講生八人補二百石，其餘門徒多至公卿。」《陳書》卷三三《儒林傳‧沈洙傳》載：「沈洙字弘道，吳興武康人也。……洙少方雅好學，不妄交遊。治三《禮》、《春秋左氏傳》。精識強記，五經章句，諸子史書，問無不答。……大同中，學者多涉獵文史，不爲章句，而洙獨積思經術，吳郡朱異、會稽賀琛甚嘉之。及異、琛於士林館講制旨義，常使洙爲都講。」《清史稿》卷一四八《藝文志》「別集類」之「閨閣」著述中載：「《徐都講詩》一卷。徐昭華撰。」道教中亦有都講。前所引朱法滿《要修科儀戒律鈔》卷八引《金籙簡文》云：「登齋當舉高德法師一人，都講一人。」東晉陸修靖《無上黃籙大齋立成儀》卷十六云：「都講，《經》云才智精神，閑練法度。其任也，行道時節，上下食息。先白法師，次引眾官，禮拜揖遜，皆當贊唱。」〔註38〕

弟子

> 于法開始與支公爭名，後精漸歸支，意甚不忿，遂遁迹剡下。遣弟子出都，語使過會稽。於時支公正講《小品》。開戒弟子：「道林講，比汝至，當在某品中。」因示語攻難數十番，云：「舊此中不可復通。」弟子如言詣支公。（《文學》）

> 許掾年少時，人以比王苟子，許大不平。時諸人士及林法師並在會稽西寺講，王亦在焉。……許謂支法師曰：「弟子向語何似？」（《文學》）

> 支道林問孫興公：「君何如許掾？」孫曰：「高情遠致，弟子早已服膺。」（《品藻》）

弟子，在佛家中既指佛徒，也用作居士或一般人在法師前的謙稱。

〔註37〕　（宋）贊寧：《大宋僧史略》，《大正藏》第54卷，第239頁下至240頁上。
〔註38〕　（東晉）陸修靖：《無上黃籙大齋立成儀》，《道藏》第9冊，第471、476頁。

　　「弟子」的稱呼，本自儒家。《論語・學而》載：「子曰：『弟子入則孝，出則弟，謹而信泛，愛衆而親仁，行有餘力，則以學文。』」此處「弟子」與「兄父」相對，指弟與子，是個短語。「弟子」也作名詞，其義相當於今「徒弟」或「學生」。《論語・雍也》曰：「哀公問曰：『弟子孰爲好學？』《儀禮・士相見禮》曰：「與老者言，言使弟子。」賈公彥疏引雷次宗云：「學生事師，雖無服，有父兄之恩，故稱弟子也。」《後漢書》卷七五《張酺傳》載：「帝先備弟子之儀，使酺講《尚書》一篇，然後修君臣之禮。」宋歐陽修《集古錄》卷二《後漢孔宙碑陰題名》云：「其親授業者爲弟子，轉相傳授者爲門生。」

　　道教徒也稱弟子。《後漢書》卷二○一《皇甫嵩傳》載：「鉅鹿張角自稱『大賢良師』，奉事黃老道，畜養弟子，跪拜首過，符水呪說以療病。」

道人

　　道壹道人好整飾音辭，從都下還東山，經吳中。已而會雪下，未甚寒。諸道人問在道所經。（《言語》）

道人之名源於戰國、秦漢時的方士，指有方術之士。道教創立之後，道人則專指從道修行的道教神職教徒。《漢書》卷二七《五行志》載：「京房《易傳》曰：『有德遭險，茲謂逆命，厥異寒。誅過深，當奧而寒，盡六日，亦爲雹。害正不誅，茲謂養賊，寒七十二日，殺蜚禽。道人始去茲謂傷，其寒物無霜而死，湧水出。戰不量敵，茲謂辱命，其寒雖雨物不茂。聞善不予，厥咎聾。』」服虔注曰：「有道之人。」《漢書》卷七五《京房傳》載：「房未發，上令陽平侯鳳承制詔房，止無乘傳奏事。房意愈恐，去至新豐，因郵上封事曰：『臣前以六月中言《遁卦》不效，法曰：「道人始去，寒，湧水爲災。」至其七月，湧水出。臣弟子姚平謂臣曰：「房可謂知道，未可謂信道也。房言災異，未嘗不中，湧水已出，道人當逐死，尚復何言？」』」師古注曰：「道人，有道術之人也。」《三國志》卷六《董卓傳》裴松之注引《獻帝起居注》云：「催性喜鬼怪左道之術，常有道人及女巫歌謳擊鼓下神，祠祭六丁。」「道人」用於指佛教徒，則在兩晉時期。錢大昕《十駕齋養新錄》卷一九《道人與道士之別》認爲六朝時期「道人」指佛教徒，「道士」指道教徒。〔註39〕這與事實不符，其實六朝時期佛教徒和道教徒都用過「道人」和「道士」的稱呼。支遁《八關齋會詩序》曰：「間與何驃騎期，當爲合八關齋。以十月二十二日集同意者

〔註39〕（清）錢大昕撰，孫顯軍、陳文和校點：《十駕齋養新錄》，南京：江蘇古籍出版社，2000 年，第 531 頁。

在吳縣土山墓下，三日清晨為齋始，道士白衣凡二十四人，清和肅穆，莫不靜暢。」現在佛教徒已不再稱「道人」，「道人」即「道士」，專指道教教徒。

上人

> 有北來道人好才理，與林公相遇於瓦官寺，講《小品》。於時竺法深、孫興公悉共聽。此道人語，屢設疑難，林公辯答清晰，辭氣俱爽。此道人每輒摧屈。孫問深公：「上人當是逆風家，向來何以都不言？」深公笑而不答。（《文學》）

宋吳曾《能改齋漫錄》卷七「僧為上人」載：「唐詩多以僧為上人。如杜子美已上人茅齋是也。按：《摩訶般若經》云：『何名上人？佛言若菩薩，一心行阿耨菩提，心不散亂，是名上人。』《十誦律》云：『人有四種：一龍人，二濁人，三中間人，四上人。』」

「上人」，初本是「處人之上」之義，不是一個專有名詞。《老子・六十六章》云：「江海所以能為百谷王，以其善下之，故能為百谷王。是以聖人欲上人，必以言下之；欲先人，必以身後之。是以聖人處上而人不重，處前而人不害，是以天下樂推而不厭。以其不爭，故天下莫與之爭。」《春秋左氏傳・桓公》云：「公曰：『君子不欲多上人，況敢陵天子乎？』」後轉變為一個名詞，指君王。《禮記・緇衣》云：「子曰：『上人疑則百姓惑，下難知則君長勞。故君民者，章好以示民俗，慎惡以御民之淫，則民不惑矣。』」又指德行高的人。《新書》卷九《修政語下》云：「周成王曰：『寡人聞之：有上人者，有下人者，有賢人者，有不肖人者，有智人者，有愚人者。敢問上下之人何以為異？』粥子對曰：『唯，疑，請以上世之政詔於君王。政曰：『凡人者，若賤若貴，若幼若老，聞道，志而藏之；知道，善而行之，上人矣。』」大概在這個意義上，用來指有道高僧。鳩摩羅什譯《摩訶般若波羅蜜經》卷一七《堅固品第五十六》云：「須菩提白佛言：『世尊！云何為上人？』佛告須菩提：『若菩薩摩訶薩，一心行阿耨多羅三藐三菩提，心不散亂，是名上人。』」〔註40〕《釋氏要覽》卷上「上人」條亦引此，又：「古師云：『內有智德，外有勝行，在人之上，名上人。』」〔註41〕後來這個詞，專指得道高僧。

下面這一段資料說明了「上人」被使用的一種新情形：「證嚴法師是典型

〔註40〕（姚秦）鳩摩羅什譯：《摩訶般若波羅蜜經》，《大正藏》第8卷，第342頁中第5～7行。

〔註41〕（宋）釋道誠：《釋氏要覽》，《大正藏》第54卷，第261頁中第8～9行。

的克里斯瑪權威，她的權威是全面的：包括神聖的和世俗的。相對於階層導向的官僚組織，慈濟傾向於集中式個人導向的領導風格，證嚴法師被信徒們稱呼爲『上人』，此爲佛教大師的意思，在現今的臺灣是一種新的流行詞。在慈濟的組織裏，信徒一致認爲：『法師就像是這個家庭裏的大家長，信徒們則視自己爲法師的小孩，在他們的心目中，『上人』是嚴父也是慈母。』……信徒們也保證會嚴謹遵守法師的指令並且絕無二心地會全心崇敬她，換句話說就是：『讓上人的誓願成爲我們的誓願。』」〔註42〕

寺

> 張玄之、顧敷，是顧和中外孫，……於時張年九歲，顧年七歲，和
> 與俱至寺中，見佛般泥洹像。（《言語》）

《會稽志》卷七「宮觀寺院」云：「寺本官置之名。後漢浮屠初至洛陽，館於鴻臚寺。及建精舍，因冒寺名，曰白馬寺。隋更其名曰道場。唐初復曰寺院。」《日知錄》卷二八「寺」條載：「寺字自古至今凡三變。三代以上凡言寺者，皆奄豎之名。……自秦以宦者任外廷之職而官舍通謂之寺。……又變而浮屠之居，亦謂之寺矣。《石林燕語》：『漢以來九卿官府皆名曰寺。鴻臚其一也。本以待四裔賓客。明帝時，攝摩騰竺法蘭自西域以白馬負經至，舍於鴻臚寺。既死，屍不壞，因留寺中。後遂以爲浮屠之居，即洛中白馬寺也。僧居稱寺本此。』」《翻譯名義集》卷七《寺塔壇幢篇第五十九》曰：「《裕師寺誥》云：『寺是攝十方一切眾僧，修道境界，法爲待一切僧經遊來往受供處所。無彼無此，無主無客，僧理平等，同護佛法故。其中飲食眾具，悉是供十方凡聖同有。鳴鐘做法，普集僧眾，同時共受。與檀越作生福之田。如法及時者，皆無遮礙。是宜開廓遠意，除蕩鄙懷，不吝身財，護持正法。』《西域記》云：『諸僧伽藍，頗極奇製，隅樓四起，重閣三層，榱栭棟梁，奇形雕槮，戶牖垣牆，圖畫眾彩。』……《僧史略》云：『鴻臚寺者，本禮四夷遠國之邸舍也，尋令別擇洛陽西雝門外，蓋一精舍。以白馬馱經來，故用白馬爲題。』寺者，《釋名》曰：『嗣也。治事者相嗣，續於其內。本是司名，西僧乍來，權止公司，移入別居，不忘其本，還標寺號。』」〔註43〕

〔註42〕姚玉霜：《佛教現代化研究：行菩薩道——克里斯瑪領導權的崛起》，方立天、學愚主編《佛教傳統與當代文化》，北京：中華書局，2006年，第121~122頁。

〔註43〕（宋）法雲：《翻譯名義集》，《大正藏》第54卷，第1166頁下。

《清史稿》卷一一五《職官志二》載:「順治元年,設鴻臚寺。……光緒二十四年,省入禮部。尋復故。三十二年(1906 年),仍省入。」鴻臚寺之名當廢於清末。現在「寺」只有佛寺之意。

精舍

> 康僧淵在豫章,去郭數十里,立精舍,旁連嶺帶長川,芳林列於軒
>
> 庭,清流激於堂宇,乃閒居研講,希心理味。(《棲逸》)

此處精舍指僧人居處。《阿毗達磨大毗婆沙論》卷八三云:「曾聞佛住王舍大城鷲鷺池邊竹林精舍。」〔註44〕

宋王觀國撰《學林》卷七「精舍」曰:「《晉書》:『孝武帝初奉佛法,立精舍於殿內,引沙門居之,因此世俗謂佛寺為精舍。』觀國按:『古之儒者,教授生徒,其所居皆謂之精舍。故《後漢・包咸傳》曰:「咸住東海,立精舍講授。」又《劉淑傳》曰:「隱居,立精舍講授。」又《檀敷傳》曰:「立精舍教授。」又《姜肱傳》曰:「肱道遇寇,兄弟爭死,盜感悔,乃就精廬求見。」章懷太子注曰:「精廬即精舍也。」以此觀之,精舍本為儒士設。至晉孝武,立精舍以居沙門,亦謂之精舍,非有儒釋之別也。』」宋吳曾《能改齋漫錄》卷四「精舍」引《學林》,並補充:「予按:『《三國志》注引《江表傳》曰:「于吉來吳,立精舍,燒香讀道書,製作符水,以療病。」然則晉武以前,道士亦立精舍矣。』」

三寶

> 阮思曠奉大法,敬信甚至。大兒年未弱冠,忽被篤疾。兒既是偏所
>
> 愛重,為之祈請三寶,晝夜不懈。謂至誠有感者,必當蒙祐。而兒
>
> 遂不濟。於是結恨釋氏,宿命都除。(《尤悔》)

三寶,梵文 triratna 的譯義,佛教以佛、法、僧為三寶。《釋氏要覽》卷中「三寶」云:「三寶,謂佛、法、僧也。」〔註45〕吳康僧會《安般守意經序》云:「佛教三寶,眾冥皆明。」《翻譯名義集》卷一云:「《福田論》敘三寶曰:『功成妙智,道登圓覺佛也;玄理幽微,正教精誠法也;禁戒守真,威儀出俗,僧也。皆是四生導首,六趣舟航,故名為寶。』無機子問曰:」如《涅盤》云:「諸佛所師,所謂法也。則應立教,舉法為初。何緣垂訓,佛居先耶?』釋曰:『人能弘道,非道弘人。佛有能演之功,法無自顯之力,猶若伏藏,藉

<hr>

〔註44〕(唐)玄奘譯:《阿毗達磨大毗婆沙論》,《大正藏》第 27 卷,第 429 頁上第
　　　　12～13 行。

〔註45〕(宋)釋道誠:《釋氏要覽》,《大正藏》第 54 卷,第 283 頁中第 17 行。

人指出。故初稱佛，然後示法。」〔註46〕後也指佛教。《南史》卷五三《梁昭明太子統傳》載：「太子亦素信三寶，遍覽衆經。」隋有《歷代三寶錄》。《太平廣記》卷一三八《侯弘實》云：「此子性識慘毒，必有生靈之患。倘敬信三寶，即得善終。」

「三寶」原本是個短語，意即三件寶物，無固定所指。《老子‧六十七章》曰：「夫我有三寶，持而寶之。一曰慈。二曰儉。三曰不敢爲天下先。」《六韜》卷一《六守》曰：「太公曰：『大農、大工、大商謂之三寶。』」《史記》卷四三《趙世家》曰：「代馬、胡犬不東下，昆山之玉不出，此三寶者亦非王有已。」漢劉向《新序》卷一《雜事》曰：「夫劍產於越，珠產江漢，玉產昆山，此三寶者，皆無足而至。」

嗚

> 賈公閭後妻郭氏酷妒，有男兒名黎民，生載周，充自外還，乳母抱兒在中庭，兒見充喜踴，充就乳母手中嗚之。郭遙望見，謂充愛乳母，即殺之。（《惑溺》）

此處「嗚」有親吻的意思。周乙良（即周一良）先生《論佛典與翻譯文學》文中指出《世說新語‧惑溺》之「嗚」字源於佛典。〔註47〕另「嗚」與佛教文化之聯繫，見本章第二部分第七小節。

「嗚」本作烏。《漢書‧五行志》曰：「烏嘑。」《說文解字》卷一五下：「嗚，本只作烏。烏，旰呼也。以其名自呼，故曰烏呼。後人加口。」《周禮‧秋官‧銜枚氏》曰：「禁叫呼歎嗚於國中者。」注云：「嗚，吟也。」《史記‧李斯列傳》曰：「夫擊甕叩缶，彈箏搏髀，而歌呼嗚嗚快耳目者，眞秦之聲也。」《釋名》卷四曰：「嗚，舒也。氣憤滿，故發此聲以舒寫之也。」

居士

> 郗尚書與謝居士善。常稱：「謝慶緒識見雖不絕人，可以累心處都盡。」（《棲逸》）

> 郗嘉賓書與袁虎，道戴安道、謝居士云：「恒任之風，當有所弘耳。」（《排調》）

〔註46〕（宋）法雲：《翻譯名義集》，《大正藏》第54卷，第105頁下第4～11行。
〔註47〕周乙良（即周一良）《論佛典與翻譯文學》，原載《大陸雜誌》1942年第4期，又見張曼濤主編《現代佛教學術叢刊》第十九冊《佛教與中國文學》，臺北：大乘文化出版社，1981年。

劉注引檀道鸞《續晉陽秋》曰：「謝敷字慶緒，會稽人，崇信釋氏。初入太平山中十餘年，以長齋供養爲業，招引同事，化納不倦。」謝敷崇佛，然此處居士內涵難確定是否與佛教有關，且列於後。

居士，梵文 Grha-pati，意爲家長、家主、長者、或有財產或居家之士。原指印度第三工商階級毗舍族（Vaisya）的富翁或德高望重的有道之士。《長阿含經》卷六云：「眾生中有人好營居業，久積財寶，因是眾人名爲居士。」〔註48〕《維摩義記》卷第一末云：「居士有二：一、廣積資產，居財之士，名爲居士。二、在家修道，居家道士，名爲居士。」〔註49〕《妙法蓮華經玄贊》卷第十末云：「守道自恬，寡欲蘊德，名爲居士。」〔註50〕佛教對在家信徒尊稱爲居士，大概是源於《維摩詰經》，維摩詰共有四個尊稱：《方便品》稱爲長者，《文殊問疾品》稱爲上人及大士，《菩薩品》等則稱爲居士。因據羅什、智者、玄奘等大師的解釋，維摩詰是東方阿閦佛國的一生補處菩薩，示現在家相化度眾生，所以用「居士」一詞稱在家的佛教徒，也含有尊爲大菩薩的意味在內了。在今天中國佛教社會，已普稱一切信佛教的在家佛教徒爲居士了。

「居士」一詞，中土原指頗有道藝而不求仕宦之處士。清趙翼《陔餘叢考》卷三六《居士》云：「《輟耕錄》云：『今人多以居士自號。』考之六經，惟《禮記》有曰『居士錦帶』，注謂『道藝處士也。』吳曾《能改齋漫錄》云：『居士之號，始於商周之時。《韓非子書》曰：『太公封於齊，東海上有居士任矞、華仕昆弟二人立議曰：吾不臣天子，不友諸侯，耕而食之，掘而飲之。』云云。則居士由來久矣。《南史》，阮孝緒屏居一室，家人莫得見其面，親友因呼爲居士。到洽築室巖阿，幽居積歲，時人號曰居士。虞寄居閩中，知刺史陳寶應有異志，恐禍及，乃著居士服居東山寺。《魏書》盧景裕不仕，貞素自得，人號爲居士。」〔註51〕

二、《世說新語》故事與佛教文化

在佛教文化向中土滲透的過程中，有一種情形與中土詞彙添加佛教內涵相似，那就是把佛教故事添加到中土歷史人物的生命歷程之中，甚至寫進了

〔註48〕 《長阿含經》，《大正藏》第 1 卷，第 38 頁下第 12～14 行。

〔註49〕 （隋）慧遠：《維摩義記》，《大正藏》第 38 卷，第 441 頁中第 19～21 行。

〔註50〕 （唐）窺基：《妙法蓮華經玄贊》，《大正藏》第 34 卷，第 849 頁上帝 12～13 行。

〔註51〕 （清）趙翼：《陔餘叢考》，上海：商務出版社，1957 年，第 800 頁。

史書。正如魯迅先生《中國小說史略》所言:「魏晉以來,漸譯釋典,天竺故事亦流傳世間,文人喜其穎異,於有意或無意中用之,遂蛻化爲國有,如晉人荀氏作《靈鬼志》,亦記道人入籠子中事,尚云來自外國,至吳均記,乃爲中國之書生。」〔註52〕陳寅恪先生進一步發現這種現象的史書化。關於《世說新語》之中故事與佛教文化的淵源關係,陳洪、王青、王立三位先生已有所發現。本節先依據《世說新語》本來先後順序進行七個條目所載故事的佛教文化的溯源(其中,有的論述吸收了陳洪、王青和王立的研究成果),然後分析一種對《世說新語》中多則條目有影響的佛教文化現象——「七歲有聖德」。

這些故事與佛教文化的淵源關係,說明佛教對中土文化的滲透已經比較深入。另一方面,對今人認識《世說新語》真實性也有所啓發。那種真實,正如魯迅所言,亦人亦神亦鬼。

(一)王戎智識苦李

> 王戎七歲,嘗與諸小兒遊。看道邊李樹多子折枝。諸兒競走取之,唯戎不動。人問之,答曰:「樹在道邊而多子,此必苦李。」取之,信然。(《雅量》)

此事劉孝標注引《高士傳》即已記載,至唐朝又被收入《晉書》,成爲官修正史中一段著名的早慧事跡。實際上,此事源自印度的智慧故事。《本生經·願望品》第五十四個故事《果子本生因緣》記載有這樣一個故事〔註53〕:

> 昔日,梵與王於波羅奈之都治國時,菩薩生於豪商之家。漸次成長,從事商業,驅車五百輛。某時,通過大道,到達森林。……而入林中不久,有一村落,於村之入口處,有一某種果實之果樹。其中不但果實之外形,而其香、味,已熟或未熟者,完全如庵羅果狀。然食之者,則如飲訶羅訶羅(劇毒)之毒,瞬間即告死亡。先入者二三貪食之人,思此爲庵羅果之樹,即食其果。又他之二三者思欲問隊主後再食,手持其果而立。隊主來時,彼等問曰:「此庵羅果可以食耶?」菩薩知此非庵羅果樹,加以禁止曰:「此爲似庵羅果樹之某種果樹之毒樹,不可食用。」對已食之人,使之吐出,咽以四甜劑,

---

〔註52〕魯迅:《中國小說史略》,第30頁。

〔註53〕夏丏尊譯:《小部經典·本生經》,載藍吉富編《大藏經補編》(第六冊),臺北:華宇出版社,1985年,第225頁。

使之復原。

然以前之隊商，常於此樹下休憩，彼等皆以此樹爲庵羅果之樹，於食此毒樹果實之後，悉皆死亡。次日村人出來，見諸人死亡，捉其雙足，曳往秘密場所，投棄屍體，而奪取彼等之車及全部物品。其日夜明之時，村人等喊叫：「牛爲我等之牛，車爲我等之車！」急忙前來樹下。然見樹下之隊商平安無事，驚奇問曰：「君等何以知此樹非庵羅果之樹耶？」隊商答曰：「我等不知，乃我等之隊主知之。」村人問菩薩曰：「賢者！何以知此樹非庵羅果樹耶？」菩薩云：「予依兩種理由知之。」於是爲説次之偈：

此樹不難攀，去村亦不遠。樹生美果實，熟而無人採。依此我知之，此非善果樹。

彼對群衆説法後，平安無事旅行而去。

這個故事在《本生經》中並不是只出現一次，第八十五個本生故事《有毒果本生因緣》與此也約略相似。

昔日，於波羅奈城梵與王治國時，菩薩爲隊商主，率五百輛之車，由東國前往西國。……諸人進入森林將過，來至彼端之處，見一果樹，枝頭之果實重疊，已見撓曲，無論幹、枝、葉、果以及形、色、香、味等，皆與庵羅果相似。某者爲其美好之色香味所誘惑，思爲庵羅果實而食之；又某者謂：「此應問商隊主後再食。」於是手持果物而立。當菩薩來至此所，見手持果物而立者，使之棄捨，已食者使之呃逆吐出，與以藥物。其中有幾人獲救，而最初食者則喪失其生命矣。於是菩薩安全抵達豫定之所，獲得利益，再還自己故鄉，多行施與及其他諸善事，彼隨其業生於應生之所。

（二）周處滅龍濟民

周處年少時，凶強俠氣，爲鄉里所患，又義興水中有蛟，山中有邅迹虎，並皆暴犯百姓，義興人謂爲「三橫」，而處尤劇。或説處殺虎斬蛟，實冀三橫唯餘其一。處即刺殺虎，又入水擊蛟，蛟或浮或沒，行數十里，處與之俱，經三日三夜，鄉里皆謂已死，更相慶。竟殺蛟而出。聞里人相慶，始知爲人情所患，有自改意。乃自吳尋二陸，平原不在，正見清河，具以情告，並云：「欲自修改而年已蹉跎，終

無所成。」清河曰：「古人貴朝聞夕死，況君前途尚可。且人患志之不立，亦何憂令名不彰邪？」處遂改勵，終爲忠臣孝子。(《自新》)此則故事前人已經力辯周處詢問陸機一事之訛誤。〔註54〕然周處入水殺蛟而濟民卻與佛經故事頗爲類似。《六度集經》卷六《殺龍濟一國經》(兄本生)載：

> 昔者菩薩，伯叔齊志，俱行學道，仰慕諸佛難逮之行。誦經釋義，開導六冥，練棄内垢，止觀寂定。每聞諸國暗於三尊，輒往導化，令奉六度正眞妙行。
>
> 時有大國，其王樂道。衆妖誘之，授其邪僞，率土承風，皆事蠱道。風雨不時，妖怪首尾。菩薩伯叔，自相謂曰：「吾之本土，三尊化行，人懷十善，君仁臣忠，父義子孝，夫信婦貞，比門有賢，吾等將復誰化乎？彼〔原校注：三本無彼。〕彼國信妖，蚑龍處之，吞其黎庶，哀嘷〔原校注：三本作號。〕無救。夫建志求佛，唯爲斯類矣。可以道化，喻之以仁。龍含凶毒，吾等摧焉。」
>
> 叔曰：「佛戒以殺爲凶虐之大。活生，仁道之首也。將如彼何？」
>
> 伯曰：「夫殘一人者，其罪百劫。龍吞一國。吾懼恒沙劫畢，厥殃未除矣。苟貪鮮味斯須之利，不睹太山燒煮之咎。吾心惄然。人道難獲，佛法難聞。除龍濟國，導以三尊、六度高行，禍若絲髮，福喻〔原校注：三本作踰〕二儀。爾化爲象，吾爲師子。二命不殞，斯國不濟也。」
>
> 稽首十方，誓曰：「衆生不寧，余之咎矣。吾後得佛，當度一切。」

〔註54〕 余《疏》引勞格《讀書雜識》五《晉書校勘記》曰：「案此採自《世說》，予以《處傳》及《陸機傳》核之，知係小說妄傳，非實事也。案處沒於惠帝元康七年，年六十有二。推其生年，當在吳大帝之赤烏元年。陸機沒於惠帝太安二年，年四十三。推其生年，當在吳景帝之永安五年。赤烏與永安相距二十餘載，則處弱冠之年，陸機尚未生也。此云入吳尋二陸，未免近誣。又考《陸機傳》：年二十而吳滅，退居舊里。是吳未亡之前，機未嘗還吳也。或以爲處尋二陸，當在吳亡之後，亦非也。考吳亡之歲，處年亦四十三，筮仕已久。據本傳：處仕吳爲東觀左丞、無難督。故王渾之登建鄴宮，處有對渾之言。如使吳亡之後，處方屬志好學，則爲東觀左丞、無難督者，果何人乎？以此推之，知《世說》所云盡屬謬妄。」(第739～740頁。) 李詳 (審言)《世說新語箋釋》亦引勞格此文。(《李審言文集》，南京：江蘇古籍出版社，1989年，第199頁。)

象造龍所,師子登之。龍即奮勢,霆耀雷震,師子踴吼。龍之威靈,
師子赫勢。普地為震,三命絕矣。諸天稱善,靡不歎仁。兩菩薩終
生第四天上。一國全命,抱屍哀號,曰:「斯必神矣,孰仁若茲?」
門徒尋之,睹師普慈,殺身濟眾,哀慟稱德。各又進行宣師道化。
王逮臣民,始知有佛,率土僉曰:「佛之仁化,乃至於茲乎?」殯葬
二屍,舉國哀慟。王即命曰:「有不奉佛六度十善而事妖鬼者,罪舉
眷屬同。」

自斯之後,剎有千數,沙門比肩而行。國內士女,皆為清信高行。
四境寧靖,遂致太平。

佛告諸比丘:「時兄者,吾身是也;弟者,彌勒是也;毒龍者,調達
是。」

菩薩銳志度無極,精進如是。〔註55〕

又失譯《佛說菩薩本行經》卷中記載了一個毒龍兩次被降伏的故事。毒龍酸
陀梨危害民生,婆羅門降伏之,遂得供給。後佛法力更大,遍降伏諸惡,人
民遂供給佛,而不再供給婆羅門所需。婆羅門遂願作大力毒龍,名阿波羅利。
其婦及子亦作毒龍。殺毒龍酸陀梨,占其住所。諸龍作惡,傷害民生。佛降
伏之,諸龍受戒。其文曰:

一時佛在羅閱祇比留畔迦蘭陀尼波僧伽藍,優連聚落,有一泉水,
中有毒龍,名曰酸陀梨,甚大兇惡,放於雹霜,傷破五穀,令不成
熟。人民飢餓。

時有婆羅門,咒龍伏之,令不雹霜。五穀熟成,經有年載。此婆羅
門,遂便老耄,咒術不行。爾時有壯婆羅門,咒術流利,舉聲誦咒,
雲便解散,令不雹霜。五穀豐熟,人民歡喜。語婆羅門,在此住止。
當共供給,令不乏少。婆羅門言:「可便住於彼,常共合斂,輸婆羅
門,不使有乏。」

自佛來入國,廣說經法。人民大小,咸受道化,得道甚多。諸龍鬼
神,皆悉為善,不作惡害。風雨時節,五穀豐賤,更不供給婆羅門
所需。婆羅門往從索之。諸人民輩,逆更唾罵,而不與之。時婆羅
門,心起瞋恚:「蒙我恩力,而得飽滿,反更調我。」欲得破滅人民

〔註55〕 (吳)康僧會:《六度集經》,《大正藏》第3卷,第37頁上、中。

國土，便問人言：「求心所願，云何得之。」人語之言：「飯佛四尊弟子，必得從願，如心所欲。」時婆羅門，即設飯食，請大迦葉、舍利弗、目連、阿那律，飯是四尊，至心作禮，求心所願：「我今持此所作福德。願使我作大力毒龍，破滅此國。必當使我得此所願。」時舍利弗道眼觀之求何等願，知婆羅門心中所念：「願作毒龍欲滅此國。」時舍利弗語婆羅門：「莫作此願，用作龍蛇，害惡身爲。若欲求作轉輪聖王，若天帝、釋魔王、梵王，盡皆可得。用此惡身，不好願爲。」時婆羅門答舍利弗言：「久求此願，適欲得此，不用餘願。」時婆羅門舉手五指，水即流出。時舍利弗見其意堅，證現如此，默然而止。

時婆羅門及婦、二兒，俱願作龍。死受龍身，有大神力，至爲毒惡。便殺酸陀梨龍，奪其處住。便放風雨，大墮雹霜，傷殺五穀，唯有草稭。因名其龍阿波羅利，婦名比壽尼。龍有二子，一名璣鄯尼。人民飢餓死者甚多，加復疫病死者無數。

時阿闍世王往至佛所，頭面作禮，長跪白佛：「國界人民，爲惡龍疫鬼所見傷害，死者無數。唯願世尊大慈大悲，憐愍一切。唯見救護，禳卻災害。」佛即可之。

爾時世尊，明日晨朝，著衣持缽，入城乞食，詣於龍泉，食訖洗缽。洗缽之水，澍於泉中。龍大瞋恚，即便出水，吐於毒氣，吐火向佛。佛身出水滅之。復雨大雹，在於虛空，化成天花。復雨大石，化成琦飾。復雨刀劍，化成七寶。化現羅剎，佛復化現毗沙門王，羅剎便滅。龍復化作大象，鼻捉利劍，佛即化作大師子王，象便滅去。適作龍像，佛復化作金翅鳥王，龍便突走。盡其神力，不能害佛。突入泉中，密迹力士，舉金剛杵打山。山壞半墮泉中，欲走來出。佛化泉水盡成大火，急欲突走，於是世尊蹈龍頂上，龍不得去。

龍乃降伏，長跪白佛言：「世尊！今日特見苦酷。」佛告龍曰：「何以懷惡，苦惱眾生？」龍便頭面作禮，稽首佛足，長跪白佛言：「願見放捨。世尊所敕，我當奉受。」佛告龍曰：「當受五戒，爲優婆塞。」龍及妻子，盡受五戒，爲優婆塞，慈心行善，不更霜雹。風雨時節，五穀豐熟。諸疫鬼輩，盡皆走去，向毗捨離。摩竭國中，

人民飽滿。衆病除愈，遂便安樂。〔註56〕

龍在佛教故事中往往是邪惡的象徵〔註57〕。又如道略集《雜譬喻經》卷下載：

> （二三）外國有咒龍師，澡罐盛水，詣龍池邊，一心讀咒。此龍即時便見大火從池底起，舉池皆然。龍見火怖，出頭望山。復見大火，燒諸山澤。仰視山頂，空無住處。一切皆熱，安身無地。唯見澡罐中水，可以避難，便減其大身，作微小形，入澡罐中。
>
> 彼龍池者，喻欲界也。所望山澤，喻色界也。視山頂者，喻無色界也。咒龍師者，喻菩薩也。澡罐水者，喻泥洹也。術者，喻方便也。大火燃者，喻現無常也。龍大身者，喻憍慢也。作小形者，喻謙卑也。言菩薩示現劫燒欲色洞然。無常大火，恐怖衆生。令除憍慢謙卑下下，然後乃悉入涅槃也。〔註58〕

（三）陶母截髮待賓

> 陶公少有大志，家酷貧，與母湛氏同居。同郡范逵素知名，舉孝廉，投侃宿。於時冰雪積日，侃室如懸磬，而逵馬僕甚多。侃母湛氏語侃曰：「汝但出外留客，吾自爲計。」湛頭髮委地，下爲二髮，賣得數斛米，斫諸屋柱，悉割半爲薪，剉諸薦以爲馬草。日夕，遂設精食，從者皆無所乏。（《賢媛》）

劉孝標注引《晉陽秋》、又引王隱《晉書》都載此事，可見極早進入史書。但此事似乎不太合情理。在中國，不論男女一律蓄髮，假髮的需求量並不大，因此頭髮的價值遠低於印度，陶侃母親的長髮是否能賣出酒炙的價錢，是令人懷疑的。疑本沒有此事，只是後人利用佛教故事解釋陶侃爲何能出身貧窮而得居高位。

截髮待賓是佛經中一段著名的故事，《經律異相》卷四五「長髮女人捨髮供養佛」載：

> 昔有一女，端正紺髮，髮與身等。國王夫人請頭髮，與千兩金而不肯與。見佛歡喜，願設供養，請其父母乞爲呼之。父母言：「家貧無以飯之。」女言：「取髮直以用供養。」父母白佛，願佛明日暫顧微飯。

〔註56〕《佛說菩薩本行經》，《大正藏》第 3 卷，第 116 頁上、中、下。

〔註57〕關於印度佛教文化中「龍」的象徵意義及故事，季羨林先生《〈西遊記〉裏面的印度成分》一文有精到論述。

〔註58〕道略：《雜譬喻經》，《大正藏》第 4 卷，第 537 頁中。

> 女割髮與王夫人，夫人知其懸急，但與五百兩金。女取金買食，歡喜
> 無量：「悔昔慳貪，今世貧窮。願令我後，莫值此苦。」女見世尊，
> 金光五色，照其門內，頭面著地，繞佛三匝。頭髮還復如故。〔註59〕

後此女得到榮升忉利天的果報。義淨《根本說一切有部毗奈耶雜事》卷二一
載此事更爲詳細：

> 城中有一婆羅門，是尊者故舊知識。家有一女，儀容端正，美色超絕。
> 髮彩光潤，無與比者，因此立名，號爲妙髮。有音樂人從南方來，見
> 女妙髮頭髮奇好，詣婆羅門所，告言大婆羅門：「此女頭髮是我所需，
> 可賣與我，以一千金錢用酬價直。」婆羅門答曰：「婆羅門法不應賣
> 髮，何故汝今作非法語？」彼不遂心，默然而去。後於異時父便命過。
> 母聞聖者大迦多演那與五百人來至此國，不遠而住，爲夫新死，心懷
> 憂感，聞尊者來，更加思念，掌頰而住。其女妙髮，見母憂愁，問其
> 所以：「母今何故以手掌頰，懷憂而住？」母曰：「聖者大迦多演那，
> 是汝亡父故舊知識，今來至此。汝父身故，家復貧窮，不能辦得一中
> 供養，故我懷憂。」女曰：「若爾樂人買髮，酬直千錢，可取其價，
> 以充供養。我髮後時更復生長，願母勿憂。」母聞語已，知有淨信。
> 詣樂人所告言：「仁者，我女頭髮，仁先求買，酬直千錢，必其須者，
> 可還前價。」答言：「老母，當時我等要須此髮，今乃無用。若其出
> 賣，可取半價。」答曰：「任意。」即便酬直，取髮將去。爾時尊者
> 行至其城，於一靜處安心而住。婆羅門妻詣尊者所，頂禮足已，白言
> 聖者：「行途安不？我夫在日，與尊者相識，幸見慈愍。明日午時，
> 受我微請。」尊者曰：「我衆極多，卒何能濟？」問言：「聖者，衆有
> 幾多？」答：「有五百人。」報曰：「甚善。」尊者默然。爾時老母知
> 受請已，禮足而去，即於家中，辦諸供養。〔註60〕

類似事件發生在印度是合情理的。因爲印度、西域風俗，男子截髮。而印度
的戲劇歷史悠久，演員基本上是男性，很多場合需要男扮女裝，因此有製造
假髮這一產業，所以，印度女子的長髮能賣出好價錢。

（四）荀勖與鍾會相詆惑

〔註59〕（梁）僧旻、寶唱：《經律異相》，《大正藏》第53卷，第235頁上。

〔註60〕（唐）義淨：《根本說一切有部毗奈耶雜事》，《大正藏》第24卷，第305頁
中第24行至下第22行。

鍾會是荀濟北從舅，二人情好不協。荀有寶劍，可直百萬，常在母
鍾夫人許。會善書，學荀手迹，作書與母取劍，仍竊去不還。荀勗
知是鍾而無由得也，思所以報之。後鍾兄弟以千萬起一宅，始成，
甚精麗，未得移住。荀極善畫，乃潛往畫鍾門堂，作太傅形象，衣
冠狀貌如平生。二鍾入門，便大感慟。宅遂空廢。（《巧藝》）

此故事之構思酷肖《雜譬喻經》中木匠以木機關人與畫師畫上吊人像相誑一
喻。道略集《雜譬喻經》載：

（八）昔北天竺有一木師，大巧，作一木女，端正無雙。衣帶嚴飾，
與世女無異，亦來亦去，亦能行酒看客，唯不能語耳。時南天竺有
一畫師，亦善能畫。木師聞之，作好飲食，即請畫師。畫師既至，
便使木女行酒擎食，從旦至夜。畫師不知，謂是真女，欲心極盛，
念之不忘。時日以暮，木師入宿，亦留畫師令住止。以此木女，立
侍其側，便語客言：「故留此女，可共宿也。」主人已入，木女立在
燈邊。客即呼之，而女不來。客謂此女羞，故不來，便前以手牽之，
乃知是木，便自慚愧。心念口言：「主人誑我，我當報之。」於是畫
師復作方便，即於壁上，畫作己像。所著被服，與身不異。以繩繫
頸，狀似絞死。畫作蠅鳥，著其口啄。作已閉戶，自入床下。天明
主人出，見戶未開，即向中觀，唯見壁上絞死客像。主人大怖，便
謂實死。即破戶入，以刀斷繩。於是畫師，從床下出。木師大羞，
畫師即言：「汝能誑我，我能誑汝。客主情畢，不相負也。」二人相
謂：「世人相誑惑，孰異於此？」時彼二人信知誑惑，各捨所親愛，
出家修道。〔註61〕

此故事又見於《經律異相》卷四四之《木巧師與畫師相誑》。〔註62〕

（五）頭責秦子羽

頭責秦子羽云：「子曾不如太原溫顒、潁川荀宇、范陽張華、士卿劉
許、義陽鄒湛、河南鄭詡。此數子者，或謇吃無宮商，或尪陋希言
語，或淹伊多姿態，或譁嘩少智諝，或口如含膠飴，或頭如巾克杵，
而猶以文采可觀，意思詳序，攀龍附鳳，並登天府。」（《排調》）

劉注云此引自《張敏集》，其《頭責子羽文》曰：「余友有秦生者，雖有姊夫

〔註61〕道略：《雜譬喻經》，《大正藏》第 4 卷，第 523 頁下至 524 頁上。

〔註62〕（梁）僧旻、寶唱：《經律異相》，《大正藏》第 53 卷第 229 頁上。

之尊，少而狎焉。同時好昵，有太原溫長仁顗、潁川荀景伯宇、范陽張茂先華、士卿劉文生許、南陽鄒潤甫湛、河南鄭思淵詡。數年之中，繼踵登朝，而此賢身處陋巷，屢沽而無善價，亢志自若，終不衰墮，爲之慨然。又怪諸賢既已在位，曾無伐木嚶鳴之聲，甚違王貢彈冠之義，故因秦生容貌之盛，爲頭責之文以戲之，並以嘲六子焉。雖似諧謔，實有興也。」

《搜神記》卷一一「頭語」條：

> 渤海太守史良，姉一女子，許嫁而不果。良怒，殺之，斷其頭而歸，投於竈下，曰：「當令火葬。」頭語曰：「使君，我相從，何圖當爾！」後夢見曰：「還君物。」覺而得昔所與香纓金釵之屬。

兩「頭語」之內容雖不同，然其怪異無別，皆似受佛教故事的影響。道略集《雜譬喻經》載：

> 昔有一蛇，頭尾自相與諍。頭語尾曰：「我應爲大。」尾語頭曰：「我亦應大。」頭曰：「我有耳能聽，有目能視。有口能食。行時最在前，是故可爲大。汝無此術，不應爲大。」尾曰：「我令汝去，故得去耳。若我以身，繞木三匝，三日而不已。」頭遂不得去求食，飢餓垂死。頭語尾曰：「汝可放之，聽汝爲大。」尾聞其言，即時放之。復語尾曰：「汝既爲大，聽汝在前行。」尾在前行，未經數步，墮火坑而死。
>
> 此喻僧中或有聰明大德上座能斷法律，下有小者不肯順從。上座力不能制，便語之言：「欲爾隨意，事不成濟，俱墮非法，喻若彼蛇，墜火坑也。」〔註63〕

此故事又見《經律異相》卷四八之《一蛇首尾兩諍從尾則亡二》。〔註64〕此又見於《百喻經》卷三《蛇頭尾共爭在前喻》：「譬如有蛇，尾語頭言：『我應在前。』頭語尾言：『我恒在前，何以卒爾？』頭果在前，其尾纏樹，不能得去。放尾在前，即墮火坑，燒爛而死。」〔註65〕

不僅如此，頭不但可以離開身體自由行動言語，而且具有再生性。《西遊記》中孫悟空鬥法車遲國時與虎力大仙比砍頭，就是如此。《晉書》卷九八《桓溫傳》中僧尼：「先以刀自破腹，次斷兩足，浴竟出。」高僧大德，身體的各個部位都能自由組合，不受分裂之害。

〔註63〕 道略：《雜譬喻經》，《大正藏》第 4 卷，第 528 頁上。

〔註64〕 （梁）僧旻、寶唱：《經律異相》，《大正藏》第 53 卷，第 256 頁下至 257 頁上。

〔註65〕 （南齊）求那毗地譯：《百喻經》，《大正藏》第 4 卷，第 551 頁上。

（六）曹操詭梅止渴

> 魏武行役，失汲道，軍皆渴，乃令曰：「前有大梅林，饒子，甘酸，可以解渴。」士卒聞之，口皆出水，乘此得及前源。（《假譎》）

疑附益佛典而成。《首楞嚴經》卷二云：

> 譬如有人談說醋梅，口中水出。思踏懸崖，足心酸澀。想陰當知亦復如是。〔註66〕

二者一稱梅激勵行役，一談梅說法，殊為相近。又此稱梅止渴與《妙法蓮華經》卷三《化城品》化城消疲，事殊意同，其偈云：

> 今說《法華經》，令汝入佛道，慎勿懷驚懼。譬如險惡道，迥絕多毒獸，又復無水草，人所怖畏處。無數千萬衆，欲過此險道。其路甚曠遠，經三百由旬。時有一導師，強識有智慧，明瞭心決定，在險濟衆難。衆人皆疲倦，而白導師言：「我等今頓乏，於此欲退還。」導師作是念：「此輩甚可愍。如何欲退還，而失大珍寶。尋時思方便，當設神通力。」化作大城郭，莊嚴諸捨宅，周匝有園林，流渠及浴池，重門高樓閣，男女皆充滿。即作是化已，慰衆言勿懼：「汝等入此城，各可隨所樂。」諸人既入城，心皆大歡喜。皆生安隱想，自謂已得度。導師知息已，集衆而告言：「汝等當前進，此是化城耳。」
>
> 〔註67〕

（七）賈充嗚子而乳母被妒殺

> 賈公閭後妻郭氏酷妒，有男兒名黎民，生載周，充自外還，乳母抱兒在中庭，兒見充喜踊，充就乳母手中嗚之。郭遙望見，謂充愛乳母，即殺之。兒悲思啼泣，不飲它乳，遂死。郭後終無子。（《惑溺》）

劉孝標對此事表示懷疑，其引《晉諸公贊》云：「郭氏即賈後母也。為性高朗，知後無子，甚憂愛愍懷，每勸屬之。臨亡，誨賈後，令盡意於太子，言甚切至。趙充華及賈謐母，並勿令出入宮中。又曰：『此皆亂汝事！』後不能用，終至誅夷。」並按：「傅暢此言，則郭氏賢明婦人也。向令賈後撫愛愍懷，豈當縱其妒悍，自斃其子。然則物我不同，或老壯情異乎？」劉敬叔《異苑》

〔註66〕 （唐）般剌蜜帝譯：《首楞嚴經》，《大正藏》第 19 卷，第 114 頁中第 20～21行。

〔註67〕 （姚秦）鳩摩羅什：《妙法蓮華經》，《大正藏》第 9 卷，第 26 頁下第 27 行至第 27 頁上第 19 行。

－174－

卷十也載此事，其文曰：

> 賈充，字公閭，平陽襄陵人也。妻郭氏，爲人凶妒，生兒犂民。年
> 始三歲，乳母抱之當閣。犂民見充外入，喜笑，充就乳母懷中嗚撮。
> 郭遙見，謂充愛乳母，即鞭殺之。兒恒啼泣，不食他乳，經日遂死。
> 郭於是終身無子。

《惑溺》中賈充嗚（親吻）兒，而致使懷抱乳兒的乳母被妒殺是因爲被認爲
被男子親吻。親吻小兒在佛經故事中也有類似的情節，《佛說本生經》卷二《舅
甥經第十二》載：

> 女即懷妊，十月生男，男大端正。使乳母抱行，周遍國中，有人見
> 與有嗚噈者，便縛送來。抱兒終日，無嗚噈者。甥爲餅師，住餅爐
> 下。小兒饑啼，乳母抱兒趣餅爐下，市餅餔兒。甥既見兒，即以餅
> 與，因而嗚之。乳母還白王曰：「兒行終日，無來近者，饑過餅爐，
> 時賣餅者，授餅乃嗚。」王又詔曰：「何不縛送？」乳母答曰：「小
> 兒饑啼，餅師授餅，因而嗚之，不意是賊，何因因之？」〔註68〕

又親吻女子，與情欲有關，甚至是被貶斥的，佛經中亦可見。道略集《雜譬
喻經》載：

> 昔有一道士造婆羅門家乞食，婆羅門使婦擎食食之。婦在前立，其
> 婦端正。道士觀之，心便生變，語婆羅門言：「欲味過患出。」婆羅
> 門不解，便問言：「何等欲味過患出？」道士便抱其婦咽共嗚。嗚已，
> 語婆羅門言：「此是欲味。」婆羅門大瞋，以杖打此道人一下。道人
> 復語：「此過是患。」復欲重打，道人走到門外，復回頭語婆羅門：
> 「此是出也。」〔註69〕

此中道人親吻女子而被驅趕，其接吻行爲被視爲與性有關。其實，這個佛教
故事所蘊含的性文化有更早的淵源。約公元3至5世紀流行於印度的性手卷
《卡瑪蘇托拉》指出，與一位少女接吻有三種方式及四個可以接吻的角度，
有抑制性接吻、收縮式接吻、貼亞式接吻與平和式接吻，還有一種扣握式接
吻，一個情人將「另一個情人的兩片嘴唇置於自己的嘴唇之間」，「一個嘴唇

〔註68〕（西晉）竺法護譯：《佛說本生經》，《大正藏》第3卷，第78頁下第20～29
行。
〔註69〕道略：《雜譬喻經》，《大正藏》第4卷，第527頁中、下。

－175－

上長有鬍鬚的男人應該清楚地掌握這種接吻方式」。〔註70〕

（八）「七歲有聖德」

《世說新語》中神童故事不少，除了《夙惠》一節之外，在其他篇目之中也還有一些幼童神異的故事。這一點亦早已被學者們所關注，然其中比較特別的一點，似未見論及，那就是「七齡童」的故事，不僅數量比較多（見下表），而且與佛教有莫大之淵源。

《世說新語》中早慧兒童年歲調查表

序　數	文獻來源	主人公	年　齡
1	《德行》	謝安	七或八歲
2	《德行》	范宣	八歲
3	《言語》	徐孺子	九歲
4	《言語》	孔融	十歲
5	《言語》	孔融二子	六歲，五歲
6	《言語》	孔融二子	九歲，八歲
7	《言語》	鍾毓、鍾會	十三（未名是誰）
8	《言語》	鍾毓兄弟	小時（小者勝）
9	《言語》	小兒	（無）
10	《言語》	梁國楊氏子	九歲
11	《言語》	謝仁祖	八歲
12	《言語》	孫放（齊莊）	七或八歲
13	《言語》	孫潛、孫放	小時（小者勝）（劉注「八歲」）
14	《言語》	張玄之、顧敷	張九歲，顧七歲（小者勝）
15	《言語》	小沙彌	（無）
16	《政事》	陳元方	十一
17	《文學》	謝東陽	始總角
18	《文學》	王修	十三
19	《方正》	陳元方	七歲
20	《方正》	王子敬	數歲
21	《雅量》	王戎	七歲

〔註70〕（美國）坦娜希爾：《歷史中的性》，童仁譯，北京：光明日報出版社，1989年，第220頁。

序　數	文獻來源	主人公	年　齡
22	《雅量》	王戎	七歲
23	《雅量》	庾亮大兒	數歲
24	《識鑒》	曹操	少時
25	《識鑒》	衛玠	五歲
26	《識鑒》	戴安道	十餘歲
27	《識鑒》	褚期生	少時
28	《識鑒》	傅瑗二子（傅亮兄弟）	總髮
29	《識鑒》	車胤	十餘歲
30	《識鑒》	魏隱兄弟（少有學義）	總角
31	《賞譽》	王濬沖、裴叔則	總角
32	《賞譽》	羊長和	幼
33	《品藻》	楊淮二子喬與髦	總角
34	《夙惠》	陳元方、季方	（無）
35	《夙惠》	何晏	七歲
36	《夙惠》	晉明帝	數歲
37	《夙惠》	張玄之、顧敷	七歲、七歲
38	《夙惠》	韓康伯	數歲
39	《夙惠》	晉孝武	年十二
40	《夙惠》	桓南郡	七歲（年五歲，服始除）
41	《任誕》	劉道真	少時
42	《排調》	張吳興	年八歲
43	《假譎》	魏武、袁紹	年少時（魏武勝）
44	《假譎》	王右軍	年減十歲

先從《世說新語》顧和中外孫的故事說起，凡兩則。

張玄之、顧敷，是顧和中外孫，皆少而聰惠。和並知之，而常謂顧勝，親重偏至，張頗不懨。於時張年九歲，顧年七歲，和與俱至寺中。見佛般泥洹像，弟子有泣者，有不泣者，和以問二孫。玄謂「被親故泣，不被親故不泣」。敷曰：「不然，當由忘情故不泣，不能忘情故泣。」（《言語》）

司空顧和與時賢共清言，張玄之、顧敷是中外孫，年並七歲，在床

邊戲。於時聞語，神情如不相屬。暝於燈下，二兒共敘客主之言，

都無遺失。顧公越席而提其耳曰：「不意衰宗復生此寶。」（《夙惠》）

兩則所記年齡不一，可見其年齡之記載乃憑藉印象或傳聞而記。〔註71〕但是一個共同的特點，乃是「七歲」童勝。前一則顧敷七歲，較九歲的張玄之聰睿。後一則兩童俱勝，亦俱七歲。這並不是單一的現象。

在《世說新語》中，還有一個故事，本非七歲，但是卻在後來的書寫之中變成七歲與九歲，「七歲」童勝。

孔融被收，中外惶怖。時融兒大者九歲，小者八歲。二兒故琢釘戲，

了無遽容。融謂使者曰：「冀罪止於身，二兒可得全不？」兒徐進曰：

「大人豈見覆巢之下，復有完卵乎？」尋亦收至。（《言語》）

此事另有兩書收錄，亦不云七歲。劉注引《魏氏春秋》曰：「融對孫權使有訕謗之言，坐棄市。二子方八歲、九歲，融見收，奕棋端坐不起。左右曰：『而父見執。』二子曰：『安有巢覆而卵不破者哉！』遂俱見殺。」又引《世語》曰：「魏太祖以歲儉禁酒，融謂酒以成禮，不宜禁。由是惑眾，太祖收寘法焉。二子齠齔見收，顧謂二子曰：『何以不辟？』二子曰：『父尚如此，復何所辟？』」而《後漢書》卷七〇《孔融傳》載：

初，女年七歲，男年九歲，以其幼弱得全，寄它舍。二子方弈棋，

融被收而不動。左右曰：「父執而不起，保也？」答曰：「安有巢毀

而卵不破乎！」主人有遺肉汁，男渴而飲之。女曰：「今日之禍，豈

得久活，何賴知肉味乎？」兄號泣而止。或言於曹操，遂盡殺之。

及收至，謂兄曰：「若死者有知，得見父母，豈非至願！」乃延頸就

刑，顏色不變，莫不傷之。」

值得注意者：一是此事件之真實性令人懷疑。劉注引裴松之，以為「《世語》云融兒不辟，知必俱死，猶差可安。孫盛之言，誠所未譬。八歲小兒，能懸了禍患，聰明特達，卓然既遠，則其憂樂之情，固亦有過成人矣。安有見父被執，而無變容，奕棋不起，若在暇豫者乎？昔申生就命，言不忘父，不以己之將死而廢念父之情也。父安尚猶若茲，而況顛沛哉！盛以此為美談，無乃賊夫人之子與？蓋由好奇情多，而不知言之傷理也」。余《疏》引趙一清《三國志注補》十二曰：「《晉書·羊祜傳》『祜前母孔融女，生兄發』，則戮不及

〔註71〕《夙惠》「年並七歲」在李贄《初潭集》卷七《父子三》之一《慧子》為「年
並幼」，不知是版本不同還是書寫與原文有出入。

—178—

嗣，可知裴世期之言爲有徵也。」余嘉錫又曰：「世期未嘗辯鄥不及嗣。融子
未必不死。趙氏之言，獨可駁范書耳。」〔註72〕二是《後漢書》將《世說新
語》中二子共同言說的智慧之語改寫爲七齡童之語。

此種改動有類似者。

> 梁國楊氏子，九歲，甚聰惠。孔君平詣其父，父不在，乃呼兒出，
> 爲設果。果有楊梅，孔指以示兒曰：「此是君家果。」兒應聲答曰：
> 「未聞孔雀是夫子家禽。」（《言語》）

此事亦頗多傳聞。余《疏》引程炎震云：「《太平御覽》三百八十五，四百六
十四引《郭子》同，五百二十八引《郭子》作楊修、孔融。」又引李慈銘云：
「案《金樓子‧捷對篇》作楊子州答孔永語。《太平廣記‧詼諧門》引《啓顏
錄》作晉楊脩答孔君平。」余嘉錫曰：「楊德祖非晉人，晉亦不聞別有楊修，
《啓顏錄》誤也。敦煌本殘類書曰：『楊德祖少時與孔融對食梅。融戲曰：「此
君家果。」祖曰：「孔雀豈夫子家禽？」』與諸書又不同。皆一事而傳聞異辭。」
〔註73〕而梁孝元皇帝《金樓子》卷五載：

> 楊子州，年七歲，甚聰慧，孔永詣其父，父不在，乃呼兒出爲設果，
> 有楊梅，永指示兒曰：「此眞君家果兒？」答曰：「未聞孔雀是夫子
> 家禽。」

此處與《世說新語》不同，云揚子州爲「七歲，而非「九歲」。」似乎「七歲」
是頗爲特異的年歲。那麼，爲何如此呢？

《世說新語》中七齡童故事並不少見，還有以下幾篇。

> 謝奕作剡令，有一老翁犯法，謝以醇酒罰之。乃至過醉，而猶未已。
> 太傅時年七、八歲，在兄膝邊坐，諫曰：『阿兄！老翁可念，何可作
> 此？』奕於是改容曰：『阿奴欲放去邪？』遂遣之。」（《德行》）

> 孫盛爲庾公記室參軍，從獵，將其二兒俱行。庾公不知，忽於獵場
> 見齊莊，時年七、八歲。庾謂曰：「君亦復來邪？」應聲答曰：「所
> 謂『無小無大，從公於邁』。」（《言語》）

> 陳太丘與友期行，期日中。過中不至，太丘捨去，去後乃至。元方
> 時年七歲，門外戲。客問元方：「尊君在不？」答曰：「待君久不至，
> 已去。」友人便怒曰：「非人哉！與人期行，相委而去。」元方曰：

〔註72〕余《疏》，第 70 頁。
〔註73〕余《疏》，第 125 頁。

「君與家君期日中。日中不至，則是無信；對子罵父，則是無禮。」
友人慚，下車引之。元方入門不顧。(《方正》)

魏明帝於宣武場上斷虎爪牙，縱百姓觀之。王戎七歲，亦往看。虎
承閒攀欄而吼，其聲震地，觀者無不辟易顛僕。戎湛然不動，了無
恐色。(《雅量》)

王戎七歲，嘗與諸小兒遊。看道邊李樹多子折枝。諸兒競走取之，
唯戎不動。人問之，答曰：「樹在道邊而多子，此必苦李。」取之，
信然。(《雅量》)

何晏七歲，明惠若神，魏武奇愛之。因晏在宮內，欲以為子。晏乃
畫地令方，自處其中。人問其故？答曰：「何氏之廬也。」魏武知之，
即遣還。(《夙惠》)

更令人驚異的是，書寫非凡人物，一般而言其夙惠之年齡越早越好，而《晉
書》反而將桓玄、苻堅夙惠年齡置後，而且都是在七歲。

桓玄服除，《世說新語》繫於五歲。

桓宣武薨，桓南郡年五歲，服始除，桓車騎與送故文武別，因指與
南郡：「此皆汝家故吏佐。」玄應聲慟哭，酸感傍人。車騎每自目己
坐曰：「靈寶成人，當以此坐還之。」鞠愛過於所生。(《夙惠》)

而《晉書》卷九九《桓玄傳》載桓溫逝世時桓玄「年七歲」，其文曰：

年七歲，溫服終，府州文武辭其叔父沖，沖撫玄頭曰：「此汝家之故
吏也。」玄因涕淚覆面，衆並異之。

也就是說，七齡童故事在《世說新語》之中最多，而且不少非七齡童故事在
後來也繫於七歲之下。與此類似的事件有更令人驚異者，即明徐應秋《玉芝
堂談薈》卷四題曰「七歲有聖德」，而此書之中所記不唯七歲！

《世說新語》中那個著名的七齡童王戎智識苦李的故事，與佛教有淵源。
而且中國史書將前人故事繫於七歲，似乎表明不是本土自古即有之傳統。

在中國早期的史書之中，七歲神異的故事極少。《史記》、《漢書》皆不見
幼童神異故事。正史之中「生而……」的神異敘事，不是帝王就是皇后；但
大多與祥瑞伴隨，與聰慧極少相關。檢視二十四正史〔註74〕，早慧故事最早

〔註74〕筆者利用電子文獻(《瀚典全文檢索系統2.0版》和《四庫全書》電子版)對
　　　　二十四正史中人物傳記所載十歲以前的事迹逐一查閱、記錄，又對照中華書
　　　　局標點本(第1版，1959～1974年)核對。

在二歲，僅一條。《清史稿》卷五二五《西藏》載：「嘉慶九年十月，達賴有疾，命成都副都統文弼帶醫馳往看視。未抵藏，達賴已於是月在布達拉圓寂，年四十有七。八輩阿旺隆安嘉穆錯擺桑布，於嘉慶十年在康巴墊曲科轉世。年二歲，異常聰慧，早悟前身，奉特旨即定爲呼畢勒罕，毋庸入瓶簽制。」年三歲的神奇故事也僅一條。《宋史》卷四九一《日本國傳》載：「用明天皇，有子曰聖德太子，年三歲，聞十人語，同時解之，七歲悟佛法於菩提寺，講《聖鬘經》，天雨曼陀羅華。當此土隋開皇中，遣使泛海至中國，求《法華經》。」這兩條都與佛教有關。可見早慧神異色彩與佛教的關係。

佛經之中，神異幼童的故事或者不表明年歲，表明者或七歲，或八歲。其中又以七歲最爲特出。《六度集經》記載一個七歲幼童的故事，這似乎也是最早的七歲神童的故事之一，也是此書中唯一的有具體年齡的幼童故事。這個故事在《六度極經》卷六，是書中第六六個故事，名曰《小兒聞法即解經》，其文曰：

昔有比丘，精進守法，少持禁戒，初不毀犯，常守梵行。在精舍止，所可諷誦是般若波羅蜜，說經聲妙，無能及者。其有聞此比丘音聲，莫不歡喜。

有一小兒，厥年七歲。城外牧牛，遙聞比丘誦說經聲，即尋音往，詣精舍中。禮比丘已，卻坐一面，聽其經言。時說色本，聞之即解。兒大歡喜，經句絕已，便問比丘。比丘應答，不可兒意。是時小兒，反爲解說，其義甚妙，昔所希聞。比丘聞之，歡喜甚悅，怪此小兒，乃有智慧，非是凡人。

時兒即去，還至牛所。所牧牛犢，散走入山。兒尋其迹，追逐求索。爾時值虎害此小兒。小兒命終，魂神即轉，生長者家第一夫人作子。夫人懷妊，口便能說般若波羅蜜。從朝至暮，初不懈息。其長者家，素不知法，怪此夫人口爲妄語，謂呼鬼病，下問譴祟。無所不至，無能知者。長者甚愁，不知夫人那得此病。家中內外，皆悉憂惶。

是時比丘入城分衛，詣長者門，遙聞經聲，心甚喜悅。住門有頃，主人偶出，見此比丘，亦不作禮。比丘怪之：「此賢者家內說經聲妙乃爾乎！今此長者，不與我語。」即問長者：「內中誰有說深經者，音聲微妙，乃如是耶？」長者報言：「我內中婦聞得鬼病，晝夜妄語，

口初不息。」比丘爾乃知長者家爲不解法。比丘報言:「此非鬼病,但說尊經,佛之大道。願得入內,與共相見。」長者言:「善。」即將比丘,入至婦所。婦見比丘,即爲作禮。比丘咒願,言得佛疾。便與比丘,相難說經法,反覆披解。比丘甚喜。長者問言:「此何等病?」比丘報言:「無有病也。但說深經,甚有義理。疑此夫人,所懷妊兒。是佛弟子。」長者意解,即留比丘,與作飲食。飲食畢訖。比丘便退精舍,展轉相謂:「有一長者夫人懷妊,甚可奇怪,口誦尊經,所說如流。其音妙好,解釋經理甚深。」

後日長者復請比丘,普及衆僧,悉令詣舍,辦飲餐具。時至皆到坐定,行水飲食已,咒願達嚫。時夫人出禮衆比丘,卻坐一面,復爲比丘,快說經法。諸有疑難,不能及者,盡爲比丘,具足解說。衆僧踴躍,歡喜而退。

日月滿足,夫人在産,娩娠得男,又無惡露。其兒適生,叉手長跪,誦般若波羅蜜。夫人産已,還如本時,無所復知。如夢寤已,了無所識。長者即復呼衆僧、比丘都集,往觀小兒,說經故事,初無躓礙。是時衆僧,各各一心,觀此小兒本,皆不能知。長者問言:「此爲何等?」比丘答曰:「眞佛弟子,愼莫驚疑,好養護之。此兒後大,當爲一切衆人作師,吾等悉當從其啓受。」

時兒長大,至年七歲,悉知微妙,道俗皆備,與衆超絕,智度無極。諸比丘等,皆從受學。經中誤脫,有所短少,皆爲刪定,足其所乏。兒每入出,有所至止,輒開化人,使發大乘。長者家室,內外大小,五百人衆,皆從兒學,發摩訶衍意,悉行佛事。兒所教授,城郭市里,所開發者八萬四千人,皆發無上正眞道意,弟子乘者五百人。諸比丘聞兒所說,本漏意解,志求大乘者,皆得法眼淨。

佛告阿難:「是時小兒者,吾身是也。時比丘者,迦葉佛也。」〔註75〕此小兒乃佛祖前身。這對於中國佛教傳記的書寫產生了極爲深刻的影響。

佛經之中有一個薄拘羅被後母五次毒害而不死的故事。在元魏吉迦夜共曇曜譯《付法藏因緣傳》卷三之中只說「年在童幼」〔註76〕,而《經律異相》

〔註75〕 (吳)康僧會譯:《六度集經》,《大正藏》第3卷,第35頁中至第36頁上。
〔註76〕 (元魏)吉迦夜、曇曜譯:《付法藏因緣傳》,《大正藏》第50卷,第308頁。

引《譬喻經》則云「年始七歲」。其實，在佛教中，多有此類七歲童的故事。
這說明佛教文化對於「七歲」賦予了一種特殊的意義。

《經律異相》卷三十七之「薄拘羅持一戒得五不死報八」載：

> 昔有一人，唯有一兒，名薄拘羅，年始七歲。其婦命終，更取後室。
> 憎前婦子，甑中蒸餅。兒問母索，母抱放甑中，以瓾合頭，欲令兒
> 死。兒於甑中，食餅不死。後復抱置熱鐵鏊上，於鏊食餅，不以爲
> 災。後詣河邊浣衣，擲深水中，爲魚所吞。經於七日，父請衆僧，
> 爲設大會。買得一魚，車載歸家，欲破魚腹。兒言：「徐徐莫傷兒頭。」
> 此兒先受不殺一戒，今得五種不死。（出《譬喻經》）〔註77〕

又《經律異相》卷四十五之「母人懷孕遇佛願以兒爲道三」載：

> 有一母人，懷孕數月，見佛及僧，心自計言：「我生子如此，使作沙
> 門，爲佛弟子。」月滿生男，姝好異衆。及年七歲，家貧，但作二人
> 食及三法衣，手持澡瓶，將兒詣佛曰：「願哀我子，使作沙門。」佛
> 即聽之。令以瓶洗兒手，應時九龍從瓶口出，吐水灌兒，殘水散兒頭
> 上，化成華蓋。中有師子座，座上有佛。佛笑，出五色光，照千（原
> 校注：三本、宮本作十）億佛刹。還繞佛身，從兒頂入。母以飯具上
> 佛，並食其子，發無上道心。十億佛刹，六反震動。諸佛自現。以母
> 飯施爾所諸佛及比丘僧，皆得飽足，初不損減。兒發自墮成爲沙門，
> 即得立於不退轉地。（出十卷《譬喻經》第三卷）〔註78〕

失譯人名附後漢錄《雜譬喻經》卷下（二四）載：

> 昔王舍城中，人民多豐饒，九品異居，不相雜錯，別有一億里有一
> 億財者，便入中。時有居士，規欲居中，便行治生，苦身節用，廣
> 諸方計。數十年中，九十萬數，未滿一億。得病甚篤，自知不濟。
> 有一子年七、八歲，囑語其妻曰：「吾子小大，付與財物，令廣治生，
> 使足滿一億，必居其中。全吾生存之願矣。」言竟終亡，喪送事畢，
> 將子入示其寶物：「父有遺教：須汝長大，具一十萬，足滿一億，居
> 億里中。」子報母言：「何必須大，便可付我，早共居之。」母即付
> 之。於是童子，以財物珍寶，供養三尊，施與貧乏者。半年之中，
> 財物盡了。其母愁惱，怪子所作。童子未幾，身得重病，遂便喪亡。

〔註77〕　（梁）僧旻，寶唱：《經律異相》，《大正藏》第53卷，第201頁上。

〔註78〕　（梁）僧旻，寶唱：《經律異相》，《大正藏》第53卷，第235頁中、下。

其母既失物，子又幼喪，憂愁憶之。中有最富者，八十居而無子姓，於是童子，往生其家，爲第一婦作子。滿十月生，端正聰明，自識宿命。母自抱乳，確不肯食。青衣抱養，亦復如是。兒前母聞生子如是，偶往看見，愛之，即抱嗚噭，開口求食。長者大喜，重雇其價，使養護子。長者便與夫人議曰：「吾少子性，他人抱養，不肯飲食。此婦抱撮，兒輒歡喜。吾今欲往迎取，以爲小妻，令養視吾子，爲可爾不？」夫人聽之，便以禮娉迎來，別作屋宅，分財給與，無所乏短。兒便語母：「爲相識不？」母大怖懅，而言不相識。兒白母言：「我是母之前子，取母九十萬，分用布施。今共來作八十億主，不勞力而食，福爲何如耶？」母聞是言，且悲且喜。其兒長大，化一億里，爲摩訶衍道。故謂正便，億千出之，一邑里能爲室舍，安諸施以道。菩薩我所入如是。〔註79〕

佛經中這種七歲神異也被賦予了印度僧人。據多羅那它著《印度佛教史》第二十三章《阿闍梨陳那時代》載：

阿闍梨安慧的事迹如下所述。當阿闍梨世親念誦被稱爲九十九大部的經典時，房梁上有一隻極具智慧的鴿子，非常虔敬地聽經。這鴿子死後轉生爲南印度彈吒迦羅尼耶（Daṇḍakāraṇya）地方一個商主的兒子，生下後馬上就問：「阿闍梨在那裏？」別人問他：「阿闍梨是誰？」答道：「是世親，住在摩揭陀。」詢問該國的商人，說世親還在世，因此在他七歲時就把他送到世親阿闍梨身前。他學習明處，都未遭困難而通曉。有一次他得到一把豆子，心裏想吃，又因當時他正在多羅佛母殿堂內，想到不應該不供度母就吃，因而就供了幾粒豆子，但豆子滾落下來了。他想度母沒有吃，我就不應該吃，於是把全部豆子都供上去，但是又滾落下來了。由於他還是個孩子，就哭了。這時度母現身對他說：「你不要哭，我爲你加持。」刹那之間他就變得智慧無邊。這一尊度母像也因此得名爲「摩舍多羅」（Māṣatāra，豆兒度母）。〔註80〕

又第二十四章《尼薩伽尸羅王時代》載：

〔註79〕 失譯人名：《雜譬喻經》，《大正藏》第 4 卷，第 508 頁中、下。

〔註80〕 多羅那它著，張建木譯：《印度佛教史》，成都：四川民族出版社，1988 年，第 137～138 頁。

月官阿闍梨的事迹如下所述。在東印度婆連陀羅有一位親見觀世音菩薩的班智達和一個順世外道的教師辯論，雖然破了外道師的學說，但是外道師說：「所謂學問乃是用心智來分別，誰的心智敏捷誰就能獲勝。所謂前世後世並沒有明確的徵相，因此我們不承認那個說法。」於是班智達請國王等人作證，說：「我現在要轉生，請在額上作個記號。」於是在他額上點了一個沁入肉內的朱砂點，口內放進一顆珍珠，他隨即去世。他的遺體放入紅銅匣內，由國王加蓋印璽封存。他轉生為王族中的一位班智達毗史色迦的兒子。正如以前所承諾的那樣，他作為一個具有徵相的嬰兒出生後，額前有朱砂印記，口內有珍珠。國王等人查看了以前的遺體，額上的朱砂點已經消失，口內也只有珍珠的痕迹。據說那個外道師因此也相信前世後世。

那個嬰兒降生以後立即向母親敬禮，說：「你十個月中沒受辛苦嗎？」母親心想：「嬰兒剛生下來就說話是個惡兆。」於是就讓他沉默。以後七年之間，小兒什麼也不說，於是人們又認為他是個啞巴。

一個外道的爭論者作了一首極難理解的偈頌體詩歌，詩義是破斥佛教徒的教理，分送給國王和眾多的學者，於是這首詩也在毗史色迦家中出現。毗史色迦研究了好長時間，連詞義也弄不明白，當然更不能答覆，就心裏想著這件事而出門辦事去了。

那時月官才七歲，剛一看就懂得了詩的意義，認為並不難答覆，於是寫了一篇短文解釋其含義，並寫了答覆的偈頌。他父親回家之後，看見了這樣的文字，就問月官的母親誰來過家裏。母親說：「旁人誰也沒來，是啞巴孩子看了詩以後而寫的。」於是父親詢問兒子，但兒子只是看著母親的臉色。母親說：「講吧！」於是孩子說：「這是我寫的。要擊退這個爭論者並不是難事」。這樣，第二天早上月官和外道教師辯論，月官獲勝，得到重大獎賞。這就出現了一位對於聲明和辯論共通學識不學自知的人，聲譽傳遍各地。此後，月官依止一位大乘阿闍梨，學通五明，又在大阿闍梨處安慧那裏聽受了經部與對法藏，大多數學識他都只聽一次就能理解。他又從持明阿闍梨阿育那裏領受經教口傳，修持明咒，親身見到觀世音菩薩與度母，

成爲極著名的學者。〔註81〕

又第三十二章《摩訶波羅王與沙车波羅王時代》載：

> 阿闍梨祇多梨的事迹如下所述。從前婆那波羅王在位時期，在東印
> 度婆連陀羅有一叫做娑那多那的小王，他有一個最出色的妃子，他
> 對這位妃子寵愛得無以復加，就在她沐浴時也讓她站在金龜之上。
> 他將此妃藏起來，不讓別人見到。後來，此小王向婆羅門族的阿闍
> 梨藏足乞求密集灌頂，就把這位妃子和馬、黃金、大象一起作爲供
> 養而奉獻。有一天，她爲藏足生下一個具相的兒子。兒子長到七歲
> 時，就送入婆羅門學文字的書塾中。有一次，其它的婆羅門兒童們
> 辱罵他説：「你是個賤種！」他詢問原由，那些孩子説：「你的爸爸
> 是佛教的咒師，只是作供養的時候混雜了種姓的高低，才使他從庶
> 民種姓的僧人當上了座首。」這樣對他多加欺侮。他哭著回家，其
> 父問他。他將經過情形告訴，其父説：「那末，你要壓倒他們。」於
> 是給他傳文殊灌頂，並開許修法，讓他去修持。他修持將近一年時，
> 禪定的光芒增長，出現了獲得成就的相徵，茅舍内外各處都爲紅黃
> 光芒遍照。他的母親前來送飯，看到這一情景，以爲茅舍失火，大
> 聲號哭起來，使他從禪定中驚覺，光明也就消逝了。他的父親説：」
> 若是在這樣的光明中安住七天，可以與文殊本身相等，可是中間斷
> 絕了，不過對於一切學識的無礙智慧將會增長。」果然如他父親所
> 説，他對文字、一切工藝、韻律詞藻等學問都不學而知，對其他的
> 衆多學識也是僅僅學一遍，最難的也只學一兩遍就能完全通曉，使
> 他成了學者中的大自在者。他終身是優婆塞，對他父親所有的密集、
> 勝樂、喜金剛等教法無所不受。此外他還依止過很多上師，特別是
> 他能夠在文殊菩薩本身的面前聽受一切教法。〔註82〕

多羅那它的《印度佛教史》中關於七歲的資料可以爲七歲的神異故事提供背
景。玄奘法師《大唐西域記》也記載在古印度「七歲之後漸授五明大論。」
佛經中也有不少類似記載。《雜譬喻經》載：「昔有一國王子，年始七歲，便
入深山，求學仙道。」〔註83〕《法苑珠林》卷九引《佛本行經》云：「時淨飯
王知其太子年已八歲，（原注：「《因果經》云：『年至七歲。』」）即會百官群

〔註81〕多羅那它著，張建木譯：《印度佛教史》，第 152～153 頁。
〔註82〕多羅那它著，張建木譯：《印度佛教史》，第 221～222 頁。
〔註83〕道略：《雜譬喻經》，《大正藏》第 4 卷，第 526 頁下第 21～22 行。

臣宰相,而告之言:『卿等當知,今我化內,誰最有智?智慧悉通,堪為太子作師。』」〔註84〕佛教文化將神異年齡繫於七歲,抑或是表述這樣一種文化涵義:在一般兒童開始正式的學習的時候,那些與佛有因緣的人因為宿世的智慧便已經無師自通了。

於是,《世說新語》中的七歲神童的故事,我們當多以一種佛教文化的視野觀之,即使不能找到類似的佛經故事,亦不能盡信。

〔註84〕 (唐)釋道世著,周叔迦、蘇晉仁校注:《法苑珠林校注》,第331～332頁。

結　語

　　本書運用文獻學的方法並以佛教視野對《世說新語》進行了五個方面的探究：

　　第一章、劉義慶的佛教傾向與《世說新語》的佛教書寫。研究《世說新語》中的佛教內容必須先探討劉義慶的佛教思想傾向，即古人所謂「知人論世」。據劉義慶的生平，其佛教傾向與跟其政治生涯最為密切的劉宋武帝、文帝一樣，具有二重性，並影響到《世說新語》的佛教書寫。一方面，劉義慶崇佛，這是《世說新語》保留了許多與佛教有關的記載的主要原因之一，使《世說新語》在佛教研究中成為珍貴的文獻資料。另一方面，劉義慶又不喜佛教對於政治的干涉，這是《世說新語》對於東晉許多重大佛教事件和人物沒有記載的重要原因，也使《世說新語》在佛教研究上有相當的局限性。從劉義慶的佛教思想傾向的二重性來觀照《世說新語》的佛教書寫，目前尚為一種新的視角，有待進一步深入。另此章對劉義慶的近佛事跡的考證，較前人略為全面。

　　第二章、《世說新語》所載佛教徒事跡考。佛教徒事跡的考證主要是文獻辨偽、比勘以及事件時間和地點的考證等。本章在前人的研究基礎上稍有推進，主要在兩大方面：一方面是對《世說新語》中佛教徒的人數的考證有了新的結論。此章指出《世說新語》中佛教徒有竺道潛、帛尸黎密（高坐道人）、胡僧、佛圖澄、康法暢、康僧淵、支愍度、傖道人、支遁、于法開及弟子、東陽道人、北來道人、支法虔、釋道安、竺法汰、濟尼、豫章小沙彌、竺道壹、僧伽提婆、法岡道人、僧意、釋慧遠，凡 23 位，還有傳語支敏度之傖人和道曜 2 位疑是，另還有 3 個僧團：豫章小沙彌同寺眾僧、釋慧遠廬山弟子

和支遁弟子。另一方面是對一些佛教徒事跡的考察有一些新意：一是對前人未加重視的僧人的事跡有所考證，如濟尼、法岡道人等。二是對某些事跡的考證較前人更具體或更深入，如對支遁《逍遙論》、《即色論》的創作時間和竺法汰爲領軍王洽所知遇的時間的考證，再如對道壹道人吟詠寒冬雪景時年歲的考證。三是對於某些事跡的眞僞提出了辨正，如對支遁還東、支遁批評「了不長進」的王長史二事的獻疑，又如桓彝爲深公辯解之事疑爲桓溫之誤。與此章對於佛教徒事跡研究的推進同步的，還有對一些相關人物事跡的新考證或辨正，如支遁《逍遙論》內容的辨正；對馮懷、殷融等人的爵里及卒年的考證；對釋道安在新野分張徒衆的時間「興寧二年」說的辨正。

　　第三章、《世說新語》所載名士近佛事跡考。《世說新語》中近佛名士可知姓名者約 50 位，人數衆多。書中所載名士近佛事跡具有家族性、群體性兩大特點，又與時勢變化密切相關。本章內容有二：一是主要對一些未涉及佛教徒而涉佛教文化的條目進行了考證，在證明其與佛教有關的前提下考證其時間、地點。二是對於名士的近佛事跡進行了全面的考察，這對於瞭解名士近佛的歷史動態是有一定幫助的。此外，本章還指出了某些所涉人物身份不明的佛教事跡與名士可能存在的聯繫。因爲《世說新語》中與佛教相關的內容皆在東晉這一特殊的門閥政治時期，所以本章對於名士的政治面貌及其名士風度亦有簡要介紹，也注重佛教逐漸成爲名士家族信仰這一特點。從《世說新語》佛教徒事跡和名士近佛事跡看，《世說新語》中的僧人是披著袈裟的名士。正因爲這些僧人與名士趣味相投，因而在這部以名士爲中心且爲名士所撰寫的《世說新語》中留下了許多僧人的身形足跡。而另一方面，名士們越來越「僧人」化，不管他們心中多麼地越來越以門閥自恃，以門閥驕人，卻越來越標榜自己有著「出世」般的脫俗。這不是偶然的。佛教，是宗教，又是「奧義」，其獲得發展需要政治和文化兩大支柱。而在「王與馬、共天下」的東晉，這兩根支柱掌握在門閥貴族手中。因此，佛教攀附門閥，而門閥也需要佛教。東晉佛教的主要面貌是由門閥貴族的權益及其趣味所決定的，而門閥貴族及其周圍的名士們也越來越近佛、崇佛。此外，《世說新語》中關於佛教徒和近佛名士的事跡，還爲研究中國佛教化和佛教中國化提供了在僧人撰寫的僧傳中迴避或鮮見的資料。其一，東晉僧人的眞實性情以及弘法的艱難，如支遁。其二，東晉僧人在名士文化的影響下出現了詩僧、情僧，如道壹、支遁。其三，中國佛教較之印度佛教更爲世俗化、人間化，如僧人的名

士化和名士的近佛。

　　第四章、《世說新語》所涉佛教經論文獻考。《世說新語》中所涉佛教經論凡四部，其中佛經兩部，即《小品》和《維摩詰經》，法論兩部，即《阿毗曇心論》和《即色論》，前三部是印度原典，後一部是中土創作。對三部印度原典的考證，大致包括產生背景、作品內容、流傳情形或社會影響等方面。此中多借鑒前人成果，然因結合《世說新語》的具體語境而有所不同，如注意到《小品》之中某些概念與玄學的關係，《維摩詰經》在東晉特別受青睞的原因，《阿毗曇心論》這一小乘經典在中土後於大乘經典傳入而流行的原因。對《即色論》這一本土佛教文獻，則考證其文獻來源及原貌。通過對這四部佛教文獻的考證，我們可以瞭解到東晉佛教的一些基本面貌：大乘經典盛行，小乘經典被誤作大乘經典而在東晉後期崛起，中土僧人在佛學上的新拔以及文獻原貌（包括思想來源）難以確證的遺憾。

　　第五章、《世說新語》詞彙故事與佛教文化。《世說新語》中存在不少與佛教相關的詞彙與故事，前人雖有探討，然未有專題研究，亦有待深入。首先，本章將《世說新語》中約 50 個有佛教內涵的詞語置於詞語來源和語義演變的視角下來考察，分為三類：一、隨佛教傳入而傳入的詞彙，其中有的至今仍常用的，如佛、如來、文殊、僧、《小品》、《維摩詰經》、般若波羅蜜、三乘、六通、三明、宿命，有的則今已不常用，如楡臘、蘭闍、將無（不）。二、表示中土新生的佛教事物的詞彙，如白馬寺、佛經、即色論、貧道。三、增添佛教內涵的中土詞彙，如法師、都講、弟子、道人、上人、寺、精舍、三寶、居士。這樣的視角有助瞭解佛教文化與中土文化在多方面、多層次進行交融的情形。其次，本章對於《世說新語》中的故事進行了佛教文化的溯源，不僅吸收了前人研究成果，而且有筆者自己的開掘，如筆者發現《自新》中周處殺龍濟民的故事、《排調》中頭責秦子羽的故事和書中多則條目的「七歲有聖德」敘事，都與佛教文化有淵源關係。這使人認識到佛教對中土文化的滲透已比較深入。

　　綜上所述，佛教對《世說新語》的影響是多方面、多層次的，故以佛教視野對《世說新語》進行研究是必須的，且待進一步拓展、深入。

參考文獻

一、《世說新語》主要版本、注疏本、校注本

1. （南朝宋）劉義慶撰，（梁）劉孝標注：《世說新語》三卷（上、下）。宋紹興八年董弅據刻晏殊校定刻本。中華書局 1999 年影印本。

2. （南朝宋）劉義慶撰，（梁）劉孝標注：《世說新語》（上、下卷）。用日本影宋本影印。王利器有校勘記。書末附有日本藏唐寫本《世說新語》殘卷。上海：上海古籍出版社，1956 年。

3. （南朝宋）劉義慶撰，（梁）劉孝標注：《世說新語》三卷，校語一卷。校語，清沈岩撰。四部叢刊影印明袁氏嘉刻本。上海：商務印書館，1922 年。

4. （南朝宋）劉義慶撰，（梁）劉孝標注：《世說新語》三卷。思賢講舍雕本。王先謙校訂。上海古籍出版社 1982 年影印本。此本據明嘉靖袁褧嘉趣堂本和清道光周心如紛欣閣本加以校訂重印。書末附錄：《世說新語注引用書目》、《世說新語佚文》、《校勘小識》、《校勘小識補》、《世說新語考證》、汪藻《世說敘錄》、《考異》、《琅邪臨川王氏譜》、《唐寫本世說新語殘卷》。

5. （南朝宋）劉義慶撰，（梁）劉孝標注：《世說新語》八卷。中國國家圖書館藏明凌瀛初刻四色套印本影印本。北京：北京圖書館出版社，2004 年。

6. （南朝宋）劉義慶撰，（梁）劉孝標注：《世說新語》三卷。四部備要本。上海：中華書局，出版年不詳。據明刻本校刊。

7. 徐震堮：《世說新語校箋》，北京：中華書局，1984 年。

8. 余嘉錫：《世說新語箋疏》，北京：中華書局，2007 年 10 月第 2 版。

9. 趙西陸：《世說新語校釋》，北京：北京圖書館出版社，2006 年。

10. 朱鑄禹：《世說新語彙校集注》，上海：上海古籍出版社，2002 年。

11. 張萬言：《世說新語詞典》，北京：商務印書館，1993 年。

12. 李天華：《世說新語新校》，長沙：嶽麓書社，2004 年。

13. 楊勇：《世說新語校箋》，北京：中華書局，2006 年。

14. 劉強：《世說新語會評》，南京：鳳凰出版社，2007 年。

15. 朱奇志：《世說新語校注》，長沙：嶽麓書社，2007 年。

16. 張撝之：《世說新語譯注》，上海：上海古籍出版社，1996 年。

17. 張萬起、劉尚慈：《世說新語譯注》，北京：中華書局，1998 年。

18. 沈海波：《世說新語》，北京：中華書局，2007 年。

二、古代典籍

（一）佛教典籍

《大正藏》本、《續正藏》本、《大藏經補編》本

1. （西晉）法炬譯：《法海經》，《大正藏》第 1 卷。

2. （姚秦）佛陀耶舍、竺佛念譯：《長阿含經》，《大正藏》第 1 卷。

3. （東晉）瞿曇、僧伽提婆譯，道祖筆受：《中阿含經》，《大正藏》第 1 卷。

4. （南朝宋）求那跋陀羅譯：《雜阿含經》，《大正藏》第 2 卷。

5. （東晉）僧伽提婆譯：《增一阿含經》，《大正藏》第 2 卷。

6. 失譯人名：《佛說菩薩本行經》，《大正藏》第 3 卷。

7. （隋）闍那崛多譯：《佛本行集經》，《大正藏》第 3 卷。

8. （吳）康僧會譯：《六度集經》，《大正藏》第 3 卷。

9. （東漢）竺大力、康孟詳譯：《修行本起經》，《大正藏》第 3 卷。

10. （西晉）竺法護譯：《生經》，《大正藏》第 3 卷。

11. （東漢）支婁迦讖譯：《雜譬喻經》，《大正藏》第 4 卷。

12. （晉）法炬、法立譯：《法句譬喻經》，《大正藏》第 4 卷。

13. （元魏）慧覺譯：《賢愚經》，《大正藏》第 4 卷。

14. （南齊）求那毗地譯：《百喻經》，《大正藏》，第 4 卷。

15. （唐）玄奘譯：《大般若》，《大正藏》，第 5 卷。

16. （姚秦）鳩摩羅什譯：《摩訶般若波羅蜜經》，《大正藏》第 8 卷。

17. （姚秦）鳩摩羅什譯：《小品般若波羅蜜經》，《大正藏》第 8 卷。

18. （東漢）支婁迦讖譯：《佛說遺日摩尼寶經》，《大正藏》第 8 卷。

19. （吳）支謙譯：《大明度經》，《大正藏》第 8 卷。

20. （晉）無羅叉、竺叔蘭譯：《放光般若波羅蜜經》，《大正藏》第 8 卷。

21. （晉）竺法護譯：《光贊經》，《大正藏》第 8 卷。

22. （姚秦）鳩摩羅什譯：《法華經》，《大正藏》第 9 卷。

23.（姚秦）竺佛念譯：《十住斷結經》,《大正藏》第 10 卷。

24.（北涼）曇無讖譯：《大般涅盤經》,《大正藏》第 12 卷。

25.（唐）若那跋陀羅譯：《大般涅槃經後分》,《大正藏》第 12 卷。

26.（東漢）安世高譯：《法鏡經》,《大正藏》第 12 卷。

27.（吳）支謙譯：《佛説維摩詰經》,《大正藏》第 14 卷。

28.（吳）支謙譯：《佛説長者音悦經》,《大正藏》第 14 卷。

29.（姚秦）鳩摩羅什譯：《禪秘要法經》,《大正藏》第 15 卷。

30. 失譯人名：《無明羅刹集》,《大正藏》第 16 卷。

31.（梁）曼陀羅仙、僧伽婆羅譯：《大乘寶雲經》,《大正藏》第 16 卷。

32.（東漢）安世高譯：《佛説分別善惡所起經》,《大正藏》第 17 卷。

33.（唐）金剛智譯：《金剛頂瑜伽中略出念誦經》,《大正藏》第 18 卷。

34.（姚秦）佛陀耶舍、竺佛念譯：《四分律》,《大正藏》第 22 卷。

35.（南朝宋）佛陀什、竺道生譯：《五分律》,《大正藏》第 22 卷。

36.（東晉）佛陀跋陀羅、法顯譯：《摩訶僧祇律》,《大正藏》第 22 卷。

37.（姚秦）弗若多羅、羅什譯：《十誦律》,《大正藏》第 23 卷。

38. 失譯人名：《毗尼母經》,《大正藏》第 24 卷。

39.（東漢）安世高譯：《大比丘三千威儀》,《大正藏》第 24 卷。

40.（唐）釋義淨譯：《根本説一切有部毗奈耶雜事》,《大正藏》第 24 卷。

41.（唐）釋義淨譯：《根本説一切有部毗奈耶藥事》,《大正藏》第 24 卷。

42.（姚秦）鳩摩羅什譯：《大智度論》,《大正藏》第 25 卷。

43.（唐）玄奘譯：《佛地經論》,《大正藏》第 26 卷。

44.（唐）玄奘譯：《阿毗達磨大毗婆沙論》,《大正藏》第 27 卷。

45.（姚秦）釋曇摩崛多譯：《舍利弗阿毗曇論》,《大正藏》第 28 卷。

46.（唐）玄奘譯：《阿毗達磨俱舍論》,《大正藏》第 29 卷。

47.（姚秦）鳩摩羅什譯：《成實論》,《大正藏》第 32 卷。

48.（隋）釋吉藏：《法華義疏》,《大正藏》第 34 卷。

49.（唐）窺基：《妙法蓮華經玄贊》,《大正藏》第 34 卷。

50.（隋）釋智顗説,釋灌頂記：《妙法蓮華經文句》,《大正藏》第 34 卷。

51.（隋）釋智顗説,釋灌頂記：《觀音義疏》,《大正藏》第 34 卷。

52.（隋）釋吉藏：《勝鬘寶窟》,《大正藏》第 37 卷。

53.（東晉）僧肇：《注維摩詰經》,《大正藏》第 38 卷。

54.（宋）釋智圓：《維摩經略疏垂裕記》,《大正藏》第 38 卷。

55.（隋）智顗：《維摩經玄疏》，《大正藏》第 38 卷。

56.（隋）慧達：《維摩義記》，《大正藏》第 38 卷。

57.（隋）灌頂：《大般涅槃經疏》，《大正藏》第 38 卷。

58.（元）釋師正：《科南本涅槃經序》，《大正藏》第 38 卷。

59.（唐）釋道宣：《四分律刪繁補闕行事鈔》，《大正藏》第 40 卷。

60.（唐）釋遁倫：《瑜伽論》，《大正藏》第 42 卷。

61.（隋）吉藏：《中觀論疏》，《大正藏》第 42 卷。

62.（唐）釋元康：《肇論疏》，《大正藏》第 45 卷。

63.（隋）灌頂：《國清百錄》，《大正藏》第 46 卷。

64.（元）普度：《盧山蓮宗寶鑒》，《大正藏》第 47 卷。

65.（宋）釋延壽：《宗鏡錄》，《大正藏》第 48 卷。

66.（隋）費長房：《歷代三寶記》，《大正藏》第 49 卷。

67.（元）釋念常：《佛祖歷代通載》，《大正藏》第 49 卷。

68.（宋）釋志磐：《佛祖統紀》，《大正藏》第 49 卷。

69.（元魏）吉迦夜、曇曜譯：《付法藏因緣傳》，《大正藏》第 50 卷。

70.（唐）釋慧皎：《高僧傳》，《大正藏》第 50 卷。

71.（唐）釋道宣：《續高僧傳》，《大正藏》第 50 卷。

72.（梁）釋寶唱：《比丘尼傳》，《大正藏》，第 50 卷。

73.（唐）法藏：《華嚴經傳記》，《大正藏》第 51 卷。

74.（唐）釋道宣：《釋迦方志》，《大正藏》第 51 卷。

75.（宋）陳舜俞：《盧山記》，《大正藏》第 51 卷。

76.（唐）神清：《北山錄》，《大正藏》第 52 卷。

77.（唐）釋法琳：《辨正論》，《大正藏》第 52 卷。

78.（唐）釋道宣：《集神州三寶感通錄》，《大正藏》第 52 卷。

79.（梁）僧旻、寶唱：《經律異相》，《大正藏》，第 53 卷。

80.（宋）釋道誠：《釋氏要覽》，《大正藏》第 54 卷。

81.（宋）釋信行：《翻梵語》，《大正藏》第 54 卷。

82.（唐）釋玄應：《一切經音義》，《大正藏》第 54 卷。

83.（唐）釋慧琳：《一切經音義》，《大正藏》第 54 卷。

84.（唐）釋慧苑：《一切經音義》，《大正藏》第 54 卷。

85.（遼）釋希麟：《續一切經音義》，《大正藏》第 54 卷。

86.（宋）釋法雲：《翻譯名義集》，《大正藏》第 54 卷。

87.（宋）贊寧：《大宋僧史略》,《大正藏》第 54 卷。

88.（隋）法經：《眾經目錄》,《大正藏》第 55 卷。

89.（唐）釋圓照：《貞元新定釋教目錄》,《大正藏》第 55 卷。

90.（唐）釋靖邁：《古今譯經圖紀》,《大正藏》第 55 卷。

91.（唐）釋道宣：《大唐內典錄》,《大正藏》第 55 卷。

92.（唐）釋智昇：《開元釋教錄》,《大正藏》第 55 卷。

93.（唐）釋明佺：《大周刊定眾經目錄》,《大正藏》第 55 卷。

94.（日）安澄：《中論疏記》,《大正藏》,第 65 卷。

95.（日）釋壽靈：《華嚴五教章指事》,《大正藏》第 72 卷。

96.（陳）惠達：《肇論疏》,《卍續藏經》,第 150 卷。

97. 夏丏尊譯：《小部經典・本生經》,藍吉富《大藏經補編》第六冊,臺北：
   華宇出版社,1985 年。

《中華大藏經》本

1.（吳）支謙譯：《維摩詰經》,《中華大藏經》第 15 冊。

2.（晉）無羅叉、竺叔蘭譯：《放光般若波羅蜜經》,《中華大藏經》第 7 冊。

3.（晉）竺法護譯：《光贊經》,《中華大藏經》第 7 冊。

單行刊本

1.（梁）釋僧祐：《弘明集》,上海：商務印書館,1922 年。《四部叢刊》本。

2.（梁）釋僧祐撰,蘇晉仁,蕭鍊子點校：《出三藏記集》,北京：中華書局,
   1995 年。

3.（梁）釋慧皎撰,湯用彤校注：《高僧傳》,北京：中華書局,1992 年。

4.（北魏）楊衒之著,楊勇校箋：《洛陽伽藍記校箋》,臺北：正文書局,1971
   年。

5.（唐）釋道宣：《廣弘明集》,上海：商務印書館,1922 年。《四部叢刊》
   本。

6.（唐）釋玄奘、辯機著,季羨林等校注：《大唐西域記校注》,北京：中華
   書局,2000 年。

7.（唐）釋道世著,周叔迦、蘇晉仁校注：《法苑珠林校注》,北京：中華書
   局,2003 年。

8.（宋）贊寧撰,范祥雍點校：《高僧傳》,北京：中華書局,1987 年。

（二）史部

1.（梁）沈約：《宋書》,北京：中華書局,1974 年。

2.（唐）李延壽：《南史》,北京：中華書局,1975 年。

3.（唐）房玄齡等撰：《晉書》，北京：中華書局，1974 年。

4.（元）脫脫等撰：《宋史》，北京：中華書局，1977 年。

5. 趙爾巽等撰：《清史稿》，北京：中華書局，1976～1978 年。

6.（唐）李吉甫：《元和郡縣圖志》，北京：中華書局，1983 年。

7.（唐）許嵩撰，孟昭庚、孫述、伍貽業點校：《建康實錄》，上海：上海古籍出版社，1987 年。

8.（唐）陸廣微：《吳地記》，影印文淵閣《四庫全書》本，臺北：臺灣商務印書館，1983 年。

9.（宋）司馬光編著，胡三省注，張一桂校正，吳勉學復校：《資治通鑒》，北京：中華書局，1956 年。

10.（宋）高似孫：《緯略》，影印文淵閣《四庫全書》本，臺北：臺灣商務印書館，1983 年。

11.（宋）施宿：《嘉泰會稽志》，影印文淵閣《四庫全書》本，臺北：臺灣商務印書館，1983 年。

12.（宋）周應合：《景定建康志》，影印文淵閣《四庫全書》本，臺北：臺灣商務印書館，1983 年。

13.（宋）張敦頤著，張忱石點校：《六朝事跡編類》，上海：上海古籍出版社，1995 年。

14.（宋）鄭樵：《通志》，杭州：浙江古籍出版社，1988 年。

15.（元）郝經：《續後漢書》，北京：商務印書館，1958 年。

16.（明）王鏊：《姑蘇志》，影印文淵閣《四庫全書》本，臺北：臺灣商務印書館，1983 年。

17.（明）葛寅亮撰，何孝榮點校：《金陵梵刹志》，天津：天津人民出版社，2007 年。

18.（清）湯球輯，楊朝明校補：《九家舊晉書輯本》，鄭州：中州古籍出版社，1991 年。

19.（清）秦錫圭：《補晉方鎮表》，二十五史刊行委員會《二十五史補編》（三），北京：中華書局，1955 年。

20.（清）秦錫圭：《補晉執政表》，二十五史刊行委員會《二十五史補編》（三），北京：中華書局，1955 年。

21.（清）萬斯同：《東晉將相大臣年表》，二十五史刊行委員會《二十五史補編》（三），北京：中華書局，1955 年。

22.（清）萬斯同：《東晉方鎮年表》，二十五史刊行委員會《二十五史補編》（三），北京：中華書局，1955 年。

23.（清）吳廷燮：《東晉方鎮年表》，二十五史刊行委員會《二十五史補編》（三），北京：中華書局，1955 年。

24.（清）聶崇岐：《補宋書藝文志》，二十五史刊行委員會《二十五史補編》（三），北京：中華書局，1955 年。

25.（清）邁柱：《湖廣通志》，影印文淵閣《四庫全書》本，臺北：臺灣商務印書館，1983 年。

26.（清）嵇曾筠，《浙江通志》，影印文淵閣《四庫全書》本，臺北：臺灣商務印書館，1983 年。

27.（清）王鳴盛：《十七史商榷》，上海：上海書店出版社，2005 年。

28.（清）錢大昕：《廿二史考異》，上海：上海古籍出版社，2004 年。

29.（清）錢大昕，陳文和、孫顯軍校點：《十駕齋養新錄》，南京：江蘇古籍出版社，2000 年。

30.（清）趙翼：《廿二史箚記校證》，北京：中華書局，1984 年。

31.（清）陳作霖撰：《金陵瑣志》，江蘇：廣陵古籍刻印社，出版年不詳。

32.（清）余賓碩：《金陵覽古》，上海：上海古籍出版社 1983 年版。

（三）其他古籍

1.《周易》，《十三經注疏》本，北京：中華書局，1980 年。

2.《詩經》，《十三經注疏》本，北京：中華書局，1980 年。

3.《禮記》，《十三經注疏》本，北京：中華書局，1980 年。

4.《論語》，《十三經注疏》本，北京：中華書局，1980 年。

5.（漢）韓嬰撰，許維遹校釋：《韓詩外傳集釋》，北京：中華書局，1980 年。

6.（漢）王充：《論衡》，北京：北京圖書館出版社，2006 年。

7.（漢）劉熙：《釋名》，上海：商務印書館，1939 年。《叢書集成初編》本。

8.（漢）王逸撰，劉向集：《楚辭章句》，出版地不詳，汲古閣原本光緒乙未仲春月昭陵經畬主人重刊（1895）。

9.（魏）劉劭撰，郭模校證：《人物志及注校證》，臺北：文史哲出版社，1987 年。

10.（晉）裴啓撰，周楞伽輯注：《裴啓語林》，北京：文化藝術出版社，1988 年。

11.（晉）干寶：《搜神記》，北京：中華書局，1979 年。

12.（晉）支遁：《支遁集》，清邵武徐氏刊本。

13.（晉）陶潛：《搜神后記》，汪紹楹校注，北京：中華書局，1981 年。

14.（南朝宋）劉義慶撰，鄭晚晴輯注：《幽明錄》，北京：文化藝術出版社，1988 年。

15. （南朝宋）劉義慶：《宣驗記》，《魯迅全集》第八卷《古小說鉤沉》，北京：人民文學出版社，1973。

16. （南朝宋）劉敬叔撰，范寧校點：《異苑》，北京：中華書局，1996 年。

17. （梁）殷芸：《殷芸小說》，上海：上海古籍出版社，1984。

18. （梁）孝元帝：《金樓子》，景印文淵閣四庫全書，第 冊，臺灣：臺灣商務印書館，1983 年。

19. （北齊）顏之推：《顏氏家訓》，北京：北京圖書館出版社，2005 年。

20. （唐）虞世南撰，（明）陳禹謨補注：《北堂書鈔》，天津：天津古籍出版社，1988 年。

21. （唐）張彥遠：《歷代名畫記》，北京：人民美術出版社，1963 年。

22. （唐）張彥遠撰，洪丕謨點校：《法書要錄》，上海：上海書畫出版社，1986 年。

23. （宋）李昉等編：《太平御覽》，北京：中華書局，1960 年。

24. （宋）李昉等編：《太平廣記》，北京：中華書局，1986 年。

25. （宋）周輝撰，劉永翔校注：《清波雜志校注》，北京：中華書局，1994 年。

26. （宋）葛立方：《韻語陽秋》，上海：上海古籍出版社，1984 年。

27. （宋）王應麟：《困學紀聞》，北京：商務印書館，1959 年。

28. （宋）王應麟：《漢制考》，北京：北京圖書館出版社，2006 年。

29. （宋）吳曾：《能改齋漫錄》，上海：上海古籍出版社，1979 年。

30. （宋）王觀國：《學林》，影印文淵閣《四庫全書》本，臺北：臺灣商務印書館，1983 年。

31. （宋）張君房：《雲笈七籤》，上海：商務印書館，1922 年。《四部叢刊》本。

32. （明）李贄：《初潭集》，北京：中華書局，1974 年。

33. （明）徐應秋：《玉芝堂談薈》，上海：進步書局，出版年不詳。

34. （明）周嬰：《卮林》，上海：商務印書館，1936 年。《叢書集成初編》本。

35. （清）郭慶藩：《莊子集釋》，《新編諸子集成》（第一輯），北京：中華書局，1961 年。

36. （清）顧炎武撰，陳垣校注：《日知錄校注》，合肥：安徽大學出版社，2007 年。

37. （清）吳兆宜：《庾開府集箋注》，影印文淵閣《四庫全書》本，臺北：臺灣商務印書館，1983 年。

38. （清）李慈銘撰，王利器輯：《越縵堂讀書簡端記》，天津：天津人民出版社，1980 年。

39. （清）王澍：《淳化秘閣法帖考正》，影印文淵閣《四庫全書》本，臺北：臺灣商務印書館，1983 年。

40. （清）趙翼：《陔餘叢考》，上海：商務印書館，1957 年。

41. （清）王夫之：《讀通鑑論》，北京：中華書局，1975 年。

42. （清）趙宏恩：《江南通志》，影印文淵閣《四庫全書》本，臺北：臺灣商務印書館，1983 年。

43. （清）文廷式：《純常子枝語》，揚州：江蘇揚州廣陵古籍刻印社，1979 年。

44. （清）嚴可均：《全上古三代秦漢三國六朝文》，北京：中華書局，1958 年。

45. （東晉）陸修靖：《無上黃籙大齋立成儀》，《道藏》第 9 冊，北京：文物出版社，1988 年。

46. （唐）朱法滿：《要修科儀戒律鈔》，《道藏》第 6 冊，北京：文物出版社，1988 年。

三、今人著述

（一）中國著述

1. 蔡宏：《般若與老莊》，成都：巴蜀書社，2001 年。

2. 蔡鏡浩：《魏晉南北朝詞語例釋》，南京：江蘇古籍出版社，1990 年。

3. 曹道衡：《南朝文學與北朝文學研究》，南京：江蘇古籍出版社，1998 年。

4. 曹道衡，劉躍進：《南北朝文學編年史》，北京：人民文學出版社，2000 年。

5. 曹道衡：《中古文學史論文集》，北京：中華書局，2002 年。

6. 曹道衡，沈玉成：《中古文學史料叢考》，北京：中華書局，2003 年。

7. 曹虹：《慧遠評傳》，南京：南京大學出版社，2002 年。

8. 常任俠：《印度與東南亞美術發展史》，合肥：安徽教育出版社，2006 年。

9. 陳兵、鄧子美：《二十世紀中國佛教》，北京：民族出版社，2000 年。

10. 陳道貴：《東晉詩歌論稿》，合肥：安徽教育出版社，2004 年。

11. 陳洪：《佛教與中古小說》，上海：學林出版社，2007 年。

12. 陳文新主編：《中國文學編年史》，長沙：湖南人民出版社，2006 年。

13. 陳文英：《中國古代漢傳佛教傳播史論》，天津：天津古籍出版社，2007 年。

14. 陳燕玲：《慧皎〈高僧傳〉及其分科之研究》，潘美月、杜潔祥主編《古典文獻研究輯刊》（三編），第 26 卷，臺北：花木蘭文化出版社，2006 年。

15. 陳寅恪：《陳寅恪先生文史論集》，香港：文文出版社，1972～73 年。

16. 陳聿東主編：《佛教文化百科》，天津人民出版社，1993 年。

17. 陳垣：《釋氏疑年錄》，揚州：江蘇廣陵古籍刻印社，1991 年。

18. 陳垣：《中國佛教史籍概論》，北京：科學出版社，1955。

19. 陳允吉：《唐音佛教辨思錄》，上海：上海古籍出版社，1988 年。

20. 程湘清：《魏晉南北朝漢語研究》，濟南：山東教育出版社，1992 年。

21. 鄧喬彬：《中國繪畫思想史》（第 2 版），貴陽：貴州人民出版社，2002 年。

22. 荻原雲來：《梵漢對譯佛教辭典》，臺北：新文豐出版有限公司，1976 年。

23. 丁福保：《佛學大辭典》，上海：上海書店，1991 年。

24. 丁福林：《宋書校議》，上海：上海古籍出版社，2002 年。

25. 杜貴晨：《傳統文化與古典小說》，保定：河北大學出版社，2001 年。

26. 杜繼文：《中國佛教與中國文化》，北京：宗教文化出版社，2003 年。

27. 杜繼文：《漢譯佛教經典哲學》，南京：江蘇人民出版社，2008 年。

28. 杜繼文：《佛教史》，南京：江蘇人民出版社，2008 年。

29. 范子燁：《〈世說新語〉研究》，哈爾濱：黑龍江教育出版社，1998 年。

30. 方廣錩：《中印文化概論》，北京：中國文化書院，1987 年。

31. 方廣錩：《道安評傳》，北京：崑崙出版社，2004 年。

32. 方廣錩：《淵源與流變——印度初期佛教研究》，北京：中國社會科學出版社，2004 年。

33. 方立天：《佛教哲學》，北京：中國人民大學出版社，2006 年。

34. 方立天：《魏晉南北朝佛教》，北京：中國人民大學出版社，2006 年。

35. 方立天、學愚主編：《佛教傳統與當代文化》，北京：中華書局，2006 年。

36. 馮天瑜、何曉明、周積明：《中華文化史》（第 2 版），上海：上海人民出版社，2005 年。

37. 馮友蘭、李澤厚等著，駱玉明、蕭能選編：《魏晉風度二十講》，北京：華夏出版社，2009 年。

38. 高華平：《玄學趣味》，武漢：湖北教育出版社，1997 年。

39. 高華平：《魏晉玄學人格美研究》：成都：巴蜀書社，2000 年。〔留〕

40. 高華平：《凡俗與神聖——佛道文化視野下的漢唐之間的文學》，長沙：嶽麓書社，2008 年。

41. 高文強：《佛教與永明文學》，武漢：湖北教育出版社，2006 年。

42. 葛曉音主編：《漢魏六朝文學與宗教》，上海：上海古籍出版社，2005 年。

43. 葛兆光：《七世紀前中國的知識、思想與信仰世界——中國思想史第一卷》，上海：復旦大學出版社，1988 年。

44. 龔斌：《慧遠法師傳》，南昌：江西出版集團、江西人民出版社，2008 年。

45. 龔賢：《佛典與南朝文學》，南昌：江西人民出版社，2008 年。

46. 郭廉夫：《王羲之評傳》，南京：南京大學出版社，1996 年。

47. 郭豫適：《郭在貽文集》，杭州：浙江古籍出版社，1992 年。

48. 何劍平：《中國中古維摩詰信仰研究》，成都：巴蜀書社，2009 年。

49. 何滿子：《中古文人風采》，廣州：花城出版社，2007 年。

50. 何啓民：《魏晉思想與談風》，臺北：臺灣學生書局，1982 年。

51. 賀昌群：《魏晉清談思想初論》，《賀昌群文集》（第二卷），北京：商務印書館，2003 年。

52. 賀昌群：《〈世說新語〉札記》，《賀昌群文集》（第三卷），北京：商務印書館，2003 年。

53. 洪修平：《中國禪學思想史》，北京：中國人民大學出版社，2007 年。

54. 侯外廬等：《中國思想通史》（第三卷），北京：人民出版社，1957 年。

55. 洪順隆：《六朝詩論》，臺北：文津出版社，1978 年。

56. 胡適：《白話文學史》，《胡適全集》第 11 卷，合肥：安徽教育出版社，2003 年。

57. 季羨林：《季羨林學術論著自選集》，北京：北京師範學院出版社，1991 年。

58. 紀贇：《慧皎〈高僧傳〉研究》，上海：上海古籍出版社，2009 年。

59. 江藍生：《著名中年語言學家自選集：江藍生卷》，合肥：安徽教育出版社，2002 年。

60. 蔣維喬：《中國佛教史》，上海：上海古籍出版社，2004 年。

61. 蔣述卓：《佛教與中國古典文藝美學》，長沙：嶽麓書社，2008 年。

62. 金丹元：《禪意與化境》，上海：上海文藝出版社，1993 年。

63. 金維諾：《中國美術‧魏晉至隋唐》，北京：中國人民大學出版社，2004 年。

64. 康中乾：《魏晉玄學》，北京：人民出版社，2008 年。

65. 孔繁：《魏晉玄談》，瀋陽：遼寧教育出版社，1991 年。

66. 李昌舒：《意境的哲學基礎：從王弼到慧能的美學考察》，北京：社會科學文獻出版社，2008 年。

67. 李建中：《魏晉文學與魏晉人格》，武漢：湖北教育出版社，1998 年。

68. 李建中、高華平：《玄學與魏晉社會》，石家莊：河北人民出版社，2003 年。

69. 李澤厚：《美的歷程》，桂林：廣西師範大學出版社，2000 年。

70. 李澤厚：《中國古代思想史論》，天津：天津社會科學院出版社，2008 年。

71. 梁啓超：《佛學研究十八篇》，上海：上海古籍出版社，2001 年。

72. 梁思成：《中國建築史》，天津：百花文藝出版社，2005 年。

73. 梁曉虹、徐時儀、陳五云：《佛經音義與漢語詞彙研究》，北京：商務印書館，2005 年。

74. 劉大杰：《魏晉思想論》，上海：上海古籍出版社，1998 年。

75. 劉貴傑：《支道林思想之研究：魏晉時代玄學與佛學之交融》，臺北：臺灣商務印書館，1982 年。

76. 劉堅：《劉堅文集》，上海：上海辭書出版社，2005 年。

77. 劉汝霖：《東晉南北朝學術編年》，北京：中華書局，1987 年。

78. 劉師培：《中國中古文學史》，北京：中國人民大學出版社，2004 年。

79. 劉躍進、范子燁編：《六朝作家年譜輯要》，哈爾濱：黑龍江教育出版社，1999 年。

80. 盧國龍：《中國重玄學：理想與現實的殊途與同歸》，北京：人民中國出版社，1993 年。

81. 魯迅：《魯迅全集》，北京：人民文學出版社，1973 年。

82. 魯迅：《中國小說史略》，上海：上海古籍出版社，1998 年。

83. 羅因：《「空」「有」與「有」「無」——玄學與般若學交會問題的研究》，臺北：國立臺灣大學出版委員會，2003 年。

84. 羅宗強：《魏晉南北朝文學思想史》，北京：中華書局，2006 年。

85. 羅宗強：《玄學與魏晉士人心態》，天津：天津教育出版社，2005 年。

86. 呂澂：《中國佛學源流略講》，北京：中華書局，1979 年。

87. 呂澂：《新編漢文大藏經目錄》，濟南：齊魯書社，1980 年。

88. 呂澂：《印度佛學源流略講》，上海：上海人民出版社，2002 年。

89. 呂思勉：《兩晉南北朝史》，上海：上海古籍出版社，2005 年。

90. 逯欽立輯校：《先秦漢魏晉南北朝詩》，北京：中華書局，1983 年。

91. 麻天祥：《中國禪宗思想史》，武漢：武漢大學出版社，2007 年。

92. 麻天祥主編：《佛學百年》，武漢：武漢大學出版社，2008 年。

93. 麥華三：《王羲之年譜》，國家圖書館編《漢晉名人年譜》（三），北京：北京圖書館出版社，2004 年。

94. 蒙思明：《魏晉南北朝的社會》，上海：世紀出版集團，上海人民出版社，2007 年。

95. 繆鉞：《繆鉞全集》（第一卷），石家莊：河北教育出版社，2004 年。

96. 寧稼雨：《魏晉士人人格精神——〈世說新語〉的士人精神史研究》，天津：南開大學出版社，2003 年。

97. 彭自強：《佛教與儒道的衝突與融合：以漢魏兩晉時期爲中心》，成都：巴蜀書社，2000 年。

98. 普慧：《南朝佛教與文學》，北京：中華書局，2002 年。

99. 申家仁：《〈世說新語〉與人生》，上海：上海古籍出版社，2003 年。

100. 祁志祥：《佛教與中國文化》，上海：學林出版社，2000 年。

101. 錢穆：《中國史學名著》，北京：三聯書店，2000 年。

102. 錢鍾書：《管錐編增訂》，北京：中華書局，1982 年。

103. 強昱：《從魏晉玄學到初唐重玄學》，上海：上海文化出版社，2002 年。

104. 任繼愈：《漢唐佛教思想論集》，北京：人民出版社，1973 年。

105. 任繼愈：《中國道教史》，北京：中國社會科學出版社，2001 年。

106. （釋）聖凱：《中國漢傳佛教禮儀》，北京：宗教文化出版社，2001 年。

107. （釋）星雲大師監修，慈怡主編《佛光大辭典》，北京：書目文獻出版社，1989 年。

108. 石海軍：《印度文學大花園》，武漢：湖北教育出版社，2007 年。

109. 史有爲：《外來詞——異文化的使者》，上海：上海辭書出版社，2004 年。

110. 蘇晉仁：《佛教文化與歷史》，北京：中央民族大學出版社，1998 年。

111. 孫昌武：《文壇佛影》，北京：中華書局，2001 年。

112. 孫昌武：《中國文學中的維摩與觀音》，天津：天津教育出版社，2005 年。

113. 孫昌武：《佛教與中國文學》，上海：上海人民出版社，2007 年。

114. 談錫永導讀：《維摩詰經導讀》，北京：中國書店，2007 年。

115. 湯用彤：《漢魏兩晉南北朝佛教史》，北京：崑崙出版社，2006 年。

116. 湯用彤撰，湯一介導讀：《魏晉玄學論稿》，上海：上海古籍出版社，2001 年。

117. 湯一介：《佛教與中國文化》，北京：宗教文化出版社，1999 年。

118. 湯一介：《魏晉玄學論講義》，廈門：鷺江出版社，2006 年。

119. 湯一介：《中國傳統文化中的儒釋道》，北京：中國和平出版社，1988 年。

120. 湯一介、胡仲平主編：《魏晉玄學研究》，武漢：湖北教育出版社，2008 年。

121. 唐長孺：《魏晉南北朝史論叢》，北京：中華書局，1983 年。

122. 唐翼明：《魏晉清談》，臺北：東大圖書公司，1992 年。

123. 唐翼明：《魏晉文學與玄學：唐翼明學術論文集》，武漢：長江文藝出版社，2004 年。

124. 田文棠：《魏晉三大思潮論稿》，西安：陝西人民出版社，1988 年。

125. 田餘慶：《東晉門閥政治》，北京：北京大學出版社，1989 年。

126. 王敦楨：《中國古代建築史》，北京：中國建築工業出版社，1984 年。

127. 王昆吾：《中國早期藝術與宗教》，上海：東方出版社，1998 年。

128. 王立：《佛經文學與古代小說母題比較研究》，北京：崑崙出版社，2006 年。

129. 王能憲：《〈世說新語〉研究》，南京：江蘇古籍出版社，1992 年。

130. 王青：《西域文化影響下的中古小說》，北京：中國社會科學出版社，2006 年。

131. 王泉根：《中國人名文化》，北京：團結出版社，2000 年。

132. 王守華：《〈世說新語〉發微》，上海：上海文藝出版社，1998 年。

133. 王樹英：《印度》，北京：當代世界出版社，1998 年。

134. 王鐵鈞：《中國佛典翻譯史稿》，北京：中央編譯出版社，2006 年。

135. 王曉毅：《儒釋道與魏晉玄學的形成》，北京：中華書局，2003 年。

136. 王伊同：《五朝門第》，香港：中文大學出版社，1978 年。

137. 王瑤：《中古文學史論》，北京：北京大學出版社，1998 年。

138. 王永平：《六朝家族》，南京：南京出版社，2008 年。

139. 王雲路、方一新編：《中古漢語研究》，北京：商務印書館，2000 年。

140. 王仲犖：《魏晉南北朝史》，上海：上海人民出版社，2003 年。

141. 吳焯：《佛教東傳與中國佛教藝術》，杭州：浙江人民出版社，1991 年。

142. 吳金華：《世說新語考釋》，合肥：安徽教育出版社，1994 年。

143. 蕭艾：《白話世說新語》，長沙：嶽麓書社，1991 年。

144. 蕭艾：《〈世說〉探幽》，長沙：湖南出版社，1992 年。

145. 蕭登福：《道家道教與中土佛教初期經義發展》，上海：上海古籍出版社，2003 年。

146. 謝重光：《中古佛教僧官制度和社會生活》，北京：商務印書館，2009 年。

147. 薛克翹：《中印文學比較研究》，北京：崑崙出版社，2003 年。

148. 徐復觀：《中國藝術精神》，上海：華東師範大學出版社，2001 年。

149. 許建良：《魏晉玄學倫理思想研究》，北京：人民出版社，2003 年。

150. 許抗生：《僧肇評傳》，南京：南京大學出版社，1998 年。

151. 許抗生：《佛教的中國化》，北京：宗教文化出版社，2008 年。

152. 嚴耀中：《江南佛教史》，上海：上海人民出版社，2000 年。

153. 楊泓：《中國美術考古學概論》，北京：中國社會科學出版社，2008 年。

154. 楊維中：《中國佛教心性論研究》，北京：宗教文化出版社，2007 年。

155. 楊義：《中國古典小說史論》，北京：人民出版社，1998 年。

156. 楊勇：《〈世說新語校箋〉論文集》，臺北：正文書局，2003 年。

157. 楊曾文：《中國佛教史論——楊曾文佛學文集》，北京：中國社會科學出版社，2002 年。

158. 姚衛群：《佛教般若思想發展源流》，北京：北大出版社，1996 年。

159. 余敦康：《魏晉玄學史》，北京：北京大學出版社，2004 年。

160. 余嘉錫：《四庫提要辯證》，昆明：雲南人民出版社，2004 年。

161. 詹福瑞：《漢魏六朝文學論集》，保定：河北大學出版社，2001 年。

162. 章炳麟：《章太炎全集》（四）（六），上海：上海人民出版社，1985 年。

163. 張忱石：《晉書人名索引》，北京：中華書局，1977 年。

164. 張承宗：《六朝民俗》，南京：南京出版社，2002 年。

165. 張可禮：《東晉文藝綜合研究》，濟南：山東大學出版社，2001 年。

166. 張曼濤：《佛教與中國文化》，上海：上海書店影印本，1987 年。

167. 張曉華：《佛教文化傳播論》，北京：人民出版社，2006 年。

168. 張中行：《佛教與中國文學》，合肥：安徽教育出版社，1984 年。

169. 趙樸初：《趙樸初文集》，北京：華文出版社，2007 年。

170. 曾昭旭：《孝道與宗教》，牟宗三等撰《中國文化論集》（三），臺北：幼獅文化事業公司，1984 年。

171. 鄭基良：《魏晉南北朝形盡神滅或形盡神不滅的思想論證》，臺北：文史哲出版社，2002 年。

172. 鄭振鐸：《插圖本中國文學史》，北京：人民文學出版社，1957 年。

173. 周紀彬：《世說新語概論》，出版社不詳，2002 年。

174. 周叔迦：《周叔迦佛學論著集》（上下卷），北京：中華書局，1991 年。

175. 周一良：《魏晉南北朝史論集》，北京：北京大學出版社，1997 年。

176. 周裕鍇：《中國古代闡釋學研究》，上海：上海人民出版社，2003 年。

177. 朱偰：《金陵古跡圖考》，北京：中華書局，2006 年。

178. 朱慶之編：《佛教漢語研究》，北京：商務印書館，2009 年。

179. 朱光潛等：《美學和中國藝術史》，上海：知識出版社，1984 年。

180. 朱維之等：《禪與詩人的宗教——中印文學思想交流一例》，《比較文學論文集》，天津：南開大學出版社，1984 年。

181. 宗白華：《美學散步》，上海：上海人民出版社，2005 年。

182. 中國佛教文化研究所：《俗語佛源》，上海：上海人民出版社，1993 年。

183. （藏族）多羅那它：《印度佛教史》，張建木譯，成都：四川民族出版社，1988 年。

（二）國外著述

1. （法國）謝和耐：《中國 5～10 世紀的寺院經濟》，耿升譯，上海：上海古籍出版社，2004 年。

2. （法國）雷奈‧格魯塞：《印度的文明》，常任俠、袁音譯，北京：商務印書館，1965 年。

3. （韓國）朴美齡：《世說新語中所反映的思想》，臺北：文津出版社，1990 年。

4. （荷蘭）許理和：《佛教征服中國》，李四龍等譯，南京：江蘇人民出版社，1998 年。

5. （美國）坦娜希爾：《歷史中的性》，童仁譯，北京：光明日報出版社，1989 年。

6. （日本）川勝義雄：《六朝貴族制社會研究》，徐谷芃、李濟滄譯，上海：上海古籍出版社，2007 年。

7. （日本）井波律子：《中國人的機智：以〈世說新語〉爲中心》，上海：學林出版社，1998 年。

8. （日本）岡村繁：《漢魏六朝的文學和思想》，《岡村繁全集》（第三卷），陸曉光譯，上海：上海古籍出版社，2002 年。

9. （日本）吉川忠夫、麥谷邦夫：《眞誥校注》，朱越利譯，中國社會科學出版社，2006 年。

四、學位論文

（一）博士論文

1. 宋玉波：《佛教中國化歷程研究》，西北大學，2004 年。

2. 張君梅：《從玄解到證悟》，復旦大學，2004 年。

3. 劉惠卿：《佛經文學與六朝小說母題》，陝西師範大學，2006 年。

4. 王新水：《〈維摩詰經〉思想研究》，復旦大學，2006 年。

（二）碩士論文

1. 龐書樵：《支遁其人及其〈支遁集〉研究》，臺灣：國立政治大學，1995 年。

2. 李建華：《〈晉書〉材料源於〈世說新語〉研究》，河南大學，2005 年。

3. 蕭朝輝：《裴啓〈語林〉研究》，湖南師範大學，2009 年。

五、期刊論文

1. 暴慶剛：《論支遁逍遙新義之「新」》，《江淮論壇》，2007 年第 2 期。

2. 陳傳席：《中國早期佛教藝術樣式的四次變革及其原因》，《敦煌研究》，1993 年第 4 期。

3. 陳道貴：《〈世說新語〉札記三則》，《古典文學知識》，2006 年第 3 期。

4. 陳洪：《中印寓言故事因緣例說》，《徐州師範大學學報（哲學社會科學版）》，1992 年第 3 期。

5. 陳垣：《佛教能傳佈中國的原因》，張曼濤主編《現代佛教學術叢刊》第 39 卷《中國佛教史通論論述》，臺北：大乘文化出版社，1978 年。

6. 陳允吉：《臥佛像的起源與藝術流佈》，《復旦學報（社會科學版）》，1990 年第 2 期。

7. 程炎震：《世說新語箋證》，《文哲季刊》7 卷 2、3 期，1942、1943 年。

8. 程欣人：《我國現存最早的一尊佛教》，《現代佛學》，1964 年第 1 期。

9. 丁鋼：《魏晉南北朝佛教社會教育活動的特點及其作用》，《東北師大學報（哲學社會科學版）》，1989 年第 6 期。

10. 董志翹：《釋〈世說新語〉「逆風」、「逆風家」》，《中國語文》，2007 年第 3 期。

11. 董志翹：《中土佛教文獻詞語零箚》，《南京師大學報（社會科學版）》，2004 年第 5 期。

12. 杜繼文：《毗曇的哲學基礎及其對中國佛教的影響》，《世界宗教研究》，1988 年第 1 期。

13. 方一新：《〈世說新語〉詞義散記》，《中國語文》，1990 年第 6 期。

14. 方一新：《〈世說新語〉詞語拾詁》，《杭州大學學報（哲學社會科學版）》，1994 年第 1 期。

15. 方一新：《東漢語料與詞彙史研究芻議》，《中國語文》，1996 年第 2 期。

16. 方一新：《魏晉南北朝小說語詞校釋札記》，《杭州師範學院學報》，2000 年第 1 期。

17. 馮青：《異文詞彙變異因素之管窺》，《邯鄲學院學報》，2009 年第 1 期。

18. 傅宇斌：《早期佛教中的「道」與佛教的華化》，《中華文化論壇》，2005 年第 2 期。

19. 谷方：《佛教與魏晉南北朝時期的封建政治》，《中州學刊》，1985 年第 5 期。

20. 顧敦鍒：《佛教與中國文化》，張曼濤主編《現代佛教學術叢刊》第 19 卷《佛教與中國文學》，臺北：大乘文化出版社，1978 年。

21. 韓東育：《關於儒、道、佛三家的理論極限》，《東北師大學報（哲學社會科學版）》，1996 年第 2 期。

22. 韓國良：《即色與逍遙──支道林哲學思想初探》，《廣西社會科學》，2004 年第 8 期。

23. 胡彬彬：《長江中上游地區的造像與佛教初始輸入的別徑》，《湖南大學學報（社會科學版）》，2007 年第 5 期。

24. 皇甫風平：《佛僧的名士化與名士的佛僧化——從〈世說新語〉看魏晉時期佛學與玄學的合流》，《周口師範學院學報》，1996 年第 1 期。

25. 賈占新：《論支遁》，《河北大學學報（哲學社會科學版）》，1999 年第 2 期。

26. 蔣宗許：《〈世說新語〉疑難詞句雜說》，《古漢語研究》，1998 年第 1 期。

27. 金英：《佛教對南北朝小說的影響——以劉義慶志怪志人小說爲例》，《語文學刊》，2007 年 11 期。

28. 李明權：《從語言學看佛教對中國文化的影響》，《法音》，1983 年第 1 期。

29. 李謨潤：《東晉詩僧現象解讀》，《廣西民族學院學報（哲學社會科學版）》，2005 年第 1 期。

30. 李瑞卿：《〈逍遙遊〉向郭義與支遁義辨析》，《中文自學指導》，2005 年第 5 期。

31. 李申：《儒教的鬼神觀念和祭祀原則》，《復旦學報（社會科學版）》，2007 年第 4 期。

32. 李四龍：《佛教征服了什麼？》，《法音》，1998 年第 9 期。

33. 李四龍：《略論「中國宗教」的兩個思想基礎》，《北京大學學報（哲學社會科學版）》，2006 年第 5 期。

34. 李文初：《王羲之生卒年諸說考評》，《暨南學報（哲學社會科學版）》，1992 年第 2 期。

35. 梁永昌：《〈世說新語〉字詞雜記》，《華東師範大學學報（哲學社會科學版）》，1981 年第 3 期。

36. 林憲亮：《論謝安否定〈語林〉之原因》，《中國典籍與文化》，2009 年第 1 期。

37. 劉華山，李世偉：《〈維摩詰經〉對中國傳統文化影響舉要》，《西昌學院學報（社會科學版）》，2008 年第 2 期。

38. 劉劍鋒：《論早期中土佛教解經學的轉向》，《蘭州學刊》，2005 年第 5 期。

39. 劉劍鋒：《兩晉沙門敬不敬王者之爭再考察——以儒佛關係的變遷爲切入點》，《北方論叢》，2008 年第 5 期。

40. 劉劍鋒：《論早期中土毗曇學的興起——以思想史爲中心的考察》，《中國文化研究》，2009 年第 2 期。

41. 劉盼遂：《世說新語校箋》，載清華學校研究院編《國學論叢》第一卷 4 號：《序》與《凡例》分別見於《文學同盟》11、13 期，1928 年。

42. 劉賽：《范子燁〈臨川王劉義慶年譜〉補正二則》，《黃岡師範學院學報》，2005 年第 4 期。

43. 劉賽：《臨川王劉義慶招集文士活動考辨》，《湖北大學學報（哲學社會科學版）》，2007 年第 6 期。

44. 劉偉生：《〈世說新語〉書名、類目與編次問題思考》，《南華大學學報（社會科學版）》，2006 年第 6 期。

45. 劉小勇：《試論佛學東漸對中古漢語詞彙的影響》，《西安外國語學院學報》，2006 年第 4 期。

46. 羅顥：《對本無宗、即色宗、心無宗三家舊般若學派理論的再認識》，《佛教文化》，1989 年。

47. 羅時敘：《王羲之生卒年及任江州刺史年代考證》，《九江師專學報》，2003 年第 1 期。

48. 羅義俊：《佛教中國化的先驅——釋道安——論釋道安「因風易行」的弘法思想》，《法音》，1989 年第 2 期。

49. 倪晉波：《支遁與東晉士人交往初論——以〈世說新語〉為中心》，《蘭州學刊》，2005 年第 6 期。

50. 普慧：《〈世說新語〉與佛教》，《西北大學學報（哲學社會科學版）》，2008 年第 1 期。

51. 任文召：《莊子「逍遙遊」淺析》，《北京廣播電視大學學報》，2004 年第 1 期。

52. 桑大鵬：《論〈高僧傳〉的神異敍事》，《湖南師範大學社會科學學報》，2007 年第 1 期。

53. 盛巽昌：《周處除三害質疑》，《學術月刊》，2000 年第 11 期。

54. 宋航：《也說支道林「重其神駿」》，《綏化師專學報》，2004 年第 2 期。

55. 蘇寶榮：《〈世說新語〉釋詞》，《河北師範大學學報》，1988 年第 1 期。

56. 蘇薈敏：《佛教視野中的佛易交涉——對中國佛教歷史的疏繹》，《甘肅社會科學》，2006 年第 1 期。

57. 孫金波：《論初傳佛教何以戰勝玄學》，《廣西社會科學》，2003 年第 1 期。

58. 王峰：《中國早期（北涼至隋）佛雕藝術的審美演變》，《宗教學研究》，2002 年第 1 期。

59. 王江武、陳向鴻：《道安的般若思想與「毗曇」——理解佛教中國化的一個維度》，《江西社會科學》，2003 年第 11 期。

60. 王守華：《莊子〈逍遙遊〉辨析》，《鄭州大學學報（哲學社會科學版）》，1980 年第 4 期。

61. 王珽、利煌：《瓦官寺的興盛與衰落》，《廣西社會科學》，2006 年第 2 期。

62. 王文革：《從〈世說新語〉看魏晉風度的審美本質》，《華中師範大學學報（人文社會科學版）》，2007 年第 2 期。

63. 王曉毅：《支道林生平事跡考》，《中華佛學學報》第八期，1995 年 7 月。

64. 王永平、單鵬：《廬江何氏與東晉佛教》，《揚州大學學報（人文社會科學版）》，2007 年第 2 期。

65. 王永平：《劉裕與佛教高僧之交往及其對佛法之獎挹》，《南京曉莊學院學報》，2008 年第 1 期。

66. 王永平、孫豔慶：《劉宋皇族之「本無術學」及其行為粗鄙化之表現》，《揚州大學學報（人文社會科學版）》，2008 年第 1 期。

67. 王雲路、張凡：《釋「踴躍」及其它——兼談詞義演變的相關問題》，《中國語文》，2008 年第 3 期。

68. 王仲堯：《論佛圖澄及其社會政治實踐——兼及佛教在中國的政治適應性問題》，《法音》，1994 年第 7 期。

69. 鄔錫鑫：《魏晉玄學與佛學的中國化》，《貴州社會科學》，2004 年第 2 期。

70. 吳金華：《〈世說新語〉雜說——古籍整理研究叢稿之二》，《文教資料》，1994 年第 4 期。

71. 吳金華：《〈世說新語考釋〉續稿》，《文教資料》，1995 年第 2 期。

72. 吳立民：《論佛教與中國文化》，《佛教文化》，1991 年第 2 期。

73. 武正強：《神聖與世俗之間：「沙門不敬王者」的再考察》，《首都師範大學學報（社會科學版）》，2004 年第 1 期。

74. 蕭艾、湖波：《關於〈世說探幽〉的一席對話》，《古典文學知識》，1994 年第 2 期。

75. 熊開發：《支遁生平事跡及思想考辨》，《海南師範學院學報（人文社會科學版）》，1997 年第 4 期。

76. 徐清祥：《東晉出家士族考》，《世界宗教研究》，2005 年第 2 期。

77. 徐正英：《說支遁》，《殷都學刊》，1995 年第 2 期。

78. 徐正英、常佩雨：《從〈世說新語〉看魏晉士人的生命意識》，《鄭州大學學報（哲學社會科學版）》，1999 年第 6 期。

79. 楊泓：《國內現存最古的幾尊佛教造像實物》，《現代佛學》，1962 年第 4 期。

80. 楊柳：《論支道林理想人格的矛盾》，《宗教學研究》，2000 年第 4 期。

81. 楊耀坤：《劉宋初期的皇權政治與佛教》，《四川大學學報（哲學社會科學版）》，1997 年第 1 期。

82. 儀平策：《魏晉南北朝美學的流變與玄、佛哲學》，《山東社會科學》，1988 年第 4 期。

83. 儀平策：《中國詩僧現象的文化解讀》，《山東大學學報（社會科學版）》，1994 年第 2 期。

84. 游黎：《〈世說新語〉札記》，《古籍整理研究學刊》，2001 年第 1 期。

85. 余永勝：《論禪宗修行解脫觀的邏輯形成與發展》，《宗教學研究》，2004 年第 1 期。

86. 俞敏：《佛教詞語小議》，《法音》，1983 年第 2 期。

87. 俞曉紅：《魏晉隋唐時期僧侶的文化生活》，《陝西師範大學學報（哲學社會科學版）》，2009 年第 1 期。

88. 袁濟喜：《從〈世說新語〉看思想對話與文學批評》，《中國文化研究》，2007 年第 2 期。

89. 岳輝：《從魏晉南北朝時「沙門不敬王者」的爭論看佛教的中國化》，《宗教學研究》，2000 年第 2 期。

90. 詹志和：《佛教影響與魏晉時期美學精神轉型》，《文藝研究》，2005 年第 7 期。

91. 張國安：《道教與劉宋皇帝》，《社會科學戰線》，1990 年第 1 期。

92. 張培鋒：《〈六祖壇經〉與道家、道教關係考論》，《宗教學研究》，2008 年第 6 期。

93. 張二平：《從〈世說新語〉看支遁清談》，《湖北廣播電視大學學報》，2007 年第 1 期。

94. 張二平：《論支遁清談——以〈世說新語〉為中心》，《內江師範學院學報》，2008 年第 1 期。

95. 張蕊青：《從〈世說新語〉看宗教與文學的互動和影響》，《蘇州大學學報（哲學社會科學版）》，2006 年第 5 期。

96. 張勇：《論魏晉南北朝大乘佛教對婦女精神風貌的影響》，《中國社會科學院研究生院學報》，2008 年第 1 期。

97. 張勇：《〈小品〉傳譯及與〈道行〉的關係》，《宗教學研究》，2007 年第 3 期。

98. 張永言：《漢語外來詞雜談》，《語言教學與研究》，1989 年第 2 期。

99. 張永言：《「海鷗鳥」解》，《古漢語研究》，1994 年第 2 期。

100. 張躍生：《佛教文化與〈世說新語〉》，《華中理工大學學報（社會科學版）》，1996 年第 2 期。

101. 鄭學弢：《讀〈世說新語‧文學篇〉札記》，《徐州師範學院學報（哲學社會科學版）》，1982 年第 2 期。

102. 鄭學弢：《讀〈世說新語‧文學篇〉札記（二）》，《徐州師範學院學報（哲學社會科學版）》，1983 年第 4 期。

103. 鄭學弢：《〈世說新語〉的思想傾向與成書年代》，《徐州師範大學學報（哲學社會科學版）》，1984 年第 4 期。

104. 鄭學弢：《〈世說新語·文學〉篇》札記（三）一余嘉錫先生《世說新語箋疏》拾遺》，《徐州師範大學學報（哲學社會科學版）》，1985 年第 4 期。

105. 鄭張、尚芳：《説「牖中窺日」之「牖」》，《文史知識》，1998 年第 7 期。

106. 周積明：《東晉南北朝時期的南北文化》，《社會科學輯刊》，1988 年第 5 期。

107. 周淑敏：《漢語與佛教文化》，《北京聯合大學學報》，2000 年第 2 期。

108. 周乙（一）良：《佛典與翻譯文學》，張曼濤主編《現代佛教學術叢刊》第 19 卷《佛教與中國文學》，臺北：大乘文化出版社，1978 年。

109. 周一良：《〈世說新語〉批校》（凡六卷四卷），周啟鋭整理，祝總斌校對、標點，《中國典籍與文化論叢》，北京：北京大學出版社，2005 年。

110. 朱麗霞：《兩晉般若學與小乘佛學之淵源》，《西北民族大學學報（哲學社會科學版）》，2005 年第 4 期。

111. 朱慶之：《「將無」考》，傅傑編《二十世紀中國文史考據文錄》，昆明：雲南人民出版社，2001 年。原載李錚、蔣忠新主編《季羨林教授八十華誕紀念論文集》，南昌：江西人民出版社，1991 年。

112. （日）阪井多穗子：《中國士大夫與作爲寵物的鶴》，《中國典籍與文化》，2000 年第 1 期。

六、電子文獻

1. 臺灣中央研究院漢籍電子文獻全文檢索系統《瀚典全文檢索系統 2.0 版》。

2.《四庫全書》電子版，香港迪志文化出版有限公司、上海人民出版社，1997 年。

附　錄

附錄一：《世說新語》與佛教相關者之佚文

　　古人言《世說》包括了劉孝標注，故言《世說新語》之佚文，有的爲劉孝標注之內容，只是今已無從區別，統稱爲「《世說新語》之佚文」。其佚文與佛教相關者有二：

　　一是涉及僧人或佛理者。輯佚如下：

　　　　王東亭嘗之吳郡，就汰公道人，宿別脯許府家，住瓦官寺設慢屋，竟一寺。東亭將夕至夜。後汰公設豆䕬糜，汰公自啖一大堰。東亭難，汰公遂強進半堰。須臾，東亭行帳，設名飲，食、果、炙畢備，汰公都無所啖。（《太平御覽》卷八四九。）

　　　　安公講，僧常數百。習鑿齒嘗餉十梨。正値講，安公便於座中手自剖分梨盡人遍，都無偏頗。（《太平御覽》卷九六九，《事類賦注》卷二七。）

　　　　桓車騎時，有陳莊者，爲府將，性仁愛，雖存行陣，未嘗殺戮。（《太平御覽》卷四一九。）

　　二是涉及神怪者。《世說新語》佚文涉及神怪者似多與佛教相關。輯佚如下：

　　　　四月八日，孫皓溺金像，云浴佛。後陰病，懺悔乃差。（《白孔六帖》卷三「溺金像」注。）

　　　　爰綜爲新安太守。南界有刻石。爰至其下宴。有人於石下得剪刀者，衆咸異之。主簿對曰：「昔長沙桓王嘗飲餞孫洲，父老云：『此洲狹

而長，君當爲長沙。事果應。夫三刀爲州，今得交刀，君亦當爲交州。」後果作交州。（《太平御覽》卷二五九。又《太平御覽》卷八三〇云：「《幽明錄》同。」）

杜預爲荊州刺史，鎮襄陽。時有宴集，大醉。輒閉齋獨眠，不聽人前。後常醉，聞齋中嘔吐，其聲甚苦，莫不側足悚慄。有一小吏便開戶看之，正見床上有大蛇，垂頭床邊吐，都不見人。（《太平御覽》卷三八八。另事見《太平御覽》四九七、《藝文類聚》卷九六。）

宋處宗甚有思理才。常買得一長鳴雞，愛養之甚至，恒籠盛著窗間，雞遂作人語。與處宗談語，極有言思，終日不輟。處宗因此，言遂大進。（《太平御覽》卷三九〇。另事見《太平御覽》七六四、《藝文類聚》卷五五。又《藝文類聚》卷九一、《御覽》卷九一八、《事類賦注》卷一八、《記纂淵海》卷九七引作《幽明錄》。）

晉丞相王導夢人欲以百萬錢買長豫，導甚惡之，潛爲祈禱者備矣。後作屋，忽掘得一窖錢，料之，百億，大不歡，一皆藏閉。俄而長豫亡。長豫名悅，導之次子也。（文見《太平廣記》卷一四一、《世說新語敘錄·考異》。另事見《搜神後記》卷五。又《天中記》卷二三引《幽明錄》。）

王東亭嘗夢人以大手筆與之，管如椽子大。既覺，語人云：「他日當有大手筆事。」少日，烈宗晏駕，哀冊。諡議王所作。（《太平御覽》卷三九九。另事見《太平御覽》五九六、六〇五，《北堂書抄》卷一〇四。）

戚法濟者，義興人。其兒年二十，得病經年，有神來語，言：「床席不淨，神何與得坐？」曰：「有漆內箱甚淨，神何不入中？」因內新果於箱中。覺有聲，以箱蓋覆之。於是便聞箱中動搖，即以衣傳之，可五升米重，而病癒。（《太平御覽》卷七一一、《天中記》卷四十九）

衛瓘，永熙中，家人炊，飯墮地，盡化爲螺，出足而行。瓘終見誅。（《太平御覽》卷八八五。另事見《太平御覽》卷九四一、（南宋）祝穆《古今事文類聚》後集卷三五、《天中記》卷五七。）

徐幹木年少時，嘗夢烏從天下，銜長斗傘，樹其庭前。烏復上天銜傘下，凡樹三傘竟。烏大鳴，作惡聲而去。徐後果得疾，遂以惡終。

（《初學記》卷三〇，另事見《太平御覽》卷九二〇。）

張衡亡月，蔡邕母方娠。此二人才貌相類。時人云：「邕即衡之後身也。」（《續談助》卷四。）

王敬伯嘗泊洲渚中，升亭而宿。是夜，月華露輕，敬伯泠然鼓琴，感劉惠明亡女之靈。須臾女至，就體如平生。敬伯撫琴歌曰：「低露下深幕，垂月照孤琴。空弦益宵淚，誰憐此夜心。」女和之曰：「歌宛轉，情復哀。願爲煙與霧，氛氳君子懷。」（《事類賦注》卷一一。）

以下幾則，亦似怪異，不能確定與佛教是否相關，且列於後：

劉備之初奔劉表，屯幹樊城。表左右欲因會取備，備覺，如廁便出。所乘馬的盧，走墮襄陽城西檀溪水中，溺不得出。備急，謂的盧曰：「今日厄，何不努力！」的盧達備意，踴三丈得過。（文見《藝文類聚》卷九三，《古今事文類聚》後集卷三八，《天中記》卷五五、《御定淵鑑類函》卷四三三）

太原王國寶治宅，因濬池。忽見一物如酒杓形，長四尺許，飛去。（《太平御覽》卷六七。）

桓宣武之誅袁眞也，未當其罪，世以爲冤焉。袁眞在壽春，嘗與宣武一妾妊焉，生玄，及篡，亦覆桓族。識者以力天理之所至。（《太平御覽》卷六四五）

有人遺張華鮓者，華見之，謂客曰：「此龍肉鮓也。鮓中則有五彩光。」試之，果如其言。後聞其主云：「於茅積下得白魚所作也。」（《太平御覽》卷八六二。另事見《廣記》卷一九七、《類聚》卷七二。）

謝太傅一生語未嘗誤，每共說，退後敍說向言，皆得次第。後忽一誤，自知當必死。其年而薨。（《太平御覽》卷三九〇。）

嵩高山北有大穴，晉時有人誤墮穴中，見二人圍棋，下有一杯白飲，與墮者飲，氣力十倍。棋者曰：「汝欲停此否？」墜者曰：「不願停。」棋者曰：「從此西行，有天井，其中有蛟龍，但投身入井，自當出。若餓，取井中物食之。」墮者如言，可半年，乃出蜀中，歸洛下，問張華，華曰：「此仙館。夫所飲者，玉漿。所食者，龍穴石髓。」（《初學記》卷五「山」之「嵩高山第七」。另事見《太平御覽》卷三九和卷八六一。又《藝文類聚》卷七「山」之「嵩高山」云引《世

記》。）

王子喬墓在京陵。戰國時有人盜發之，都無見，唯有一劍停在壙中。欲取而劍作龍虎之聲，遂不敢近。俄而徑飛上天。神仙經云，真人去世，多以劍代，五百年後，劍亦能靈化，此其驗也。（《太平廣記》卷二二九。另事見《太平御覽》卷三四三、《事類賦注》卷一三、《北堂書鈔》卷一二二、《續談助》卷四。）

附錄二：《世說新語》劉孝標注與佛教（初稿）

　　《世說新語》劉孝標注極爲內容豐富，張舜徽先生說：「《世說新語》一書……得劉孝標爲之注，而其用益宏。昔人恒取與裴松之《三國志注》、酈道元《水經注》並論。蓋三書同爲佚籍淵藪，爲考史者所重，至於義例之縝密，考訂之精審，則二注慮猶不逮是書遠甚。高似孫《緯略》亟稱劉注引援詳確，堪爲注書之法，非偶然也。」〔註1〕其中，頗涉佛教之內容，如僧人、近佛名士、佛經、佛寺、與佛教典籍的關係等。今就如下幾個方面略加考證。

一、劉孝標與佛教

　　劉孝標，名峻，本名法武，歷經南朝宋、齊、梁三代，與佛教因緣頗深。

　　八歲時隨寡母和兄長一同被北魏擄去，先後居中山（在今河北）和桑乾（在今山西）。《南史》卷四九本傳載其「居貧不自立，與母並出家爲尼僧，既而還俗。」後來參與了當時北魏佛教領袖曇曜組織的佛經翻譯，協助吉迦夜擔任「筆受」（即筆錄佛經翻譯文字的角色）。北魏延興二年（472），完成了《雜寶藏經》、《付法藏因緣傳》、《大方廣菩薩十地經》、《稱揚諸佛功德經》、《方便心論》等五部佛經的漢譯。〔註2〕其中《雜寶藏經》實援引、彙集印度故事以闡說佛法，陳垣先生因而提出：「印度人說經，喜引典故；南北朝人爲文，亦喜引典故」，「以今日觀之，孝標之注《世說》，受其在雲岡石窟時所譯《雜寶藏經》之影響。這中間應該是有因緣的吧。」〔註3〕

〔註1〕張舜徽：《廣校讎略》附錄《世說新語注釋例》，《張舜徽集》，上海：華東師範大學出版社，2004年，第148頁。

〔註2〕《出三藏記集》卷二：「《雜寶藏經》十三卷（闕）。《付法藏因緣經》六卷（闕）。《方便心論》二卷（闕）。右三部，凡二十一卷。宋明帝時，西域三藏吉迦夜於北國，以僞延興二年（472），共僧正釋曇曜譯出，劉孝標筆受。此三經並未至京都。」（第62～63頁。）《歷代三寶記》卷九：「《雜寶藏經》十三卷。《付法藏因緣傳》六卷。（原注：或四卷。因緣廣異，曜自出者。）《稱揚諸佛功德經》三卷。（原注：第三出。一名《集華經》。一名《現在佛名經》。一名《諸佛華經》。凡四名。與秦秦羅什、宋跋陀羅譯者本同出異。）《大方廣菩薩十地經》一卷（原注：第二出。與晉世法護所出《菩薩十地》大同小異。見《始興錄》）《方便心論》二卷（原注：或一卷。凡四品。）右五部合二十五卷。宋明帝世，西域沙門吉迦夜，魏言何事，延興二年，爲沙門統釋曇曜於北臺重譯，劉孝標筆受。見道慧《宋齊錄》。」（《大正藏》第49卷，第85頁中第17～27行。）

〔註3〕陳垣：《雲岡石窟寺之譯經與劉孝標》，《陳垣學術論文集》（第一集），北京：

回到南朝後，劉孝標與高僧釋惠舉相交甚厚。《廣弘明集》卷二四載有《梁劉孝標與舉法師書》。孝標晚年棲金華山，與高僧比鄰而居。其《東陽金華山棲志》云：「宅東起招提寺，背岩面壑，層軒引景，邃宇臨崖。博敞閒虛，納祥生白。左眷右睇，仁智所居。故碩德名僧，振錫雲萃，調心七覺，詆訶五塵。鬱列戒香，浴滋定水。至於熏爐夜蓺，法鼓旦聞。予跕屣摳衣，躬行頂禮，詢道哲人，飲和至教。每聞此河紛梗，彼岸永寂。熙熙然若登春臺而出宇宙，唯善是樂，豈伊徒言？」〔註4〕

二、《世說新語》劉孝標注中五位僧人的事跡考

劉注在《世說新語》所載及的僧人之外，另新載 5 位僧人事跡，即高麗道人、釋曇翼、竺僧愆、媒尼、道標道人。

（一）高麗道人

僧法深，不知其俗姓，蓋衣冠之胤也。道徽高扇，譽播山東，爲中州劉公弟子。值永嘉亂，投迹楊土，居止京邑，內持法綱，外允具瞻，弘道之法師也。以業慈清淨，而不耐風塵，考室剡縣東二百里山卬山中，同遊十餘人，高棲浩然。支道林宗其風範，與高麗道人書，稱其德行。年七十有九，終於山中也。」（《德行》注）

按：此事似在支遁居剡縣之後，即約在永和七年（351）後。支遁於太和元年（366）逝世。

此高麗道人，名姓皆不可考。此人當是高句麗國僧人，其與支遁、竺道潛之交往似是中國與朝鮮半島佛教交往的最早記錄。

（二）釋曇翼

張野《遠法師銘》曰：「沙門釋惠遠，雁門樓煩人。本姓賈氏，世爲冠族。年十二，隨舅令狐氏游學許、洛。年二十一，欲南渡，就范宣子學，道阻不通，遇釋道安以爲師。抽簪落髮，研求法藏。釋曇翼每資以燈燭之費。」（《文學》注）

按：事在約永和十年（354）至升平元年（357）間。據《高僧傳》卷六本傳，釋慧遠年二十一，即約永和十年（354）就安公出家，時安公在太行恒山立寺。此事《高僧傳》亦載，其文曰：「有沙門曇翼，每給以燈燭之費。安公聞而喜

中華書局，1980 年，第 446 頁。

〔註 4〕《廣弘明集》卷 24 第 7 頁 a。《四部叢刊》本。

曰：『道士誠知人矣。遠藉慧解於前因，發勝心於曠劫，故能神明英越，機鑒
遄深。』」並載此事在慧遠二十一歲至二十四歲之間。慧遠二十四歲在升平元
年（357）。釋曇翼，《高僧傳》卷五和《神僧傳》卷二皆有傳。

（三）竺僧愆、媒尼

　　周祗《隆安記》曰：「仲堪以人情注於玄，疑朝廷欲以玄代己，遣道
　　人竺僧愆齎寶物遺相王寵幸、媒尼、左右，以罪狀玄，玄知其謀，
　　而擊滅之。」（《尤悔》注）

按：此事當在隆安三年（399）。《晉書‧天文志》載隆安三年（399）六月桓
玄破荊、雍州，殺殷仲堪等。竺僧愆，不見他書記載。此可知為桓玄所奉養。
媒尼，不知其究竟為何人。余嘉錫以為是支妙音。余《疏》案：「此所謂媒尼，
疑是支妙音，詳《識鑒篇》『王忱死』條注。」〔註5〕

〔註5〕 余《疏》，第1065頁。《識鑒篇》「王忱死」條余《疏》云：梁釋寶唱《比丘
　　尼傳》一曰：「妙音，未詳何許人也。晉孝武帝、太傅會稽王道子並相敬奉。
　　每與帝及太傅中朝學士談論屬文。一時內外才義者，因之以自達。供嚫無窮，
　　富傾都邑，貴賤宗事，門有車馬日百餘乘。荊州刺史王忱死，烈宗意欲以王
　　恭代之。時桓玄在江陵，為忱所折挫，聞恭應往，素又憚恭。殷仲堪時為黃
　　門侍郎，玄知仲堪弱才，亦易制御，意欲得之。乃遣使憑妙音尼屬堪圖州。
　　既而烈宗問妙音尼：『荊州缺，外聞云誰應作者？』答曰：『貧道出家人，豈
　　容及俗中論議？如聞內外談者，並云無過殷仲堪，以其意慮深遠，荊、楚所
　　須。』帝然之，遂以代忱。權傾一朝，威行內外。」嘉錫案：「此事奇秘，非
　　惟史卷所不載，抑亦學者所未聞。考其紀敘曲折，與當時情事悉合。《晉書‧
　　王國寶傳》曰：『中書郎范甯，國寶舅也，疾其阿諛，勸孝武帝黜之。國寶乃
　　使陳郡袁悅之因尼支妙音致書與太子母陳淑媛，說國寶忠謹，宜見親信。帝
　　知之，託以他罪殺悅之。國寶大懼。』又《會稽王道子傳》曰：『於時孝武帝
　　不親萬機，但與道子酣歌為務，媒姆尼僧尤為親昵，並竊弄其權。左衛領營
　　將軍會稽許榮上疏曰：「僧尼乳母，競進親黨，又受貨賂，輒臨官領眾。」』
　　傳中亦及王國寶、尼妙音事，與《國寶傳》同。是妙音之干預朝政，竊弄威
　　權，實有其事。《王忱傳》曰：『及鎮荊州，威風肅然。桓玄時在江陵，既其
　　本國，且奕葉故義，常以才雄駕物。忱每裁抑之。玄嘗詣忱，通人未出，乘
　　輿直進。忱對玄鞭門幹。玄怒去之，忱亦不留。』則謂玄為忱所折挫，亦非虛
　　語。孝武既發怒殺袁悅之，而仍以外事訪之妙音者，或不知致書之事出於妙
　　音。或知之而敬奉既深，寵信如故。昏庸之主，不可以常理測也。惟考《孝
　　武紀》太元十五年二月，以中書令王恭為都督青兗幽并冀五州諸軍事、前將
　　軍、青兗二州刺史。十七年十月，荊州刺史王忱卒。十一月以黃門郎殷仲堪
　　為都督荊、益、梁（本傳作荊、益、寧）三州諸軍事、荊州刺史。則王忱死
　　時，王恭已出鎮，而《比丘尼傳》謂烈宗欲以恭代王忱者，蓋恭雖鎮京口，
　　總北府強兵，號為雄劇，而所督五州，皆僑置無實地。（恭本傳所督尚有徐州
　　及晉陵郡，乃太元以後事，傳未分析言之，詳見《二十二史考異》二十二。）

（四）道標法師

道標法師曰：「阿毗曇者，秦言無比法也。」（《文學》注）

按：劉注所引出自釋道標《舍利弗阿毗曇序第五》，今可見於《出三藏記集》卷十。此文寫作時間大概在弘始十七年（415）後。

道標，鳩摩羅什法師弟子，什門十哲之一。《釋氏稽古略》卷二載鳩摩羅什法師「弟子曰生、肇、融、睿，謂之什門四聖；加曇影、慧嚴、慧觀、僧契、道常、道標，謂之什門十哲。」〔註6〕《佛祖歷代通載》卷七載：「法師道恒，從什公遊。什愛其才。與道標齊名。秦主雅聞二人有經綸術業，令尚書姚顯宣旨敦勉罷道輔政。恒標抗表陳情。……主又下書。於是舉眾懇乞，乃得寢。恒歎曰：『名進，眞道之累。』乃與標去入琅邪山。終世不出。」〔註7〕《佛祖歷代通載》卷七載：「資學三千，拔萃有八。道生、僧肇、道融、僧睿、道恒、僧影、惠觀、惠嚴等。」〔註8〕此什門八哲有道恒而無道標，上《釋氏稽古略》什門八哲有道標而無道恒，亦可見二人學術、名氣相當。

道標與釋道恒共作《答秦主書》、《重答秦主書》、《重答秦主書》，凡三首。後僧䂮、僧遷、法服、法支、鳩摩羅耆婆等求止恒標罷道奏。文見於《弘明集》卷十一。〔註9〕又作《弔王喬文》，見《高僧傳》卷六《釋道恒傳》。

釋道標通梵文，譯《彌勒成佛經》和《大品》。《歷代三寶紀》卷十一云：「《彌勒成佛經》一卷。……先是長安釋道標譯。是第三出。小異護、什本。齊世江州沙門道政，更復刪改標所定者，首尾亦名『成佛』。又云『下生』。

荊州地處上游，控制胡虜，爲國藩屏，歷來皆以重臣坐鎮。孝武方爲身後之計，故欲移恭當此鉅任。而又慮無人代恭，乃訪外論於妙音，而桓玄之計得行。玄之爲此，必嘗與仲堪相要約，雖所謀得遂，固已落其度內矣。宜乎爲玄所制，聽人穿鼻，隨之俯仰，不敢少立異同。稱兵作亂，狼狽相依。逮乎玄既得志，爭權不協，情好漸乖，馴至舉兵相圖。而玄勢已成，卒身死其手，而國亦亡。王珣之言，不幸而中矣。《尤悔篇》注引《隆安記》曰：『仲堪以人情注於玄，疑朝廷欲以玄代己。遣道人竺僧㤘齎寶物遺相王寵幸媒尼左右，以罪狀玄。玄知其謀而擊滅之。』所謂媒尼疑即是妙音。既因玄納交以得官，又欲師其故智以傾玄。成敗皆出於一尼，所謂君以此始，必以此終者與？」（余《疏》，第486～487頁。）

〔註6〕（元）釋覺岸：《釋氏稽古略》，《大正藏》第49卷，第785頁下，第15～17行。

〔註7〕（元）釋念常：《佛祖歷代通載》，《大正藏》第49卷，第529頁下。

〔註8〕（元）釋念常：《佛祖歷代通載》，《大正藏》第49卷，第528頁下第28～29行。

〔註9〕《弘明集》卷11第18頁a。《四部叢刊》本。

而其經首有『大智舍利弗』者是。」〔註10〕又道標等人與師鳩摩羅什共譯《大品》，事見《法苑珠林》卷二五。〔註11〕

三、《世說新語》劉孝標注所引史傳與佛教文化之關係

《世說新語》劉注與佛教文化的關係密切，今僅就其中所引史傳與佛教文化的淵源進行追溯。其中，《德行》所引《晉書》「繫人於樹欲致死」一則似未見前人論及，其他幾則皆前人成果，或摘錄其要，或補充文獻而已。

（一）繫人於樹欲致死

> 《晉書》：「攸以路遠，斫壞車，以牛馬負妻子以叛，賊又掠其牛馬。攸語妻曰：『吾弟早亡，唯有遺民。今當步走，儋兩兒盡死，不如棄己兒，抱遺民。吾後猶當有兒。』婦從之。」中興書曰：「攸棄兒於草中，兒啼呼追之，至莫復及。攸明日繫兒於樹而去，遂渡江，至尚書左僕射，卒。弟子綏服攸齊衰三年。」（《德行》注）

此中繫兒於樹致其於死地，未知其是否為真。在佛經故事中，頗有類似者。如失譯人名後漢附錄《雜譬喻經》：

> （二〇）昔有富迦羅越有兩子，父得病臨困，囑大兒曰：「汝弟幼小，未有所知。今以累汝，善營濟之，勿使飢寒。」父子悲訣，於是遂亡。後時婦語其夫曰：「君弟小長，當嬈君家，所有之物，皆當分之。曼其未大，何不除遣？」兄始不肯，數語不已，兄便隨之。將弟出城，詣深冢間，縛著柏樹，不忍手殺，欲使虎狼惡鬼害之，語弟曰：「汝數犯我，使汝在此，宿昔思過，明日當相迎。」便捨之去。〔註12〕

又如《生經》卷五之《佛說夫婦經第五十四》：

> 有一梵志，婦名蓮華，端正殊好，面顏殊妙，色像第一，於世希有，名德難及。其梵志有一婢使，而親近之，順敬於婢，不肯恭敬蓮華之婦，不喜見之，反用婢語，將婦出舍。至於山間，上優曇鉢樹，擇諸熟果而取食之，棄諸生果而用與婦。其婦問曰：「君何故獨啖熟果，生者棄下，而持相與？」其夫答曰：「欲得熟者，何不上樹而自取之？」其婦答曰：「卿不與我，我不能得。當從夫命。」婦即上樹，

〔註10〕（隋）費長房：《歷代三寶紀》，《大正藏》第49卷，第96頁中第4～8行。

〔註11〕（唐）釋道世著，周叔迦、蘇晉仁校注：《法苑珠林校注》，第803頁。

〔註12〕失譯人名後漢附錄：《雜譬喻經》，《大正藏》第4卷，第507頁下。

夫見婦上樹，尋時下樹，以諸荊棘，遮樹四面，欲使不下，置在樹上，捨之而去，欲令便死。〔註13〕

又如《六度集經》卷四《戒度無極章》：

（三六）昔者菩薩，無數劫時，兄弟資貨，求利養親。之於異國，令弟以珠，現其國王。王覩弟顏華，欣然可之，以女許焉，求珠千萬。弟還告兄，兄追之王所。王又覩兄，容貌堂堂，言輒聖典，雅相難齊。王重嘉焉，轉女許之。女情泆豫，兄心存曰：「壻伯即父。叔妻即子。斯有父子之親，豈有嫁娶之道乎？斯王處人君之尊，而爲禽獸之行。」即引弟退，女登臺望曰：「吾爲蠱，食兄肝可乎？」展轉生死，兄爲獼猴。女與弟俱爲鼈。鼈妻有疾，思食獼猴肝。雄行求焉，?獼猴下飲。鼈曰：「爾嘗?樂乎？」答曰：「未也。」曰：「吾舍有妙樂，爾欲觀乎？」曰：「然。」鼈曰：「爾升吾背，將爾觀矣。」升背隨焉半溪。鼈曰：「吾妻思食爾肝，水中何樂之有乎？」獼猴心愳然曰：「夫戒守，善之常也。權濟，難之大矣。」曰：「爾不早云。吾以肝懸彼樹上。」鼈信而還。獼猴上岸，曰：「死鼈蟲，豈有腹中肝而當懸樹者乎？」

佛告諸比丘：「兄者，即吾身是也。常執貞淨，終不犯淫亂。畢宿餘殃，墮獼猴中。弟及王女，俱受鼈身。雄者，調達是。雌者，調達妻是。菩薩執志度無極行，持戒如是。〔註14〕

（二）王祥孝感動天

《晉陽秋》曰：「後母數譖祥，屢以非理使祥，弟覽輒與祥俱。又虐使祥婦，覽妻亦趨而共之。母患，方盛寒冰凍，母欲生魚，祥解衣將剖冰求之，會有處冰小解，魚出。」《孝子傳》曰：「祥後母忽欲黃雀炙，祥念難卒致。須臾，有數十黃雀飛入其幕。母之所須，必自奔走，無不得焉。其誠至如此。祥後母庭中有李，始結子，使祥晝視鳥雀，夜則趁鼠。一夜，風雨大至，祥抱泣至曉，母見之惻然。」（《德行》注）

臥冰得魚之事，前人曾斷其妄。余《疏》引焦循《易餘鑰錄》二十曰：「《晉書·王祥傳》：『母常欲生魚，時天寒水凍，祥解衣將剖冰求之。』按解衣者，

〔註13〕 （西晉）竺法護譯《生經》，《大正藏》第 3 卷，第 106 頁下。
〔註14〕 （吳）康僧會：《六度集經》，《大正藏》第 3 卷，第 19 頁中、下。

將用力擊開冰凍，冬月衣厚，不便用力也。非必裸至於赤體，俗傳爲臥冰，無此事也。」余嘉錫按：「《初學記》三引師覺《孝子傳》曰：『王祥少有德行，失母，後母憎而譖之，祥孝彌謹。盛寒河冰，網罟不施，母欲得生魚。祥解褐扣冰求之，忽冰少開，有雙鯉出遊，祥垂綸獲之而歸。人謂之至孝所致也。』其敘事極爲明鬯，可見祥未嘗臥冰。《記纂淵海》二引《孝子傳》曰：『王祥事繼母至孝，母疾思食魚，時多月，冰堅不可得。祥解衣臥冰上，少時冰開，雙鯉躍出。』此所引《孝子傳》，不知何家；臥冰之說，蓋始於此。則其傳訛，亦已久矣。」〔註15〕至於「無不得焉」，「抱泣至曉」，明顯是藝術誇張。

　　這種因爲某種「行」而得天賜的行爲，與佛教修行而得神通有異曲同工之妙。佛典之中很多有這種舍己爲父母或他人而最後心想事成的故事。如《賢愚經》卷一之《須闍提品第七》載：

　　如是我聞。一時佛在羅閱祇竹園精舍。爾時世尊，而與阿難，著衣持缽，入城乞食。時有老翁老母，兩目既盲，貧窮孤苦，無止住處。止宿門下，唯有一子，年始七歲，常行乞匄，以養父母。得好果菜，其美好者，供養父母。餘殘酸澀臭穢惡者，便自食之。爾時阿難，見此小兒，雖爲年小，恭敬孝順，心懷愛念。

　　佛乞食已，還到精舍。爾時世尊，爲諸大衆，演說經法。阿難於時長跪叉手，前白佛言：「向與世尊，入城分衛，見一小兒，慈心孝順，共盲父母，住城門下，東西乞匄，所得之物，飯食菜果。其美好者，先以供養其老父母，破敗臭穢極不好者。便自食之。日日如是。甚可愛敬。」

　　佛語阿難：「出家在家，慈心孝順，供養父母，計其功德，殊勝難量。所以者何？我自憶念過去世時，慈心孝順，供養父母，乃至身肉。濟活父母，危急之厄，以是功德。上爲天帝，下爲聖主，乃至成佛，三界特尊，皆由斯福。」

　　阿難白言：「不審世尊過去世時，慈孝父母，不惜身命，能以身肉。濟救父母，危嶮之命。其事云何？」

　　佛告阿難：「諦聽善念，我當說之。」

　　阿難唯然：「當善聽之。」

〔註15〕余《疏》，第 20 頁。

佛告阿難：「乃往過去無量無數阿僧祇劫，此閻浮提，有一大國，名特叉尸利。爾時有王，名曰提婆。時彼國王，有十太子，各領諸國。最小太子，字修婆羅提致，晉言善住。所領國土，人民觀望，最為豐樂。時父王邊，有一大臣，名曰羅睺，每懷凶逆，反殺大王。大王已死，攝正為王，即遣兵眾，詣諸國，殺諸太子。此最小者，鬼神所敬。時入園中，欲行觀看。有一夜叉，從地而出。長跪白言：『羅睺大臣，反殺父王，遣諸兵眾，殺汝諸兄。今復遣人，欲來殺汝，王可思計，避其禍難。』時王聞之，心崩惶怖。到於其夜，便思計校，而欲突去。時有一兒，字須闍提，晉言善生。至年七歲，端正聰黠，甚為可愛。其王愛念，出復來還，而抱此兒，悲泣歎息。其婦見王，入出惶怖，即而問之：『何以匆匆，如恐怖狀？』其夫答曰：『非卿所知。』婦復牽之：『我今與汝，身命共並，危嶮相隨，莫見捐捨。今有何事，當以告示。』其王答言：『我近入園，有夜叉鬼，從地而出，長跪白我：「羅睺大臣，今興惡逆，已殺父王，遣諸兵眾，殺汝諸兄。今亦遣兵，當來殺王，宜可避之。」我聞是語，心懷恐怖。但恐兵眾，如是來到，是故急疾，欲得去耳。』其婦長跪，即白王言：『願得隨侍，莫見孤棄。』時王即便將婦抱兒，相將而去。欲至他國，時有二道：一道七日，一道十四日。初發惶懅，唯作七日糧調，規俟一人而已。既已出城，其心憒亂，乃涉十四日道。已經數日，糧食乏盡，飢餓迷荒，無餘方計。憐愛其子，欲殺其婦，而欲自濟，並用活兒。令婦在前，擔兒而行。於後拔刀，欲殺其婦。時兒回顧，見父拔刀，欲殺其母。兒便叉手，曉父王言：『唯願大王，寧殺我身，勿害我母。』殷勤諫父，救其母命，而語父言：『莫絕殺我，稍割食之，可經數日。若斷我命，肉便臭爛，不可經久。』於是父母，欲割兒肉，啼哭懊惱，而割食之。日日割食，其肉稍盡。唯有骨在，未至他國，饑荒遂甚。父復捉刀，於其節解。次第剝之，而得少肉，於是父母，臨當棄去。兒自思惟：『我命少在，唯願父母，向所有肉，可以少許，還用見施。』父母不違，即作三分，二分自食，餘有一分，並殘肌肉眼舌之等，悉以施之。於是別去，兒便立願：『我今身肉，供養父母，持是功德，用求佛道。普濟十方一切眾生，使離眾苦，至涅槃樂。』發是願時，三千世界，六反震動，色

欲諸天，而皆愕然。不知何故，宮殿動搖。即以天眼，觀於世間，而見菩薩，以身之肉，供養父母，願成佛道，誓度眾生。以是之故，天地大動。於是諸天，皆悉來下，側塞虛空，悲泣墮淚，猶如盛雨。時天帝釋，來欲試之，化作乞兒，來從其乞，持手中肉，復用施之。即復化作，師子虎狼，來欲噉之。其兒自念：『此諸禽獸，欲食我者，我身餘殘骨肉髓腦，悉以施之。』心生歡喜，無有悔恨。爾時天帝，見其執志，心不移轉。還復釋身，住其兒前，而語之曰：『如汝慈孝，能以身肉，供養父母。以是功德，用求何等：天帝、魔王、梵天王耶？』兒即答言：『我不願求三界快樂，持此功德，用求佛道，願度一切無量眾生。』天帝復言：『汝能以身供養父母，得無悔恨於父母耶？』其兒答言：『我今至誠，供養父母，無有悔恨，大如毛髮。』天帝復言：『我今視汝，身肉已盡，言不悔恨，是事難信。』其兒答言：『若無悔恨，我願當成佛者，使我身體，平復如故。』言誓已竟，身即平復。時天帝釋及餘諸天，異口同音贊言：『善哉！』其兒父母及國中人，皆到兒所，歎未曾有。時彼國王，見其太子所作奇特，倍加恭敬，歡喜無量。將其父母及其太子，入宮供養，極為恭敬。哀此太子，時彼國王，躬將軍馬，共善住王及須闍提太子，還至本國。誅滅羅睺，立作本王。父子相繼，其國豐樂，遂致太平。」

佛語阿難：「爾時善住王者，今現我父白淨王是。爾時母者，今現我母摩訶摩耶是。爾時須闍提太子者，今我身是。」佛語阿難：「由過去世慈心孝順，供養父母。以持身肉，濟父母厄。緣是功德，天上人中，常生豪尊，受福無量。緣是功德，自致作佛。」爾時眾會，聞佛自說宿世本緣。爾時會者，皆各悲歎感佛奇特慈孝之行。其中有得須陀洹者，斯陀含者，阿那含者，阿羅漢者，有發無上正眞道者，有住不退地者，一切眾會，皆大歡喜，頂戴奉行。〔註16〕

失譯者《佛說菩薩睒子經》載：

佛告阿難：「諸來會者，宿命睒身，我身是也。時盲父者，今現父王閱頭檀是也。時盲母者，今現我母王夫人摩耶是也。迦夷國王者，阿難是也。時天帝釋者，彌勒是也。使我疾成無上正眞之道決，皆

〔註16〕　（元魏）慧覺譯：《賢愚經》，《大正藏》第 4 卷，第 356 頁上至第 357 頁上。

是我父母育養慈恩。從死得生，感動天龍鬼神。父母恩重，孝子所致。今得爲佛，並度國人，皆由孝順之德。」

佛告阿難：「汝廣爲一切人民說之。人有父母，不可不孝。道不可不學。濟神離苦，後得無爲，皆由慈孝。學道所致。」〔註17〕

故而這種「孝感動天」的故事是中國本土文化與印度神異故事相結合的混血兒。

又佛教中常常宣揚報恩父母。如《佛說分別善惡所起經》載：

佛言：「人於世間，孝順父母，敬事長老，恭執謙卑，先跪後起，後言先止，常教惡人爲善。從是得五善。何等五？一者，爲人所敬愛。二者，人皆道其善。三者，自意歡喜。四者，得上天，爲諸天所敬愛。五者，從天上來下生世間，爲衆人所媚愛。今見有善心孝順，爲衆人所媚愛者，皆是故世宿命孝順敬事長老所致。如是分明。可作孝順，事於長老。」

佛言：「人於世間，不孝父母，不敬長老，見他人有孝父母、敬事長老者，常瞋恚之，不喜作善。從是得五惡。何等五？一者，常得惡夢。二者，爲人所憎。三者，惡名聞。四者，入太山地獄中，考治數千萬歲。五者，從地獄中來出生，爲人弊性不媚，爲衆人所憎。今見有不媚急性、爲衆人所憎者，皆從故世宿命不孝父母、不敬長老所致也。如是分明。慎莫驕慢。可孝順、敬事長老。」

佛言：「人於世間，不孝尊老，無有禮節，輕易憍慢，自用自強。從是得五惡。何等五？一者，失亡職位。二者，自欺身。三者，不爲人所敬。四者，入太山地獄中，考治數千萬歲。五者，從獄中來出生爲人，當作下賤醜惡，爲人所輕易。今見有下賤人，皆從故世宿命憍慢不敬尊老所致也。如是分明。慎莫驕慢。」〔註18〕

（三）孔愉放生

《孔愉別傳》曰：「愉字敬康，會稽山陰人。初辟中宗參軍，討華軼有功，封餘不亭侯。愉少時嘗得一龜，放於餘不溪中，龜於路左顧

〔註17〕失譯者：《佛說菩薩睒子經》，《大正藏》第3卷，第438頁上第20行至中第1行。

〔註18〕（東漢）安世高譯：《佛說分別善惡所起經》，《大正藏》第17卷，第517頁中第28行至下第6行；第519頁上第17行至中第3行。

者數過。及後鑄印，而龜左顧，更鑄猶如此。印師以聞，愉悟，取
而佩焉。累遷尚書左僕射、贈車騎將軍。」（《方正》注）

孔愉放生，後得福祿。〔註19〕這個故事又見於《搜神記》卷二〇，可見其本
來就被視爲神異。其文曰：

孔愉，字敬康，會稽山陰人，元帝時以討華軼功封侯。愉少時嘗經
行餘不亭，見籠龜於路者，愉買之，放於餘不溪中。龜中流，顧者
數過。及後，以功封餘不亭侯，鑄印而龜鈕左顧，三鑄如初，印工
以聞，愉乃悟其爲龜之報，遂取佩焉。累遷尚書左僕射，贈車騎將
軍。

放生並得福報，是佛經中教義之一。《佛說分別善惡所起經》載：

佛言：「人於世間，慈心不殺生，從不殺得五福。何等五？一者，壽
命增長。二者，身安隱。三者，不爲兵刃虎狼毒蟲所傷害。四者，
得生天，天上壽無極。五者，從天上來下生世間則長壽。今見有百
歲者，皆故世宿命不殺所致。樂死不如苦生，如是分明。慎莫犯殺。」

佛教中動物報恩故事十分豐富。如《六度極經》卷三《布施度無極經》載：

昔者菩薩，爲大理家，積財巨億，常奉三尊，慈向衆生。觀市覩鼈，
心悼之焉。問價貴賤。鼈主知菩薩有普慈之德，尚濟衆生，財富難
數，貴賤無違。答曰：「百萬。能取者善。不者，吾當烹之。」菩薩
答曰：「大善。」即雇如直，持鼈歸家，澡護其傷，臨水放之，覩其
遊去，悲喜誓曰：「太山餓鬼，衆生之類，世主牢獄，早獲免難。身
安命全，如爾今也。」稽首十方，叉手願曰：「衆生擾擾，其苦無量。
吾當爲天爲地，爲旱作潤，爲漂作筏，饑食渴漿，寒衣熱涼，爲病
作醫，爲冥作光。若有濁世顚倒之時，吾當於中作佛，度彼衆生矣。」
十方諸佛，皆善其誓，贊曰：」善哉！必獲爾志。」

鼈後夜來，齧其門。怪門有聲，使出覩鼈。還如事云。菩薩視之。
鼈人語曰：」吾受重潤，身體獲全。無以答潤。蟲水居物，知水盈
虛。洪水將至，必爲巨害矣。願速嚴舟，臨時相迎。」答曰：「大善。」
明晨詣門，如事啓王。王以菩薩，宿有善名，信用其言，遷下處高。

〔註19〕按：王青《西域文化影響下的中古小說》認爲這個動物報恩故事以及其所在
的類型皆與西域文化的影響有關。（王青：《西域文化影響下的中古小說》，北
京：中國社會科學出版社，2006年，第380頁。）

時至鼈來，曰：「洪水至，可速下載。尋吾所之。可獲無患。」

船尋其後。有蛇趣船，菩薩曰：「取之。」鼈云：「大善。」

又覩漂狐，曰：「取之。」鼈亦云：「善。」

又覩漂人，搏頰呼天，哀濟吾命，曰：「取之。」鼈曰：「慎無取也。凡人心僞，鮮有終信，背恩追勢，好爲凶逆。」菩薩曰：「蟲類爾濟，人類吾賤，豈是仁哉？吾不忍也。」於是取之。鼈曰：「悔哉！」遂之豐土。鼈辭曰：「恩畢請退。」答曰：「吾獲如來無所著至眞正覺者，必當相度。」鼈曰：「大善。」鼈退蛇狐各去。

狐以穴爲居，獲古人伏藏紫磨名金百斤。喜曰：「當以報彼恩矣。」馳還曰：「小蟲受潤，獲濟微命。蟲穴居之物，求穴以自安。獲金百斤，斯穴非冢非家，非劫非盜。吾精誠之所致，願以貢賢。」菩薩深惟：「不取徒捐，無益於貧民，取以布施，衆生獲濟。不亦善乎？」尋而取之。

漂人覩焉，曰：「分吾半矣。」菩薩即以十斤惠之，漂人曰：「爾掘冢劫金，罪福（原校注：三本無福。）應奈何？不半分之，吾必告有司。」答曰：「貧民困乏，吾欲等施。爾欲專之，不亦偏乎？」漂人遂告有司。菩薩見拘，無所告訴，唯歸命三尊，悔過自責：「慈願衆生，早離八難。莫有怨結，如吾今也。」

蛇狐會曰：「奈斯事何？」蛇曰：「吾將濟之。」遂銜良藥，開關入獄。見菩薩狀，顏色有損，愴而心悲，謂菩薩言：「以藥自隨，吾將齰太子。其毒尤甚，莫能濟者。賢者以藥自聞。傳則愈矣。」菩薩默然。蛇如所云，太子命將殞。王令曰：「有能濟茲，封之相國，吾與參治。」菩薩上聞，傳之即愈。王喜問所由，囚人本末自陳。王悵然自咎，曰：「吾闇甚哉！」即誅漂人，大赦其國，封爲國相。〔註20〕

此故事又見於《法苑珠林》卷五〇《報恩篇》第二部《引證部》。

又《經律異相》卷四四「慈羅放鼈後遇大水還濟其命四」載：

昔有一人名慈羅，見人賣鼈，心中憐之，向鼈啼泣。賣鼈者言：「汝何故向鼈啼乎？」慈羅答言：「我不忍見之窮。」賣鼈者大笑：「汝癡狂耳。」答言：「我念此鼈，從君請買。」主言：「鼈直百萬。」慈羅

〔註20〕（吳）康僧會：《六度集經》，《大正藏》第3卷，第15頁上、中、下。

便將之歸家，傾舉子息得八十萬。慈羅言：「我錢盡此，假求無處。」
賣鼈者言：「汝錢既盡，可爲作田，以畢錢直。」慈羅言：「諾。」以
車載鼈，投著池中。鼈便能言語：「方有大水，君當上樹相呼。」後
日洪水大起，人民死盡。慈羅上樹呼鼈，鼈便來至。慈羅坐鼈背上，
前去數里，見一女人，在流槎上，沮息欲死，便向慈羅乞匃求載。慈
羅啓鼈：「此人可憐，乞得載之。」鼈言：「往便復載之。」前行十里，
見賣鼈子流被槎上。從慈羅欲求載之。鼈言：「我已重，恐必疲極，
不能自度，慎勿載之。」慈羅言：「可哀，今是非當載之。」慈羅復
載之。前行數十里，見數升蛾流被槎上。慈羅復報鼈載之。前至那竭
國，女子便以金謝慈羅。賣鼈人言：「此鼈本是我賣之，汝今得金當
持還我。」慈羅不與。賣鼈子便到那竭國王所云：「慈羅偷人婦將之
販，今持金銀來在此國中。」那竭國王即召慈羅，使吏斬之。吏上言
其事，欲下筆書，蛾輒緣筆不成字。王聞之，便問慈羅：「汝有何功
德乎？」慈羅具答。王誅賣鼈者。（出《阿難現變經》）〔註21〕

（四）陸機冤死招天雪

《尤悔》「陸平原河橋敗，爲盧志所讒，被誅」注引《機別傳》曰：

成都王長史盧志，與機弟雲趣舍不同。又黃門孟玖求爲邯鄲令於穎，
穎教付雲，雲時爲左司馬，曰：「刑餘之人，不可以君民！」玖聞此
怨雲，與志讒構日至。及機於七里澗大敗，玖誣機謀反所致，穎乃
使牽秀斬機。先是，夕夢黑幔繞車，手決不開，惡之。明旦，秀兵
奄至，機解戎服，著衣幘見秀，容貌自若，遂見害。時年四十三。
軍士莫不流涕。是日天地霧合，大風折木，平地尺雪。

因爲受冤而死，死後天地之間白雪茫茫。這很可能受到中古漢譯佛經敘事思
路啓發。〔註22〕三國吳康僧會譯《六度集經》卷五《羼提和梵志本生》，寫隱
者羼提和被國王截去右臂、左手和腳、耳、鼻，血若流泉，其時「天地爲震
動，日即無明」。其文曰：

昔者菩薩，時爲梵志，名羼提和，處在山澤，樹下精思，以果泉水

〔註21〕　（梁）僧旻、寶唱：《大正藏》第 53 卷，第 228 頁中下。
〔註22〕　參考劉衛英《中國古代冤死天示災異傳說略論》（載《西南師範大學學報（人
　　　　文社會科學版）》2005 年第 5 期），又見於王立《佛經文學與古代小說母題比
　　　　較研究》，北京：崑崙出版社，2006 年。

而爲飲食，内垢消盡，處在空寂，弘明六通，得盡知之。智名香熏，聞八方上下。十方諸佛，緣一覺道，應儀聖衆，靡不咨嗟。釋梵四王，海龍地祇，朝夕肅虔，叉手稽首，稟化承風，擁護其國。風雨順時，五穀豐熟，毒消災滅，君臣熾盛。其王名迦梨，入山畋獵，馳逐麋鹿。尋其足迹，歷菩薩前。王問道士：「獸迹歷茲，其爲如行乎？」菩薩默惟：「衆生擾擾，唯爲身命。畏死貪生，吾心何異哉？吾倘語王，虐殺不仁，罪與王同，倘云不見吾爲欺矣。」中心惻然，低首不云。王即怒曰：「當死乞人。吾現帝王。一國之尊，問不時對而佯低頭乎？」其國名拂手爪曰：「不。」菩薩惆悵。拂手爪曰：「不乎？」示王以爲不見，曰：「獸迹歷茲而云不見，王勢自在，爲不能戮爾乎？」菩薩曰：「吾聽王耳。」王曰：「爾爲誰耶？」曰：「吾忍辱人。」王怒拔劍，截其右臂。菩薩念曰：「吾志上道，與時無諍。斯王尚加吾刃，豈況黎庶乎？願吾得佛，必先度之。無令衆生效其爲惡也。」王曰：「若爲誰乎？」曰：「吾忍辱人。」又截其左手，一問一截，截其腳，截其耳，截其鼻，血若流泉，其痛無量。天地爲震動。日即無明。〔註23〕

又唐義淨譯《根本說一切有部毗奈耶藥事》卷十五載：

是時象王往獵師邊，以人言音告獵師曰：「汝莫怪畏。」恐損獵師，象王以鼻，繞取獵師，抱在胸前，又令母象別向餘處，然後告曰：「丈夫，母象已去，汝若須我身上物者，任意取之。」是時獵師心極怪愕：「此乃是人，我非人也。我是人中象，汝是象中人。汝在傍生，有是情智。我居人類，反無斯慧。」悲啼泣淚。菩薩問曰：「爲何啼泣？」獵師答曰：「汝已損我。」時象王聞已。作是思惟：「我現相救，不曾有損。」復更思惟：「不是雌象而來損耶？」又問獵師曰：「誰損汝耶？」獵師答曰：「象王，汝身有無量功德。無辜加害，即是損我。汝身被箭所傷，可有治療。我心被射，愚癡無智，難可療治。」

爾時象王告曰：「不勞廣説多言語，不用多述巧言辭。汝今云何箭射我，速説斯事令我知。」獵師答曰：「我奉王教，須汝身牙。緣此射之。」象王告曰：「仁所須者，幸時早取。菩薩爲懷，無不捨者。任

〔註23〕 （吳）康僧會譯：《六度集經》，《大正藏》第3卷，第25頁上第15行至中第9行。

汝拔牙，將所利益。」

爾時獵師心生羞恥，告象王曰：「我須汝牙。」象王告曰：「任意拔
將。」答曰：「我不能拔。若令我拔，願住慈悲，我方能拔。若其不
住慈悲之心，正拔之時，手必墮落。」象王告曰：「若汝不能拔者，
我自拔與。」象王曰：「爲我牙根入肉深遠，當拔之時，白血流注。」
拔已，欲與獵師，象王身色鮮白，如優曇缽花，血流遍身，如山雪
覆，亦如襯文。〔註24〕

文中寫受冤之後，出現異常現象。本身鮮紅的血液卻白亮如雪，而且「如山
雪覆」。「如山雪覆」和「平地尺雪」，都是形容雪大，似乎昭示著冤重。

　　古印度民間故事集也講述，大臣濕婆婆爾摩足智多謀，因王妃懷孕而被
懷疑與王妃私通，國王就派他出使鄰國，而讓密使告知盟友將大臣處死。可
在他出行七天後，王妃因與眞正的姦夫出逃被捉，國王方知冤斷。濕婆婆爾
摩到鄰國請求被處死，說：「我在哪兒被殺，哪兒就會十二年不下雨。」鄰國
不但不敢處死他，還要時刻防止他自殺〔註25〕。可見冤死事件會招惹天怒，
也是印度一個古老民俗崇拜的慣常敘事套路。後來這一敘事方式滲透到佛經
故事中，又通過佛經傳譯與中土舊有習俗母題結合融彙。

　　（五）陶公鶴門

《侃別傳》曰：「母湛氏，賢明有法訓。侃在武昌，與佐史從容飲燕，
常有飲限。或勸猶可少進，侃凄然良久曰：『昔年少，曾有酒失，二
親見約，故不敢踰限。』及侃丁母憂，在墓下，忽有二客來弔，不
哭而退，儀服鮮異，知非常人。遣隨視之，但見雙鶴衝天而去。」
（《賢媛》注）

《侃別傳》載雙鶴幻化人形，劉義慶即視爲與佛教相關。《幽明錄》載陶侃取
魚之池爲鶴門。《幽明錄》曰：「陶公在尋陽西南一塞取魚，自謂其池曰鶴門。」

　　另附：《世說新語》劉孝標注所引釋氏文獻指瑕

　　劉注所引釋氏文獻，功德無量，世常稱頌。今就其所徵引文獻中錯誤或
不妥處，凡五處，以就正於方家。

〔註24〕　（唐）義淨譯：《根本説一切有部毗奈耶藥事》，《大正藏》第24卷，第71頁
　　　　中第25行至第72頁上第3行。
〔註25〕　（印）月天：《故事海選》，黃寶生、郭良鋆、蔣忠新譯，人民文學出版社2001
　　　　版，第25～26頁。

（一）

> 波羅密，此言到彼岸也。《經》云：「到者有六焉：一曰檀；檀者，施也。二曰毗黎；毗黎者，持戒也。三曰羼提；羼提者，忍辱也。四曰尸羅；尸羅者，精進也。五曰禪；禪者，定也。六曰般若；般若者，智慧也。然則五者爲舟，般若爲導，導則俱絕有相之流，升無相之彼岸也。故曰波羅密也。」（《文學》注）

按：劉注音譯用語與鳩摩羅什譯本同。鳩摩羅什譯《摩訶般若波羅蜜經》卷一《序品》曰：「佛告舍利弗，菩薩摩訶薩以不住法，住般若波羅蜜中，以無所捨法，應具足檀那波羅蜜。施者受者及財物不可得故，罪不罪不可得故，應具足尸羅波羅蜜。心不動故，應具足羼提波羅蜜。身心精進不懈怠故，應具足毗梨耶波羅蜜。不亂不味故，應具足禪那波羅蜜。於一切法不著故，應具足般若波羅蜜。」〔註26〕

然而劉注與鳩摩羅什譯本不同有二：一是引用非原文照搬。二是字句有兩處交互：劉注其「二曰毗黎；毗黎者，持戒也」，「四曰尸羅；尸羅者，精進也」；而什譯則曰：「施者受者及財物不可得故，罪不罪不可得故，應具足尸羅波羅蜜」，「身心精進，不懈怠故，應具足毗梨耶波羅蜜」，即「尸羅」與「持戒」同意，「毗梨」與「精進」同意。

（二）

《言語》「竺法深在簡文坐，劉尹問：『道人何以遊朱門？』」注：

> 《高逸沙門傳》曰：「法師居會稽，皇帝重其風德，遣使迎焉，法師暫出應命。司徒會稽王天性虛澹，與法師結殷勤之歡。師雖升履丹墀，出入朱邸，泯然曠達，不異蓬宇也。」

按：此注不妥。依照劉注，事在其應哀帝之命而在建康之時，而其時劉尹已不在人世。

（三）

《雅量》「支道林還東，時賢並送於征虜亭。蔡子叔前至，坐近林公；謝萬石後來，坐小遠」注：

> 《高逸沙門傳》曰：「遁爲哀帝所迎，遊京邑久，心在故山，乃拂衣王都，還就巖穴。」

〔註26〕 （姚秦）鳩摩羅什譯：《摩訶般若波羅蜜經》，《大正藏》第8卷，第218頁下第21行至第219頁上第4行。

按：此注欠妥。依照劉注，則此次相送別在晉哀帝時，其時謝萬已經去世。

（四）

> 《安和上傳》曰：「釋道安者，常山薄柳人，本姓衛，年十二作沙門。
> 神性聰敏，而貌至陋，佛圖澄甚重之。值石氏亂，於陸渾山木食修
> 學，爲慕容俊所逼，乃住襄陽。以佛法東流，經籍錯謬，更爲條章，
> 標序篇目，爲之注解。自支道林等皆宗其理。無疾卒。」（《雅量》
> 注）

按：「薄柳」，非。《出三藏記集》卷一五和《高僧傳》卷五《釋道安傳》皆作
「扶柳」，《晉書》卷一四載「安平國（漢置統縣八戶二萬一千）信都、下博、
武邑、武遂、觀津（侯相）、扶柳、廣宗（侯相）經」，則「扶柳」是，「薄柳」
非。

（五）

> 法師《遊山記》曰：「自托此山，二十三載，再踐石門，四遊南嶺，
> 東望香爐峰，北眺九江。傳聞有石井方湖，中有赤鱗踴出，野人不
> 能敘，直歎其奇而已矣。」（《規箴》注）

按：此引文唐寫本頗有異，前人已注意。朱鑄禹先生指出：「《遊山記》，唐寫
本作《山遊記》。」〔註27〕李天華先生指出：「注引《法師遊山記》：『再踐石
門，四遊南嶺』，唐寫本『四遊』作『西遊』，是則『再踐』當作『南踐』。『東
望香爐峰』，疑衍一『峰』字。」〔註28〕

〔註27〕朱鑄禹：《世說新語彙校集注》，上海：上海古籍出版社，2002年，第323頁。
〔註28〕李天華：《世說新語新校》，長沙：嶽麓書社，2004年，第491頁。

附錄三：未刊論文（其一）

「七歲有聖德」：印度佛教文化對中國書寫的一個深遠影響

摘要：在中土書寫中，早慧故事中「七歲」有殊異之處，存在「被七歲夙慧」的改寫和編造現象。今以古人之言「七歲有聖德」名之。這種現象與印度佛教文化觀念有深刻的因緣。其影響至今還在延續。

關鍵詞：佛教；七歲；早慧；聖德；夙慧

在中土書寫中，早慧故事中「七歲」有諸多殊異之處。其中比較特別的一點，是「七歲」被「對象化」。「七歲」被用來建構故事，而且往往是要素，目的是顯示「七歲」之殊勝。其間多偽，套用當下話語，可曰「被七歲夙慧」〔註29〕。大致可分爲三種類型。

其一，故事中年齡被改編爲七歲

楊信早慧故事，其父楊雄言在九歲，《劉向別傳》言在幼時。揚雄《法言・問神》曰：「育而不苗者，吾家之童烏乎？九齡而與我《玄》文。」太平御覽引《劉向別傳》曰：「楊信字子烏，雄第二子，幼而明慧。雄筆《玄經》不會，子烏令作九數而得之。雄又疑《易》『羝羊觸藩』，彌日不就。子烏曰：『大人何不云荷戟入榛？』」〔註30〕

而在東晉常璩《華陽國志》中，年齡被改編成了「七歲」。《華陽國志・先賢士女總贊論》云：

> 雄子神童烏，七歲預雄《玄》文。年九歲而卒。

且《華陽國志・後賢志》附《益梁寧二州先漢以來士女目錄》列有「文學神童楊烏」，本注：『雄子也，七歲預父《玄》文，九歲卒。」〔註31〕

梁國楊氏子的故事，有「九歲」和「七歲」二種。《世說新語・言語》載：「梁國楊氏子，九歲，甚聰惠。孔君平詣其父，父不在，乃呼兒出，爲設果。果有楊梅，孔指以示兒曰：『此是君家果。』兒應聲答曰：『未聞孔雀是夫子家禽。』」〔註32〕而梁孝元皇帝《金樓子・捷對篇》載：

〔註29〕《夙慧》是《世說新語》門類之一，也是現所知的早慧故事作爲群體現象被記載的最早文獻。

〔註30〕（宋）李昉：《太平御覽》，中華書局 1960 年版第 1780 頁。

〔註31〕（晉）常璩撰、任乃強校注：《華陽國志校補圖注》，上海古籍出版社 1987 年版第 553、667 頁。

〔註32〕本文《世說新語》引文皆自宋紹興八年（1138）廣川董弅刻本《世說新語》

楊子州，年七歲，甚聰慧，孔永詣其父，父不在，乃呼兒出爲設果，有楊梅，永指示兒曰：「此眞君家果兒？」答曰：「未聞孔雀是夫子家禽。」〔註33〕

兩種故事的文獻來源已不可考。然言「七歲」之文獻晚出，故疑此七歲乃「被七歲」。

六祖慧能，古代的文獻不言「七歲」。《宋高僧傳‧釋慧能傳》載：「釋慧能，姓盧氏，南海新興人也。其本世居范陽……貞觀十二年（638）戊戌歲生能也……父既少失，母且寡居。家亦屢空，業無膴產。能負薪矣，日售荷擔。偶聞鄽肆間誦《金剛般若經》，能凝神屬垣，遲遲不去。」〔註34〕《景德傳燈錄》（卷五）〔註35〕和《五燈會元》（卷一）〔註36〕，亦未言「七歲」。但是，今天民間正通過網絡流傳著慧能七歲聽經開悟而出家的故事：

慧能，本姓盧。祖籍是河北范陽人，也就是後來安祿山領兵節度使的這個地方。三歲喪父，自幼家貧，遷居南海，七歲就以賣柴養母；雖不識字以砍柴爲生，但是慧能在很小的時候就顯露出對佛教的濃厚興趣和深厚的理解能力。因聽人誦讀《金剛經》有悟，決心學佛出家。（2007 年 12 月）〔註37〕

慧能家境貧寒，三歲喪父，遷居南海，七歲就以賣柴養母，因聽人誦讀《金剛經》有悟，決心學佛出家。〔註38〕

在年齡被改編爲七歲的早慧故事中，有一種比較特殊的，那就是用非七歲的來襯托、突出七歲的殊勝。如張玄之、孔融女的故事。

張玄之事見《世說新語》，《言語》言其「九歲」，《夙慧》言其「七歲」。

影印本，中華書局 1999 年據日本有珂羅版影印本複印。

〔註33〕（梁）孝元皇帝：《金樓子》，《文淵閣四庫全書》，臺灣商務印書館 1983 年版第 848 冊第 861 頁。

〔註34〕（宋）釋贊寧：《高僧傳》，《大正藏》卷 50，佛陀教育基金會出版部 1990 年版第 754 頁下。

〔註35〕（宋）釋道原：《景德傳燈錄》，《大正藏》卷 51，第 235 頁中。

〔註36〕（宋）普濟撰、蘇淵富點校：《五燈會元》，中華書局 1984 年版第 53、54 頁。

〔註37〕一葦之思的博客「史海鉤沈」「頓悟與漸悟——神秀與慧能之故事」，2011-04-20，23：19：20，http://blog.163.com/wangziyu2003@126/blog/static/170373039201132011185O166。

〔註38〕見「天涯社區」。飛鳥的叢林「『學術中國』〔正二八經〕周國平爲什麼不宜搞哲學？」之「慧能與神秀賽詩」，2008-04-11，http://laiba.tianya.cn/tribe/showArticle.jsp 敘 groupId=3613&articleId=250411。

> 張玄之、顧敷,是顧和中外孫,皆少而聰惠。和並知之,而常謂顧勝,親重偏至,張頗不愬。於時張年九歲,顧年七歲,和與俱至寺中。見佛般泥洹像,弟子有泣者,有不泣者,和以問二孫。玄謂「被親故泣,不被親故不泣」。敷曰:「不然,當由忘情故不泣,不能忘情故泣。」(《言語》)

> 司空顧和與時賢共清言,張玄之、顧敷是中外孫,年並七歲,在床邊戲。於時聞語,神情如不相屬。瞑於燈下,二兒共敘客主之言,都無遺失。顧公越席而提其耳曰:「不意衰宗復生此寶。」(《夙惠》)

《言語》中九歲的張玄之不敵七歲的顧敷,而《夙惠》中七歲的張玄之和顧敷則俱勝。此二故事表明:七歲勝九歲;七歲殊勝。《夙惠》中的張玄之的「七歲」,眞僞難知,很有可能是「被七歲」。

孔融被收後二子的故事,關於年齡,有多種記載。各種記載中,七歲最小,蓋爲後出。《世說新語‧言語》載:「孔融被收,中外惶怖。時融兒大者九歲,小者八歲。二兒故琢釘戲,了無遽容。融謂使者曰:『冀罪止於身,二兒可得全不?』兒徐進曰:『大人豈見覆巢之下,復有完卵乎?』尋亦收至。」此事另有兩書收錄。劉孝標注引《魏氏春秋》曰:「二子方八歲、九歲」,又引《世語》曰:「二子齠齔」。〔註39〕三書皆未確指七歲。而范曄《後漢書》《後漢書‧孔融傳》載:

> 初,女年七歲,男年九歲,以其幼弱得全,寄它舍。二子方弈棋,融被收而不動。左右曰:「父執而不起,何也?」答曰:「安有巢毀而卵不破乎!」主人有遺肉汁,男渴而飲之。女曰:「今日之禍,豈得久活,何賴知肉味乎?」兄號泣而止。或言於曹操,遂盡殺之。及收至,謂兄曰:「若死者有知,得見父母,豈非至願!」乃延頸就刑,顏色不變,莫不傷之。」

此將小者寫成「七歲」,且將二子共同言說的智慧之語改寫成七齡童之語,二子中獨小者(即七齡童)不凡。其改爲「七歲」並彰顯其殊勝的意圖很鮮明。《後漢書》之記,與《太平御覽》卷三八五引《列子傳》更近。其曰:

> 孔融被誅,初女七歲,男九歲,以其幼弱,得寄他舍。主人有遺肉汁,男渴而飲之。女曰:「今日之渴,豈得久活,何賴知肉味乎?」

〔註39〕余嘉錫:《世說新語箋疏》,中華書局 2007 年版第 70 頁。

兄號泣而止。或言於曹操，遂盡殺之。及收至，女謂兄曰：「死者有

知，得見父，豈非至願！」延頸就刑，顏色不變。〔註40〕

清杭世駿《三國志補注》卷三《魏書》「融在北海」條則載此事自《列士傳》。

〔註41〕此《列子傳》或《列士傳》所載，似是《後漢書》所本。

其二，同一敘述框架中「七歲」故事被添加

《出三藏集記》卷十五《道安法師傳》無七歲事，其文曰：「釋道安，本

姓衛，常山扶柳人也。年十二出家。神性聰敏，而形貌至陋，不爲師之所重。

驅使田舍，至於三年，執勤就勞，曾無怨色。篤性精進，齋戒無闕。」〔註42〕

而《高僧傳》卷五《釋道安傳》添載「年七歲，讀書再覽能誦，鄉鄰嗟異」，

其文曰：

> 釋道安，姓衛氏，常山扶柳人也。家世英儒，早失覆蔭，爲外兄孔
>
> 氏所養。年七歲，讀書再覽能誦，鄉鄰嗟異。至年十二出家，神智
>
> 聰敏，而形貌甚陋，不爲師之所重。驅役田舍，至於三年，執勤就
>
> 勞，曾無怨色，篤性精進，齋戒無闕。〔註43〕

釋慧皎添加七歲故事，顯示釋道安早慧的形象。現存道安七歲故事以此爲本。

其眞僞難定，可能是「被七歲」。

其三，虛構七歲故事

《世說新語·雅量》載七歲王戎事：

> 王戎七歲，嘗與諸小兒遊。看道邊李樹多子折枝。諸兒競走取之，
>
> 唯戎不動。人問之，答曰：「樹在道邊而多子，此必苦李。」取之，
>
> 信然。

此事劉孝標注引《高士傳》即已記載，至唐朝又被收入《晉書》，成爲官修正

史中一段著名的早慧事跡。實際上，此事源自於印度的智慧故事。〔註44〕《本

〔註40〕　（宋）李昉：《太平御覽》，第 1780 頁。

〔註41〕　（清）杭世駿：《三國志補注》，《叢書集成初編》本，上海商務印書館 1937
　　　　　年版第 220 頁。

〔註42〕　（梁）釋僧祐：《出三藏記集》，《大藏經》卷 55，第 108 頁上。

〔註43〕　（梁）釋慧皎：《高僧傳》，《大藏經》卷 50，第 351 頁下。

〔註44〕　據王青：《魏晉至隋唐時期幾個佛教故事的歷史化》，王戎識苦李源自《本生
　　　　　經·願望品》第五十四個故事《果子本生因緣》，載《南京師範大學文學院學
　　　　　報》2006 年第 2 期第 122 頁。又見於其專著《西域文化影響下的中古小說》，
　　　　　中國社會科學出版社 2006 年版第 314～315 頁。

生經·願望品》第五十四個故事《果子本生因緣》載：

昔日，梵與王於波羅奈之都治國時，菩薩生於豪商之家。漸次成長，從事商業，驅車五百輛。某時，通過大道，到達森林……有一村落，於村之入口處，有一某種果實之果樹。其中不但果實之外形，而其香、味，已熟或未熟者，完全如庵羅果狀。然食之者，則如飲訶羅訶羅（Halahala）之毒，瞬間即告死亡……菩薩知此非庵羅果樹，加以禁止曰：「此爲似庵羅果樹之某種果樹之毒樹，不可食用。」……然以前之商隊，常於此樹下休憩，彼等皆以此樹爲庵羅果之樹，於食此毒樹果實之後，悉皆死亡。次日村人出來，見諸人死亡，捉其雙足，曳往秘密場所，投棄屍體，而奪取彼等之車及全部物品。其日夜明之時，村人等喊叫：「牛爲我等之牛，車爲我等之車！」急忙前來樹下。然見樹下之商隊平安無事，驚奇問曰：「君等何以知此樹非庵羅果之樹耶？」……菩薩云：「予依兩種理由知之。」於是爲說次之偈：

此樹不難攀，去村亦不遠。樹生美果實，熟而無人採。依此我知之，此非善果樹。

《本生經》第八十五個本生故事《有毒果本生因緣》與此也約略相似。王戎的七歲故事很可能是虛構的。

炎帝「被夙慧」在宋代，且「七歲」。羅泌《路史》卷十三《後紀四·禪通紀·炎帝紀下》：

炎帝柱，神農子也。七歲有聖德。〔註45〕

炎帝七歲夙慧事始於宋，非《史記》所載！梁啓超曾言：「其書前代從未著錄或絕無人徵引而忽然出現者，什有九皆僞。」〔註46〕那麼，「前代從未著錄或絕無人徵引而忽然出現」的故事，同樣「什有九皆僞」。明人延寫此事且冠爲篇名，徐應秋《玉芝堂談薈》卷四題曰「七歲有聖德」，其文曰：

古人夙慧可記者，神農之子炎帝柱七歲而有聖德，見《路史》。顓頊年十二而治天下，見《新序》。滿衣八歲爲舜師，見《皇甫謐高士傳》。荀仲豫稱禹十二歲爲司空，見《傅子》。皋子生五歲而佐禹，見《列女傳》。項橐生七歲爲孔子師，見《新序》。甘羅十二卦上卿，見《戰國策》。王子晉生八歲而服師曠，見《尸子》。此外，如：白居易六

〔註45〕（宋）羅泌：《路史》，《文淵閣四庫全書》第383冊，第99頁。
〔註46〕梁啓超：《中國歷史研究法》，華東師範大學出版社1995年版第116頁。

七月即識之無二字，五六歲便學詩詞，見《長慶集》。嘉魚李承芳生
甫七月能以筯畫灰作土地二字，見《江漢叢談》。楊宰絕乳即能賦詩，
積思經術，無不貫綜，見《本傳》。〔註47〕

值得注意的是，《新序》、《皇甫謐高士傳》、《傅子》、《列女傳》、《戰國策》、《尸
子》、《長慶集》等文獻皆早於《路史》，而且其中所記年齡也有不少早於「七
歲」的。早慧故事年齡越早越凸顯早慧，而炎帝偏偏在「七歲」。這說明可能
是「被七歲」，具有特殊涵義。

特殊現象的背後，是特殊的思想觀念或者文化。「被七歲夙慧」現象，
根源何在？從現存文獻來看，七歲被「對象化」似始於魏晉南北朝時期。未
有文獻顯示上古至兩漢本土觀念中七歲的特異。從魏晉南北朝起，佛教開始
滲透中國。魯迅《中國小說史略》第五篇《六朝之鬼神志怪書（上）》曾言：
「魏晉以來，漸譯釋典，天竺故事亦流傳世間，文人喜其穎異，於有意或無
意中用之，遂蛻化爲國有，如晉人荀氏作《靈鬼志》，亦記道人入籠子中事，
尙雲來自外國，至吳均記，乃爲中國之書生。」上述「被七歲」故事中王戎
的故事，就是對佛教故事的改編。那麼，「被七歲夙慧」現象與佛教有直接
淵源嗎？鑽研佛教典籍，果然。印度佛教經典及印度佛教徒傳記敘說著「七
歲」殊勝。

《六度集經·小兒聞法即解經》記載了一個七歲幼童的故事，其文曰：

昔有比丘，精進守法……在精舍止，所可諷誦是般若波羅蜜，說經
聲妙，無能及者。其有聞此比丘音聲，莫不歡喜。有一小兒，厥年
七歲。城外牧牛，遙聞比丘誦說經聲，即尋音往，詣精舍中。禮比
丘已，卻坐一面，聽其經言。時說色本，聞之即解。兒大歡喜，經
句絕已，便問比丘。比丘應答，不可兒意。是時小兒，反爲解說，
其義甚妙，昔所希聞。比丘聞之，歡喜甚悅，怪此小兒，乃有智慧，
非是凡人。時兒即去，還至牛所……爾時值虎害此小兒。小兒命終，
魂神即轉，生長者家第一夫人作子。夫人懷妊，口便能說般若波羅
蜜。從朝至暮，初不懈息。其長者家，素不知法，怪此夫人口爲妄
語，謂呼鬼病……是時比丘入城分衛，詣長者門，遙聞經聲，心甚
喜悅……婦見比丘，即爲作禮……諸有疑難，不能及者，盡爲比丘，
具足解說。衆僧踴躍，歡喜而退。日月滿足，夫人在產，娩娠得男，

〔註47〕 （明）徐應秋：《玉芝堂談薈》，《文淵閣四庫全書》第883冊，第89頁。

又無惡露。其兒適生，叉手長跪，誦般若波羅蜜。夫人產已，還如本時，無所復知。如夢寤已，了無所識……時兒長大，**至年七歲**，悉知微妙，道俗皆備，與**衆**超絕，智度無極。諸比丘等，皆從受學。經中誤脫，有所短少，皆爲刪定，足其所乏。兒每入出，有所至止，輒開化人，使發大乘……佛告阿難：「是時小兒者，吾身是也。時比丘者，迦葉佛是也。」〔註48〕

此小兒乃佛祖前身，七歲輪迴，七歲悟法得道。七歲在佛教有著獨特的意義。又《經律異相》卷四五之「母人懷孕遇佛願以兒爲道三」載：

有一母人，懷孕數月，見佛及僧，心自計言：「我生子如此，使作沙門，爲佛弟子。」月滿生男，姝好異衆。**及年七歲**，家貧，但作二人食及三法衣，手持澡瓶，將兒詣佛曰：「願哀我子，使作沙門。」佛即聽之。令以瓶洗兒手，應時九龍從瓶口出，吐水灌兒，殘水散兒頭上，化成華蓋。中有師子座，座上有佛。佛笑，出五色光，照千億佛刹。還繞佛身，從兒頂入。母以飯具上佛，並食其子，發無上道心。十億佛刹，六反震動。諸佛自現。以母飯施爾所諸佛及比丘僧，皆得飽足，初不損減。兒發自墮成爲沙門，即得立於不退轉地。（出十卷《譬喻經》第三卷）〔註49〕

不僅佛經中存在七歲神異現象，印度僧侶也薰染了這一現象。如多羅那它《印度佛教史》第二十四章《尼薩伽尸羅王時代》載班智達轉世後七歲時事：

班智達……轉生爲王族中的一位班智達毗史色迦的兒子……降生以後立即向母親敬禮，說：「你十個月中沒受辛苦嗎？」母親心想：「嬰兒剛生下來就說話是個惡兆。」於是就讓他沉默。以後七年之間，小兒什麼也不說，於是人們又認爲他是個啞巴。一個外道的爭論者作了一首極難理解的偈頌體詩歌，詩義是破斥佛教徒的教理……那時月官**才七歲**，剛一看就懂得了詩的意義，認爲並不難答覆，於是寫了一篇短文解釋其含義，並寫了答覆的偈頌……第二天早上月官和外道教師辯論，月官獲勝，得到重大獎賞。這就出現了一位對於聲明和辯論共通學識不學自知的人，聲騰傳遍各地。〔註50〕

〔註48〕（吳）康僧會譯：《六度集經》，《大正藏》卷3，第35頁中至第36頁上。

〔註49〕（梁）僧旻、寶唱：《經律異相》，《大正藏》卷53，第235頁中、下。

〔註50〕多羅那它著，張建木譯：《印度佛教史》，成都：四川民族出版社，1988年，

又同書第二十三章《阿闍梨陳那時代》載一隻鴿子轉世後七歲時事：

> 這鴿子死後轉生爲南印度彈吒迦羅尼耶（Dandakāranya）地方一個
> 商主的兒子，生下後馬上就問：「阿闍梨在那裏？」……在他七歲
> 時就把他送到世親阿闍梨身前。他學習明處，都未遭困難而通曉。
> 〔註51〕

又同書第三十二章《摩訶波羅王與沙牟波羅王時代》載阿闍梨藏足的兒子七
歲時事：

> 兒子長到七歲時，就送入婆羅門學文字的書塾中……其父……給他
> 傳文殊灌頂，並開許修法，讓他去修持。他修持將近一年時，禪定
> 的光芒增長，出現了獲得成就的相徵，茅舍內外各處都爲紅黃光芒
> 遍照。〔註52〕

再如《出三藏記集》載天竺高僧鳩摩羅什天生神異，七歲出家。其事與《六
度集經》之《小兒聞法即解經》之後半部分簡直如出一轍。《出三藏記集》卷
十四本傳載：

> 鳩摩羅什，齊言童壽，天竺人也……什之在胎，其母慧解倍常，往
> 雀梨大寺聽經，忽自通天竺語。衆咸歎異。有羅漢達摩瞿沙曰：「此
> 必懷智子」，爲說舍利弗在胎之證。既而生什，岐嶷若神。什生之後，
> 還忘前語。頃之，其母出家修道，學得初果。什年七歲，亦俱出家，
> 從師受經口誦，日得千偈。〔註53〕

尤其值得提出的是，「被七歲」的故事在佛經中也有釋迦牟尼「被七歲出家」，
誠可謂印度之「七歲有聖德」！此說現知最早出於鳩摩羅什所譯經《梵網經》
等。此事之妄，費長房《歷代三寶記》卷一「依《普曜》、《本行》等經校讎
魯史」而有辨正。日本安然和尚《教時諍》對此有輯錄：

> 出家成道。大例有三。若《梵網經》云：「七歲出家三十成道。」《古
> 德會》云：「心早出家。」若《長房錄》云：「年七車〔註54〕乘羊車
> 詣學堂，年十與諸同齒釋試力，年十四遊出東方遇病人回，年十七
> 網妃求姨，年十九四月八日出家，年三十二月八日成道，四十九年

第152～153頁。

〔註51〕多羅那它著，張建木譯：《印度佛教史》，第137～138頁。

〔註52〕多羅那它著，張建木譯：《印度佛教史》，第221～222頁。

〔註53〕（梁）釋僧祐：《出三藏記集》，《大藏經》卷55，第100頁上中。

〔註54〕按：依《長房錄》，「車」字衍，下「網妃求姨」爲「納妃求夷」。

說法教化。《十二遊經》云：佛二十九出家，三十五成道。《增一》
第二十四云：我年二十九出家，欲度人。又云：年二十在外道中學。
《長阿含》云：二十九出家。推其大例，如來在世七十九年，若二
十九出家，三十五成道，所化物唯應四十五年。而《禪要經》云：『釋
迦一身教化衆生，四十九年。』諸經多云十九出家，今以爲正。」
〔註55〕

《六度集經》記載明確，那個七歲出家的小兒是佛祖前身，不是佛祖本人。

薄拘羅被後母五次毒害而不死的故事，《付法藏因緣傳》載「年在童幼」
〔註56〕，而《經律異相》則云「年始七歲」：

昔有一人，唯有一兒，名薄拘羅，年始七歲。其婦命終，更取後室。
憎前婦子，甑中蒸餅。兒問母索，母抱放甑中，以瓮合頭，欲令兒
死。兒於甑中，食餅不死。後復抱置熱鐵鏊上，於鏊食餅，不以爲
災。後詣河邊浣衣，擲深水中，爲魚所吞。經於七日，父請衆僧，
爲設大會。買得一魚，車載歸家，欲破魚腹。兒言：「徐徐莫傷兒頭。」
此兒先受不殺一戒，今得五種不死。（出《譬喻經》）〔註57〕

印度佛教七歲殊異的文化背景是什麼呢？即與七歲學道有關。玄奘《大唐西
域記》載古印度「七歲之後漸授五明大論」。佛經中亦載，《雜譬喻經》載：「昔
有一國王子，年始七歲，便入深山，求學仙道。」〔註58〕《法苑珠林》卷九
引《佛本行經》云：「時淨飯王知其太子年已八歲，（原注：「《因果經》云：『年
至七歲。』」）即會百官群臣宰相而告之言：『卿等當知，今我化內，誰最有智、
智慧悉通，堪爲太子作師？』」〔註59〕如此，佛教文化要表達這樣一種文化思
想：七歲，在一般兒童開始正式學習之始，那些與佛有因緣的人，因爲宿世
的智慧，已無師自通。

正是受印度佛教的影響，中土佛教奉「七歲出家」爲法典。《續高僧傳·
釋靈裕傳》載：

〔註55〕（日）安然和尚：《教時諍》，《大正藏》卷75，第356～357頁。

〔註56〕（元魏）吉迦夜、曇曜譯：《付法藏因緣傳》卷三，《大正藏》卷50，第308
頁上、中。

〔註57〕（梁）僧旻、寶唱：《經律異相》卷三七之「薄拘羅持一戒得五不死報八」，《大
正藏》卷53，第201頁上。

〔註58〕道略：《雜譬喻經》，《大正藏》卷4，第526頁下第21～22行。

〔註59〕（唐）釋道世著，周叔迦、蘇晉仁校注：《法苑珠林校注》，中華書局2003年
版第331～332頁。

> （靈裕）**年七歲**，啓父出家。父以慧解夙成，意宗繼世，決誓不許。唯令俗學，專尋世務礙之道法。裕歎曰：「不得七歲出家，一生壞矣！」〔註60〕

而中國高僧七歲出家者不少，如禪宗四祖道信禪師七歲出家。《續高僧傳·道信傳》載：

> （道信）姓司馬。未詳何人。初**七歲時**，經事一師，戒行不純。信每陳諫，以不見從，密懷齋檢。經於五載，而師不知。〔註61〕

五祖弘忍禪師七歲事道信大師，宋贊寧《宋高僧傳》卷八本傳：

> 時東山信禪師邂逅至焉，問之曰：「何姓名乎？」對問朗暢，區別有歸，理逐言分，聲隨響答。信師熟視之，歎曰：「此非凡童也。具體占之，止闕七大人之相不及佛矣。苟預法流二十年，後必大作佛事，勝任荷寄。」乃遣人隨其歸舍，具告所親喻之出家。父母欣然……**時年七歲**也。至雙峰，習乎僧業，不逞艱辛。〔註62〕

到六祖慧能，終於「被七歲悟道」──無疑，是佛教的薰染！

「被七歲夙慧」，包括「被七歲出家（悟道）」，無論佛典聖賢，還是信史智者，皆染之。七歲神異，亦真亦幻。今效古人取「七歲有聖德」爲篇題，舊瓶裝新酒耳。也許，說什麼真真假假，而想說什麼或者想被如何理解，才是重要的，真實的。閱聽人須從此了悟。

〔註60〕（唐）釋道宣：《續高僧傳》，《大正藏》卷50，第495頁中。
〔註61〕（唐）釋道宣：《續高僧傳》，《大正藏》卷50，第606頁。
〔註62〕（宋）贊寧：《高僧傳》，《大正藏》卷50，第754頁上末行。

附錄四：生前詩選（六首）

其一

窗前百花開，

佳人盈盈來。

東風淺淺笑，

有香在春齋。

其二

畫悶夜涼風雨來，

小鳥無依聲轉哀。

柯枝無力花滿地，

紅顏濕燦捧心埋。

其三

思君不見君，

撞頭滿天星。

慢把小梳就青絲，

相思如髮披滿身。

其四

多少念，

今晨風雨中。

如碧梅葉漸稀疏，

秋香化魂潛入樹，

心花放春風。

其五

在天的廣晴裏，

雲在輕流。

在心的寬朗裏，

思在逸放。

我聽見了你的心痛，

你仍然讓我如花在綻放。

其六

夏日豔陽灼烈，
我在太陽花上輕步飛揚，
那是桂樹溫柔的深沉。
冬日風雪爛漫，
我靜燦著心花紅顏一笑，
那是梅樹生命的絢麗。

後　記

　　很想在寫完論文之後，寫下一些輕靈的文字。在求學華師的歲月裏，很多時候是「重」，是「實」，甚至是「沉」。人類亙古的夢想，便是有一雙翅膀，可以使身軀掙脫大地之厚重而輕舞飛揚。我愛這中華大地，愛這累累古籍，然亦希冀以輕靈之態出現在你面前。輕靈，是文功之嫺熟，是學問之通達，是心靈之博大。這有我的浪漫，也是我的夢想。

　　然而記錄卻是必須的。

　　2004 年我走進華師校園，那時是讀教育碩士，闊別大學校園將近八載，我又成了學生，翻開本科時的讀書筆記，發現八年前與此刻相接。在張三夕教授的一次講座上，我才知道有一門專業叫做文獻學。

　　2005 年，我繼續在華師校園，這時是高華平教授的全日制碩士，文學院中國古典文獻學專業，自費。在知道被錄取的日子，是開心而掙扎的。走在博雅廣場的樹林中，有感：葉綠競過花紅意，春歸不知不覺時。今憶古人傷心碧，心事蹉跎難成詩。本來報考的時候，是老公要考，說一個人動力不夠，沒想到我比他還用功，還要考得好，是第二名。他勸我去爭取公費，或者勸我放棄。我不想，也不敢。弟弟承擔了我們的房貸，一直到我老公碩士畢業後一年。孩子先在他大姑父姑媽家附近的北湖小學讀書，半年後離開武漢到麻城，我爸爸媽媽身邊，三年級又到姑媽家附近的北湖小學讀書，四年級到我家附近的西大街小學一區讀書，一直到現在。在大姑父姑媽家，通常是周末或生病時，家長會或出狀況時，我們和他在一起，每月 200 元，我們有時還在他們家吃，一直沒有變化，牛奶水果經常有，孩子在他們家不知道客氣，他們家餐桌上也多了只是孩子愛吃的豆腐、蒸雞蛋、雞腿。在我父母家，除

了學費，不讓給錢，我後來也不問。現在孩子的多衣還多是媽媽置辦的。孩子很調皮，媽媽幾乎是每天爲他換洗一盆。孩子慣用左手，常常把字寫散架，或者顛倒左右部首，爸爸手把手教他練習右手寫字。去年上半年，媽媽還硬給了我一千元，說看見我的毛衣的袖口是破的，很難受。我以前教育碩士同學已經離校，還未答辯之前，來華師常請我吃飯，我甚至懷疑他們託我辦事只是藉口。甚至，有一次黃旭武借我 25 元錢，再三不要我還。還有很多同學，許勝利、王萍、喻中勝等等，幫我介紹家教、工作，我從一小時 15 元做到 50元，有一次是幫小桔燈公司看他們的書稿，2000 元，實際花了只有 2 小時。我不但可以結餘，還能給兩弟弟送婚禮。2006 年的秋天至初冬，我周一至周四在華師，基本上過午不食，是因爲我晚上不怕餓，也知道這樣可以。後來天冷了，就三餐了。那時我每月有那麼一兩天是難受的，是周期性發作，因爲心中欠了太多。那時希望自己將來有錢，可以回報，還可以對需要用錢的人說不用急著還，甚至說：「不用還。」

在 2006 年 5 月，我的教育碩士論文終於答辯了。指導老師是王又平教授。我原本是探討教材的時代性。關於時代性的界定，王老師讓我修改，又讓我用通行的指導書上的，結果都不滿意，我很苦惱。原定在 2005 年 12 月的答辯，我決定放棄。到 2006 年春開學，還是糾結這一問題，後來我自作主張，改成了調查報告，王老師見到我參加答辯的論文是在我裝訂之後。那時，我曾經在郵件裏對王老師說：「想起一句話：人一思考，上帝就發笑。戴麗琴一思考，王老師就搖頭。」那時，還送了一首詩給王老師：萬條垂下綠絲絛，二月春風似剪刀。師恩如山心寸草，他日定當來相報。如今，常念想起王老師當初責怪我在學術上的不規範時說的話，心長語重，那時他已經知道我在讀古典文獻專業的碩士。

後來，送給王老師的詩我想起，送給了高老師。與高老師做學生，我也是多苦惱的。常常我按照他同意的或者指導的去做，卻令他不滿甚至更加生氣。常常，我看到他給我的論文細心批改，而我還是不得要領。我剛進華師，明白我的自信原來是盲目的，後來高老師把這盲目也去掉了，後來我有些自卑。現在，我才稍稍明白一些論文上的批語和老師講的話，有的還不是很明白，但是卻「盲目」地相信，老師的教導是正確的。我還有很多功要用。

在 2006 年冬天，我決定考博士，因爲不考也要在學校呆一年，而且要找工作，時間很浪費。因爲自己熱愛文獻學，因爲自己一看到書就安靜，因爲

過去努力最後多有成功，所以我決定考博。當時還要完成四門文獻學的碩士課程論文。實際上開始準備考試是在寒假，不過，那時沒有效率，文藝理論就抄寫，英語因爲免修有兩年沒好好學也很生疏了，在 2007 年春節後，我把自己悶在臥室，早上四點半起來記單詞，然後下雞蛋紅薯麵吃，然後做英語模擬考卷，下午看公共課的書，專業書，晚飯後再看一會書，七、八點鐘就睡覺。連續如此，一個月多。在考試前的一個星期，張老師特地停課一次，讓我備考。

　　讀博士期間，我對三位導師的感覺有了我自己都想不到的變化。高老師總是嚴，反而覺得他越來越有人情味了。在我申請優秀論文的獎學金的表格上，他在導師意見一欄寫滿了，我看到了前所未見的表揚，但是我卻知道也許並不是眞的肯定而更感動。最近，聽說他在博士生的課堂上每每先激揚評點一番，很想聽聽。張老師雖然親切，我也從未敢因此懈怠學習，但是有兩次他直面的批評卻是我未意料到的。有一次，他說我的課程論文的封面寫的字太草率，像是趕飛機。我沒有解釋，老師這麼說，讓我醒悟我當時的「危急」並不至於此，不應該。我做了心態上的自我批評。又一次，我依據老師的反駁把「思想史」的定義作了修改，結果張老師說：「這個定義韋政通的《思想史》就有，你孤陋寡聞！」我當時羞愧之極，因爲我是「文獻學」的「博士」！張老師批閱課程論文，總會返回給我們，從文章的選題、論述到標點，乃至於注釋中的，都有批改，雖然張老師沒有因爲這些問題而像高老師那樣直接嚴厲批評，也使我因感動而羞愧，因羞愧而知老師之嚴謹。我的兩篇首先發表的論文，都原本是張老師的課程論文。王齊洲老師，在課堂上總是以他自己的論文爲講解的資料，先發下來，然後我們看，下次上課時我們一個一個地發言，然後老師答疑，講授。王老師的文章，很紮實，所以從未讓我聽到直接批評學生的王老師漸漸在我心裏有了一種不言之威！最近寫論文，常常想起王老師關於學問和論文的教導，更感慨，以前還指出王老師文章中的小錯誤，現在發現老師的錯誤只有那麼一點，而我，心得只有那麼一點點。

　　讀書的日子，很多困惑，很多沉重，相伴我的是書香，是同學、老師的溫暖，還有華師的花、樹、葉、草。在花師，我認識了好幾種樹，能夠數出每個月的花，看見了葉的美麗，聞見了草的清香，我曾經想要寫一篇文字，題目叫「蹲下看花」。華師幾年前在校醫院前的山坡上新植了一坡花樹，聽人說是梅花。我在想多天和初春的梅花開後，還有這仲春的梅花，很感慨，寫

了一首《詠仲春紅梅》：紅顏自守至春暖，曼把芳姿步人間。有心將儂效此花，驚豔只緣歲月添。後來，知道那不是梅花，是一種桃花。我將詩名改成了《春暖花開》。我很喜歡這首詩。有一天，我在武大圖書館查完資料快走出正門時，發現一株黃梅綻開，我輕輕拾起一朵，一位小男孩背著書包路過，我送到他鼻子下，他說：香！我也希望自己像這些花、樹、草一樣，始終能將清香綻放，靜候在路旁……

還有一些人，忘不了。

周光慶老師，我讀教育碩士就認識了。周老師是我見過的老師中唯一一位講課不帶講義而不重複一句話的人！兩年後，我參加師兄師姐的博士畢業答辯，又見周老師，他總是給與學生很華麗的褒獎，很誠懇的謙虛，很明確的意見，很實用的指導。

呂有祥老師，2006 年呂老師參加我們導師與黃石東方山弘化禪寺主辦的「佛教與中國古典文獻」的會議，後來我被博士生叫去老師家拿書。過了兩年，劉遙師兄幫助美國的中國籍博士袁媛，到呂老師那兒請教，我又去了。後來，他們借的書我去還，又去了。呂老師把他校訂的將出版的《禪林僧寶傳》的底稿送給了我，當時我有一篇課程論文與其相關。後來，我經常在郵件中請教呂老師，老師每每及時回覆，每每詳盡，讓我想起武大李達園裏春天盛開的滿園的蘭花！

林律光先生，在 2006 年會議後每年都給我們同發送祝福新年的詩詞，去年我很感動，就回覆了自己的一首詩。之後，先生不但郵寄了他自費出版的詩集《豪光集》，還幫忙託臺灣朋友複印了臺灣的碩士論文《支遁及其〈支遁集〉研究》並在來內地開會時親自送到我手上。這篇論文，在很大程度上消除了我不能看到臺灣論文的久積的不安感，也給我博士論文一點幫助。

高永順，現在是民大的宗教學專業的碩士，我在武大聽麻天祥老師講課的教室遇見的。他幫助我參加了四祖寺的夏令營，聽我談對佛教的感受，解答我的疑問，他總說「無遮」，大大增加了我對佛教的好感。後來幫我從民大借書，都是自己送來又自己拿回。他三十三歲才考取碩士，經濟拮据，崇信三世。他說身體不好，我送他暖鞋器。去年他找到一份兼職，年末實現了「不談戀愛只結婚」的計劃，遇到了佳人。我衷心替他高興！

劉丹和他的丈夫杜醫生，還有他們的學生李曉紅，我帶孩子參加湖南祁東萬福寺少兒夏令營認識的，他們都是居士，都是醫生，因認識他們，我這

2009 年上學期和下學期從周一至周五基本上每天都往返華師至鸚鵡洲的身體才沒有累倒！他們還真切地給了我朋友以幫助。更深遠的是，我對於中國傳統文化有了鮮活的感覺，也對自己多了自信。

程宏，我在武漢市第五中學的同事，幫我介紹兼職。他也是受學生敬愛的認真的老師。

還有我的衆多的可親又可愛的同學們，我在華師六年，他們的情誼我難以數盡，他們的名字有長長一串。他們有的是我本科時的同學，有的是教育碩士的同學，有的是文獻學碩士的同學，有的是文獻學博士的同學。他們在我的 QQ 群裏，在我的郵箱裏，在我的手機裏，在我的夢裏，我們彼此從未走遠。在這裏，我要特別奉獻給彭樹欣一首詩，並祝福你：感君知梅意，謝子春情濃。樹樹梅花開，欣欣向春榮！

還有《史學史研究》和《中國文化研究》的老師，他們對我的論文默默做了很好的修改，還給了稿費。

還有那些被我列入參考文獻的作者們，甚至沒有被列入的。在寫作博士論文的過程中，季羨林和任繼愈，二老與世長辭，他們是應該被我永遠記住的。

曾經在剛讀博士的時候，對博士論文這四個字比較敏感，就希望自己的博士論文在這個論文如羽毛的世界上十年後還有人看。後來，有一天陷入了恐慌：「《世說新語》與佛教」，當又通《世說新語》，又通佛教，我都不通！後來，有一天覺得還能做，因爲當下的分科制，研究佛學的多讀哲學專業，他們可能不會研究《世說新語》；讀文學專業的，也多不懂佛學；而如高老師那樣文史哲都懂的，做這個題目似乎太小，又似乎沒時間。我從文獻學認認真真、踏踏實實去做，或許倒是可以做成一塊磚。現在，覺得文獻學真的很好，也真的很難。「孤陋寡聞」如我，將不敢懈怠！

二○一○年春

附　記

　　斯人已逝，惟願此書能留在世間，作爲她曾在此世間走過一遭之明證！

　　人生苦短，生命本來易逝，只是麗琴過早地離開了人世，留給親朋師友無盡之悲傷矣。麗琴逝後，她生前的老師、親友希望能將其博士論文出版，以留一份永存的記憶，也作爲她多年求學、研究的一種見證。

　　去年臺灣花木蘭文化出版社在大陸徵集優秀博士論文出版，經麗琴父親戴昌環先生授權，該社同意免費出版她的博士論文，於是她的書能得以較快地面世。在此，對花木蘭文化出版社致以眞誠的謝意！

　　此外，博士論文定稿提交後，麗琴還進行了修改，故此書較前者有進一步的完善。

　　謹以此書的出版告慰麗琴的在天之靈……

二〇一三年春